AF721371

Franzius

Andi LaPatt

Eine fast unanständige Frau

Roman

Ein Buch aus dem FRANZIUS VERLAG

Coverbild & Buchumschlag: Jacqueline Spieweg
Verantwortlich für den Inhalt des Textes
ist die Autorin Andi LaPatt
Satz, Herstellung und Verlag: Franzius Verlag GmbH
Druck und Bindung: BoD, Norderstedt

3. Auflage
ISBN 978-3-945509-56-2

www.franzius-verlag.de

Die Deutsche Nationalbibliothek verzeichnet diese Publikation in der Deutschen Nationalbibliografie; detaillierte bibliografische Daten sind im Internet über http://dnb.dnb.de abrufbar.

INHALT

Für Martha und Hugo
Danke für alles

Handbuch zum Schlussmachen

Wie zur Hölle macht man richtig Schluss?

Gibt es dafür einen Leitfaden?

Ein Handbuch?

Oder eine Hotline, die ich anrufen könnte?

Oder nein, ich hab's: gibt es dazu keine App fürs iPhone, die ich herunterladen und befragen könnte?

In der heutigen Zeit ... man weiß ja nie.

Aber mal ernsthaft, wo bin ich da nur reingeraten?

Seit drei Jahren führe ich eine Beziehung mit einem Fernfahrer, der zwar niedlich ist, supernett und ganz schön heiß im Bett ist, aber vor allem eines nicht ist: anwesend. Einer, der immer davonläuft, wenn es kompliziert wird. Und in seinen Augen wird es oft kompliziert ...

Ich habe in diesen drei Jahren den Vater von Karl, glaube ich, nur einmal gesehen, seine Freunde sind mir mehr oder weniger fremd, und meine Freunde fragen mich ständig, warum ich schon wieder alleine um die Häuser ziehe. Manche lachen meinen Beziehungsstatus auf Facebook aus: in einer Beziehung mit Karl Wertmeier. Karl, seufz, er ist wirklich ein wahnsinnig lieber Mann, einfühlsam, liebevoll und immer fröhlich. Wenn er nur nicht so oft weg wäre.

OK, wir telefonieren viel, schicken uns haufenweise SMS und haben tollen Telefonsex. Wenn Karl denn mal da ist, geht es im Bett so zur Sache, dass ich drei Wochen nicht mehr vernünftig gehen oder sitzen kann. Er nimmt das mit dem Aufholen vielleicht etwas zu ernst.

Zugegeben, ich führe eine Beziehung mit ihm, aber er irgendwie nicht mit mir. Für mich macht es jedenfalls den Anschein, als mache er sich ein schönes Leben. Moment mal, müsste eine Beziehung denn nicht auch ein schönes Leben sein? Hab ich da was verpasst? Auf jeden Fall fühle ich mich wie ein Single, gefangen in einer Beziehung. Es würde ihm wahrscheinlich nicht einmal auffallen, wenn ich meinen Teil der Beziehung aufgeben würde.

Ich liebe ihn, obwohl – tue ich das wirklich? Kann das wirklich Liebe sein? Oder ist es möglicherweise reine Projektion? Gut, es ist praktisch, einem Typen der mich anbaggert, zu sagen, er soll Leine ziehen, weil ich einen Freund habe. Aber irgendwann nehmen mich die Typen nicht mehr ernst, weil besagter Freund immer durch Abwesenheit glänzt. So musste ich schon vermehrt feststellen, dass meine Freunde mich verkuppeln wollen und dabei ganz vergessen haben, dass ich eigentlich liiert bin.

Seit Monaten geht mir das nicht mehr aus dem Kopf, ich bin ständig alleine. Das kann ich auch haben, wenn ich tatsächlich Single bin. Dann weiß ich wenigstens, warum ich alleine einschlafe und alleine aufwache, warum ich an den Sonntagen alleine bin und warum ich ein Single-Dasein friste. Aber so? So kann es nicht weitergehen.

In den letzten Wochen habe ich oft versucht, mit Karl zu reden, alles zu klären und auf einen neuen, einen gemeinsamen, Nenner zu bringen. Schon früher gab es ähnliche Gespräche, die wenig fruchteten. Ich versuchte ihm klarzumachen, dass das keine Beziehung sei, die wir da führten. Seine Antwort war nur, dass er ein Fernfahrer sei, er könne nicht so lange an einem Ort verweilen und sich nicht festlegen. Sein Brummi wäre wichtig für ihn, die Weite, das Fahren, der Geruch nach Diesel, bla, bla, bla …

Anfangs hatte ich natürlich Verständnis. Wir Frauen, zumindest ich, neigen dazu, immer wieder zu hoffen, dass *er* sich ändert, wenn *er* einen nur genug lieben würde. Ich stelle fest, dass das eine der Hauptsportarten der Frauen ist, Männer ändern zu wollen, ich fröne dieser Sportart leider auch.

Offenbar hat es auf den Weiten der Landstraße Dinge, die interessanter sind als ich oder anders gesagt, ich muss anfangen, mir selbst ehrlich gegenüber zu sein und mit dem Quatsch aufhören. Ich meine, ich lüge mich selbst in die Tasche. Ich komme mir vor wie bei einer Hotline: »Please, hold the line, bleiben Sie bitte am Apparat …« Mein Leben zieht an mir vorbei, während ich in der Warteschlange versaure, in der Hoffnung, Karl würde sich ändern und endlich mehr zuhause sein. Dabei sollte sich ein Mensch nicht ändern müssen, um zu seinem Partner zu passen oder von ihm geliebt zu werden. Es sollte doch auch so passen. Schließlich sind wir nicht in einem Katalog, in dem man bestellt, was man gerne haben möchte und es umtauscht, wenn es nicht passt.

Nur … es passt halt nicht. Ich kann es drehen und wenden wie ich will. Es ist nur schwer, sich das einzugestehen.

Wie lange soll das so weitergehen?

Wann ändert sich das endlich?

Ich meine – für mich.

Ändert sich überhaupt irgendwann einmal etwas?

Ich meine – mit ihm.

Ich hocke alleine Zuhause, auch an den Wochenenden und in den Ferien. Dabei würde ich gerne meine Freizeit mit Karl verbringen, so wie die anderen Pärchen eben auch. Ich kriege die ganze Palette der Pärchen-Epidemie um mich herum mit: Knutschen, Händchenhalten – das volle Programm. Viele haben keine Zeit, sich mit mir zu treffen, weil sie sich mit anderen Paaren treffen. Es ist wie eine Seuche. Ich kann es nicht mehr hören …

Versteht mich nicht falsch, ich bin nicht wirklich richtig in einer Beziehung, aber auch nicht richtig Single. Irgendwie gehöre ich in keines der beiden Lager. Ich glaube, es ist endlich eine Entscheidung fällig. Entweder Beziehung mit allem Drum und

Dran oder dann lieber Single. Dann kann ich wenigstens tun und lassen, was ich will.

So versuche ich nun seit Wochen, mit Karl zu reden beziehungsweise mit ihm Schluss zu machen. Ich wäre ja eigentlich schon eine Stufe weiter. Wenn ich ehrlich bin, ist der Entscheid längst gefallen. Schlussmachen ist angesagt ..., so der Plan, ... Eigentlich.

Die berühmten »entweder oder Fragen« ignoriert er gepflogen und lächelt mir nur ins Telefon, wenn ich ihm sage, ich könnte auf einmal weg sein, wenn er sich nicht besser um mich kümmert: »Wo willst du denn hin, mein Sonnenschein. Mein Brummi holt dich doch wieder ein. Du kannst gar nicht ohne mich sein.«

Ernstgenommen fühlt sich anders an. Ich schaffe es aber leider auch nicht, klar zu sagen, was mir fehlt oder was ich gerne hätte. Typisch, um den Brei herumreden, und Karl sollte hellseherische Kräfte besitzen, um herauszufinden, was ich eigentlich meine. Vielleicht ist es auch einfach die Angst vor der Ablehnung oder vor dem nächsten Schritt mit allen Konsequenzen.

In den Büchern oder in den Filmen geht das immer so einfach. Mir fehlt irgendwie noch die Lebenserfahrung, das *richtig* zu machen. Wie macht man »so etwas« *richtig*? Ich übe also vermehrt vor dem Spiegel und komme mir dabei ziemlich blöd vor. Was sage ich nur? Der Spiegel gibt keine Antwort, wenn ich mit ihm rede, und so kann ich mir das Gespräch natürlich hinbiegen, wie ich das möchte. Jedes Mal lande ich bei einem Happy-End und nicht wirklich beim Beenden einer Beziehung. Ob Karl mich mit den Lockenwicklern im Haar ernstnehmen würde, ist eine zweite Frage.

Karl macht es einem aber auch nicht einfach. Sein Charme, sein Lächeln, ich werde jedes Mal schwach. Dieses Lächeln – es ist schon fast krankhaft. Karl lächelt einfach immer. Am Anfang findest du das noch charmant und nett. Alle meine Freundinnen sind ihm verfallen, sie schwärmen ausnahmslos alle von seinen tiefblauen Augen und seinem unwiderstehlichen Lächeln, seinen

Grübchen und den Lachfalten rund um die leuchtenden Augen. Mit seinen auffallend blauen Augen, die durch seinen dunklen Teint verstärkt werden, und seiner ewig sonnigen Art wickelt er schlicht und ergreifend alle um den Finger, inklusive Männer.

Kein Witz.

Leider.

Ich erinnere mich an Zeiten, in denen Karl in einem Lokal für mich die Bestellung für ein Getränk aufgeben musste, weil die Kellnerin ihm an den Lippen hing und mich partout übersah. Vielleicht wollte sie mich auch übersehen. Solche Begegnungen haben nicht gerade zur Stärkung meines Selbstbewusstseins beigetragen. Und Karl besitzt nicht die Sozialkompetenz, sich für mich stark zu machen oder klarzustellen, dass ich die Freundin bin. Er kostet die Situationen auch noch aus. Wenn ich leicht säuerlich darauf reagiere, kriege ich noch eins ans Schienbein, indem er mich lächelnd vor versammelter Mannschaft bloßstellt.

Dabei kommt mir der Satz wieder in den Sinn: »Ich könne ohnehin nicht ohne ihn sein«. Wie – ich kann nicht sein ohne ihn, ich *bin* ja laufend ohne ihn. Bin ich egoistisch, wenn ich mir wünsche, dass er mehr Zeit für mich hat? Muss ich mir eingestehen, dass ich ihn so sein lassen soll, wie er ist und damit leben? Oder muss ich mir gegenüber endlich ehrlich sein und mir eingestehen, dass das nichts mit Liebe und Beziehung zu tun hat? Ginge denn nicht beides?

Der Gedanke, bald wieder Single sein zu müssen, fühlt sich scheiße an. Irgendwie existiere ich nicht für die Gesellschaft als Single. Man kann sich offenbar nur pärchenweise treffen. Vor allem die Frauen der Schöpfung kommen nicht auf die Idee, einen einzuladen bei einem Treffen unter Freunden, wenn du Singlefrau bist. Zu groß ist das Konkurrenzdenken, wenn Frau sich plötzlich ins Zeug legen müsste, weil ein verfügbares Weibchen im Revier herumwildert. Wobei ich von wildern weit entfernt bin – einfache Einladungen zum Grillen würden völlig ausreichen. Ich ließe dann meinen Jagdtrieb am Schnitzel auf dem

Teller aus. Es gibt Frauen, die sich nicht gleich aus lauter Verzweiflung auf alles stürzen, was männlich ist, nur weil sie derzeit keinen Mann an ihrer Seite haben.

Ich suhle mich grad herrlich in einem von Meer von Selbstmitleid, als das Telefon klingelt. Es ist Karl: »Hallo Schatz, wie geht es dir? Ich bin gerade an der Veltins-Arena vorbeigefahren und habe dir dein geliebtes DAB-Export (Bier) besorgt und einen Schalke-Schal.«

Ich strahle. Auf der Stelle sind alle guten Vorsätze vergessen. Manchmal hört er sogar zu, der Gute. Es ist verblüffend. Wir waren noch nie zusammen auf Schalke, ich musste da immer alleine hinfahren. Das ist doch eine beachtliche Strecke, wenn man bedenkt, dass ich am Bodensee wohne, und Gelsenkirchen nicht um die Ecke liegt. Karlchen konnte sich merken, dass ich DAB-Export-Bier liebe und meinen alten Schalke-Schal verloren habe. Ich will nicht überheblich klingen, aber das ist echt das erste Mal, dass Karl wirklich zugehört hat. Sonst geht es irgendwie immer nur um ihn und seinen Truck.

Dass Karl sich das merken konnte, überrascht mich sehr und stimmt mich glücklich. Und meine weiblichen Hormone schütten ausreichend Pheromone aus, um dumm genug zu sein, daran zu glauben, dass jetzt alles anders wird – dass alles besser wird. Dass er endlich mehr Zuhause ist, dass er ...

Was so ein einfacher Schal ausmachen kann in bescheidenen Farben weiß-blau? Moment – halt, halt, halt, sofort Notbremse ziehen. Das hatten wir doch schon mal. Ich bin in einem tiefen Beziehungselend und hoffe auf Besserung, mache mir ernsthaft Gedanken und zack, sobald er anruft und mir ein Zückerchen hinwirft, greife ich gierig danach und vergesse einmal mehr jede Selbstachtung? Das geht exakt drei bis sieben Tage gut, dann stehen wir wieder am gleichen Punkt wie jedes Mal. Nein, da mach ich nicht mehr mit, Schalke-Schal hin oder her.

Ihr fragt euch, was ich eigentlich an Karl finde? Mittlerweile weiß ich das auch nicht mehr so genau. Aber wenn Amors Pfeil trifft, dann schaltet sich manchmal auch das Hirn völlig aus, und zwar für längere Zeit, drei Jahre um genau zu sein. Dabei ist er nicht mal eine Schönheit, der Karl. Und wenn ich ganz plakativ sein darf, wirklich gepflegt und ästhetisch ist er auch nicht. Womit wieder einmal bewiesen wäre, dass es nicht immer nur auf das Äußere ankommt. Und wenn ihr mir jetzt unter die Nase haltet, dass er nicht viele innere Werte hat, muss ich euch sogar beipflichten. Er ist trotzdem kein schlechter Kerl.

Ich versuche, mit Karl am Telefon zu reden. Er säuselt mir das Blaue vom Himmel, er sei am Wochenende zuhause und wolle mit mir sogar zum Stadion gehen – in die AFG-Arena in St. Gallen. Der FC St. Gallen spielt gegen den FC Zürich, ein Spiel, das ich mir als Fußballfan der regionalen Mannschaft aus der 1. Liga natürlich nicht entgehen lassen will. Karlchen will mit mir zum Fußball gehen? Jetzt gibt's schwarzen Schnee. Karl hasst Fußball. Dass er so weit gehen würde, erstaunt mich dann nun doch. Normalerweise wollen die Männer zum Fußball, und die Frauen tun sich damit schwer, aber bei uns ist das umgekehrt. Karl nervt sich, wenn ich mich bei der Fußball-WM am TV aufführe wie ein wild gewordener Hooligan. Bierchen in der einen Hand, Popcorn in der anderen. Das hätte so nichts Frauliches, meint er dann, und überhaupt, er mag keinen Fußball, schon gar nicht die deutsche Nationalmannschaft, die mir persönlich sehr am Herzen liegt.

Andere Männer würden sich alle zehn Finger ablecken, wenn ihre Frau mit ihnen Fußball schauen würde. Ich erwische ausgerechnet ein Exemplar, das mit den Männer-Sportarten so gar nichts anfangen kann. Auch die Moto GP schaue ich mir alleine an – eine verkehrte Welt. Vielleicht hätten mich aber gerade solche Dinge darauf hinweisen sollen, dass Karl der falsche Mann für mich ist.

Dass er jetzt mitkommen will ins Stadion, halte ich im Moment für ein wirkliches Wunder. Und ein weiteres Mal bin ich dumm alles von ihm genug zu glauben und auf seinen Charme hereinzufallen. Vielleicht sind ja noch weitere Wunder möglich, wer weiß. Karlchen gibt mir Dutzende von Telefonküsschen und sülzt mir die Ohren voll, wie sehr er sich auf mich freue.

Es ist Mittwochabend, und nach dem Telefongespräch mache ich mich gleich auf, Tickets für den Samstag zu besorgen. Ich möchte sichergehen, dass wir im Fansektor Platz haben. Ich will ja, dass meine Freunde mich mit Karlchen sehen. Seit meinem zehnten Lebensjahr gehe ich immer wieder ins Stadion, um die Mannschaft in grün-weiß anzufeuern.

Wenig später habe ich die Tickets und kann es kaum erwarten, bis es Freitagabend wird. Noch einmal schlafen, dann kommt er heim, und zum ersten Mal in drei Jahren schafft er es sogar, mit mir ins Stadion zu gehen. Meine Leute werden Augen machen. Ha, ich freue mich. Nichts mehr mit blöden Sprüchen, ich wäre ständig alleine unterwegs. Verflogen auch die Idee, mit Karl Schluss zu machen. Eigentlich, wie immer seit Monaten. Warnsignale aus der Bauchgegend ignoriere ich erfolgreich.

Freitagabend. Wochenende steht vor der Türe. Ich mache mich gut gelaunt aus dem Büro (ich bin Personalassistentin in der Firma Kempter Metall GmbH) in Richtung nach Hause.

Endlich Wochenende, ich freue mich sehr.

Der Abendverkehr hat noch nicht eingesetzt. Ich bin früh unterwegs.

Mein heiß geliebter Volvo steht auf dem Parkplatz und wartet brav auf mich.

Weiß, C30, getunt, tiefergelegt, schönes Teil.

Ich bin sehr stolz auf meinen weißen Schweden.

Ich bin nämlich ein unheilbarer Volvo-Fan.

Anfangs war ich so stolz auf das neue Auto, dass kaum jemand gewagt hat, sich dem Auto näher als zwei Meter zu nähern. Ich habe all jene, die ins Auto eingestiegen sind, mit einem unsichtbaren Metalldetektor untersucht, damit sie keine Kratzer hätten verursachen können. Meine Mutter wäre einmal beinahe kollabiert, weil sie sich nicht traute, sich anzuschnallen. Mein Vater geht schon gar nicht in die Nähe des Volvos. Wenn ich ihn bitte, die Schweizer Autobahn-Vignette vom Vorjahr wegzumachen, weigert er sich kategorisch, das zu tun, mit den Worten: »Diesem Auto nähere ich mich nicht näher als bis auf fünf Meter.«

Gut, zugegeben, ich habe es am Anfang leicht übertrieben, wenn es um meinen weißen Schweden ging. Naja, um ehrlich zu sein, ich habe es völlig übertrieben. Ein Beispiel gefällig? Ich wäre niemals in St. Gallen abends ausgegangen und hätte den Wagen einfach so auf einem Parkplatz geparkt, den ich nicht mit eigenen Augen hätte überwachen können. *Wenn* ich überhaupt in die Stadt weggegangen wäre und den Volvo hätte parken müssen, dann nur an einem Ort, von wo aus ich ihn sicher im Blickfeld gehabt hätte. Sobald jemand in die Nähe des Wagens gekommen wäre, wäre ich aus dem Lokal gestürzt und hätte das Auto todesmutig verteidigt. Es war in dieser Zeit etwas schwierig, das meinen Freunden begreiflich zu machen.

Ich bin nicht stolz auf mein Verhalten. Zum ersten Mal ein neues Auto zu fahren, ist einfach großartig. Ich wollte, dass dieser schöne Erfolg nie aufhört und ihn jeder sehen kann – und zwar ohne Kratzer. Und so schön weiß wie er leuchtet, ist er einfach eine Augenweide. Ich habe den Wagen auch eine Weile lang jeden Samstag geputzt, poliert und beinahe vergoldet. Wenn es möglich gewesen wäre, hätte ich ihn wohl mit ins Bett genommen. Er sieht heute noch aus als wäre er direkt aus dem Ausstellungsraum gefahren worden. Mittlerweile bin ich entspannt(er), wenn es um den Wagen geht. Noch nicht wirklich richtig entspannt, aber doch mehr als am Anfang. Die Leute in meinem Umfeld müssen nicht mehr konkret Angst haben, ich würde ihnen etwas antun, wenn mein Auto einen Kratzer abbekommen würde. Allerdings habe ich die Tendenz, immer mal wieder in alte Schemata zurückzufallen. Ich kann heute noch einfach minutenlang auf den kleinen weißen Schweden schauen und ihn anhimmeln. Aber es wird besser …

Ich öffne den Kofferraum, (mein Schefff sagt immer, der Kofferraum meines Autos sähe aus wie ein Weinkühler) um meine Tasche zu verstauen, als mein Handy klingelt. Ich krame in meiner Tasche und sehe, dass es Karl ist, der anruft: »Hey, mein Schatz, alles klar bei dir?«

»Ja, natürlich alles klar, ich freue mich auf morgen – wo bist du gerade?«, will ich wissen und strahle. Mein Strahlen erstirbt schnell, als ich das altbekannte Räuspern und einen ganz bestimmten Unterton höre.

»Schatzi, ich ähm ... ich weisß gar nicht, wie ich es sagen soll, aber ...« Er macht eine Pause.

»Oh nein, sag mir jetzt nicht, dass du nicht nach Hause kommst«′, werfe ich ihm wütend entgegen und bereue es sofort wieder. Ich bin sonst nie wütend. Ich bin einfach kein streitsüchtiger Mensch, ich hasse das. Ich mag Streitereien nicht.

»Schatz, sei mir nicht böse, ich hab eine gute und eine schlechte Nachricht«, säuselt er mir ins Ohr.

Ich kann nicht anders, ich bin neugierig und will wissen, was die gute Nachricht ist. Wir Frauen sind so leicht zu manipulieren. Ich hasse es.

»Die gute Nachricht ist, dass ich heute Abend zuhause bin und die schlechte, dass ich dafür morgen schon wieder wegfahren muss. Ich kann endlich nach Schweden fahren, es sind zwei Kollegen ausgefallen. Eine dringende Lieferung nach Schweden. Du verstehst das doch. Du weißt doch selbst, wie sehr ich mir wünsche, in den Norden fahren zu können. Ist das nicht super?« Ich spüre seine offensichtliche Begeisterung.

Meine Begeisterung dagegen hält sich just in diesem Moment extrem in Grenzen und das genauso offensichtlich. Karl will es partout nicht auffallen. »Ja, super«, murmle ich.

Na, immerhin, er ist heute Abend zuhause.

»Sei doch so lieb und geh noch einkaufen, nimmst du ein paar Bierchen nach Hause? Es wäre klasse, wenn du Rahmgeschnetzeltes kochen würdest mit dem selbst gemachten Kartoffelbrei, den du so klasse machst und die Creme Fraiche-Karöttchen dazu.«

Karl bittet mich also auch noch um sein Lieblingsessen. Und ich dumme Gans gehe brav ins nächste Shopping-Center und zum Metzger im Dorf und kaufe brav ein – natürlich auf meine Kosten – gehe brav nach Hause, mache ein hübsches braves Mädchen aus mir und koche brav sein Leibgericht.

Karl kommt nach Hause, duscht, summt vor sich hin, versprüht gute Laune. Die schmutzige Wäsche wirft er vor den Wäschekorb, obwohl ich ihn in regelmäßigen Abständen darum bitte, den Deckel zu heben, um stinkende Socken & Co. darin zu verstauen und nicht davor.

Wir essen gemeinsam, was ich stundenlang frisch zubereitet habe. Er säuselt mir die Ohren voll, ich kann ihm nicht widerstehen. Natürlich landen wir im Bett, natürlich gibt er wieder den Marathonficker, und natürlich kann ich mich am nächsten Tag kaum mehr bewegen, geschweige denn, vernünftig gehen oder mich schmerzfrei hinsetzen. Das Geschirr bleibt schmutzig auf dem Tisch stehen. Das hat Zeit, bis er weg ist und ich für ihn alles wegräumen und abspülen kann.

Ja, es war schön, ja, ich freue mich für dich, fahr gut, mach's gut, bla, bla, bla ... Türe zu. Und weg ist er auch schon wieder. Auf nach Schweden. Ohne mich.

Seine schmutzige Wäsche waschen.

Das abgestandene, schmutzige Geschirr waschen.

Aufräumen.

Wegräumen.

Der Tag vergeht.

Er vergeht nicht.

So fühlt es sich zumindest an.

Irgendwann vergeht er dann doch, langsam, aber stetig.

Seufz, Samstagabend.

Der Samstagabend, an dem ich eigentlich im Stadion sein wollte.

Ich wollte sehen, wie die Grün-Weißen spielen, vielleicht sogar siegen.

Wollte die Luft des Stadions einatmen, die sich mit gegrillten Bratwürsten vermischt.

Wollte ein herrlich kaltes Bierchen mit Karl trinken und das Wochenende genießen.

Die Realität sieht anders aus.

Ich sitze alleine zuhause, das Bankkonto überzogen, die Tickets habe ich verschenkt.

Ich könnte heulen – falsch – ich heule …

Kleenex bitte.

Und der FC St. Gallen spielt ohne mich, wie so oft. Wenigstens spielt er Mist, immerhin etwas. Es ist unfair, ich weiß, aber wenn sie gewonnen hätten, wäre mein Elend noch größer geworden.

Da hilft nur eines: Ein guter Film und eine Flasche Prosecco. Völlig frustriert schütte ich den prickelnden Inhalt in mich hinein und schaue mir dabei zum hundertsten Mal »Ice Age« an, der gerade im Programm läuft. Normalerweise zappe ich durch die Sender. Heute bin ich sogar dafür zu frustriert. Heute will mir auch das Lachen bei Ice Age nicht gelingen, das Sid mir sonst immer entlocken kann.

Irgendwann spät nachts lasse ich die leere Flasche Prosecco samt dem einen leeren Glas auf dem Wohnzimmertisch stehen und verkrümle mich ins Bett. Und die Betonung liegt auf *ein* Glas. Es macht mich traurig, dass da nicht zwei leere Gläser stehen und ich einmal mehr alleine ins Bett torkle.

Ich falle in einen traumlosen Schlaf.

Die nächste Woche vergeht.

Karl ist in seinem geliebten Schweden.

Und in meinem Handy ist Schweigen.

Ich höre und sehe nichts von Karl.

Nicht in dieser Woche, nicht in der nächsten.

Sein Handy ist aus, wenn ich versuche, ihn anzurufen. Auf meine Nachrichten und Anrufe reagiert er nicht. Ich bin irritiert, aber ich habe es längst aufgegeben, Vermutungen anzustellen. Karl hat immer eine plausible Erklärung für alles, sodass ich mir hinterher wie ein Idiot vorkomme. Es ist nicht das erste Mal, das ich nichts von Karl höre, wochenlang …

Ich blende erfolgreich aus, dass er weder dieselben Dinge mag wie ich, noch daran Interesse hat, wie es mir geht. Es will mir auch nicht auffallen, dass er weder meine Leute wirklich gut kennt, noch an meinem Leben teilnimmt. Er ist nett, ja. Aber das ist ein Labrador aus dem Tierheim auch.

Gut, ich wäre auch gerne in Schweden.

Als Volvo-Fan sowieso.

In Gedanken bin ich oft in Schweden, allerdings seltsamerweise selten bei Volvo, sondern eher bei Karl.

Karl meldet sich immer noch nicht.

In der ersten Woche weine ich mir die Augen aus, in der zweiten trinke ich viele Sekt-Flaschen aus, und in der dritten Woche schäume ich vor Wut.

In den drei Jahren hat er es diverse Mal geschafft, sich über längere Zeit einfach nicht zu melden, aber dieses Mal geht er wirklich zu weit. Jetzt habe ich endgültig die Schnauze voll.

Nicht nur, dass ich dauernd alleine zuhause rum hocke und mich in dieser Beziehung wie ein Single fühle, nein, er vergisst mich ständig, meldet sich nicht oder lässt Termine laufend platzen. Von Geburtstagen, Feiertagen oder Jahrestagen will ich erst gar nicht erzählen. Natürlich brilliert er auch hier mit stillem Vergessen oder dezentem Übergehen sowie mit fast hundertprozentiger Abwesenheit.

Wie kann man nur so ignorant sein und sich das selbst antun? Habe ich denn gar keinen Funken Achtung vor mir selbst? Kann es das wirklich gewesen sein? Wenn ich mir vorstelle, dass ich irgendwann mit neunzig auf einer Bank draußen sitze, den Sonnenuntergang genieße und Gevatter Tod sich neben mich setzt und mir die Frage stellt, ob ich das Leben gelebt hätte, was ich mir gewünscht habe, dann erschrecke ich. Und so wird es klar und klarer, dass ich mich nicht mein ganzes Leben lang so behandeln lassen möchte. Karl ist kein schlechter Kerl, aber er ist auch nicht gut für mich.

Und in mir reift erneut der Entschluss, der schon längst fällig ist.

Der Stripper mit der Socke

Der nächste Freitagabend rückt näher, und Verona hat mich gefragt, ob wir ins Clubhaus vom MC Darkevil gehen. Ein Motorradclub von Freunden. Verona will mich abholen. Sie will mit dem Auto fahren. Sie ist zwar hochschwanger, aber sie meint, wenn sie schon keinen Alkohol trinken dürfte, dann soll doch ich wenigstens für uns beide Gas geben. Eine gute Idee, sie passt zu meiner Laune. Natürlich verabrede ich mich gerne mit ihr. Wir kennen uns schon lange, sind gute Kolleginnen, aber auch nicht mehr. Vielleicht sollte ich dringend mein Rudel an Freundinnen erweitern. Naja, es gibt in der Nachbarfirma eine Frau, mit der ich mich gut verstehe, aber wir kennen uns noch nicht so lange. Vielleicht sollte ich mich mal mit dieser Caroline Bologna verabreden und anfreunden. Woher sollte ich heute schon wissen, dass das in Kürze eine enge Freundin werden würde? Aber ich greife vor. Lassen wir erst einmal an diesem Abend den Dingen ihren Lauf. Er sollte schicksalhaft werden … und irgendwie sehr aufregend.

Verona sollte gegen 21:00 Uhr kommen. Ich denke daran, während ich Feierabend in der Firma und mich auf den Heimweg mache. Mittlerweile habe ich mich beruhigt, was Karl angeht, und so konzentriere ich mich auf den bevorstehenden Abend. Ich mache mich gut gelaunt auf den Heimweg, drehe das Radio im Volvo laut auf und stimme mich mit AC/DC auf den heutigen Abend ein. So ähnlich wie im Runaway Train fühle ich mich ja auch gerade. Rebellisch, jetzt wird mein Leben verändert. Yeah. Kopfschüttelnd zu den Klängen von Angus und Co., wie eine

Szene aus Waynes World, fahre ich nach Hause, während die entgegenkommenden Automobilisten etwas verdutzt in den Volvo blicken. Ich fühle mich gut. Das wird der perfekte Abend. Ich freue mich regelrecht auf den Abend im Kreis alter Freunde und berieselt von gutem altem Rock 'n Roll und das eine oder andere Bierchen.

Als ich nach Hause komme und die Haustüre aufschließe, rieche ich Duschmittel und höre Wasser plätschern in der Dusche, lautes Pfeifen und Summen. Ein Blick zum Wäschekorb eröffnet mir einen Stapel schmutziger Wäsche, der davor liegt. Das hat irgendwie nicht zu meinen Plänen gehört. Damit habe ich nicht wirklich gerechnet. Karl ist Zuhause? Oh, welche Überraschung. Ein Stich ins Herz, ich bin irritiert und hin- und hergerissen. Vorbei mit der guten Laune – etwas verwirrt betrete ich die Wohnung und schließe die Türe hinter mir.

Karl kommt nackt aus der Dusche, klar, wie sollte er auch sonst aus der Dusche kommen. Mir ist nicht mehr zum Lachen zumute. Ich fühle mich gedemütigt. Und Karl setzt dem Ganzen noch einen oben drauf. Ohne Vorwarnung ist er Zuhause, und ich als Beziehungspartnerin weiß nicht einmal etwas davon. Ich fühle mich übergangen und ausgeschlossen. Vor allem aber fühle ich mich nicht wie eine Beziehungspartnerin. Ist es wirklich zu viel verlangt, miteinander zu sprechen und sich gegenseitig abzustimmen? Im Moment ist noch nicht einmal wichtig, dass er sich wochenlang nicht gemeldet hat. Er kommt auf mich zu und nimmt mich halb nass in die Arme. Normalerweise wäre ich imstande gewesen, jetzt wieder schwach zu werden, aber meine Wut und die Enttäuschung sind dieses Mal viel größer. Als ich ihn frage, warum er sich nicht gemeldet habe, erhalte ich die üblichen Ausreden:

Der Empfang war in Schweden schlecht – gut – ist klar, ganz Schweden ist im Funkloch. Die Telefon-Gebühren sind im Ausland so hoch – aaaah ja, er verdient ein Schweinegeld, dass er nie ausgeben kann, weil er ständig unterwegs ist, aber die Gebühren sind zu hoch – völlig logisch. Ich wollte dich nicht wecken, wenn ich spät abends fertig war mit Abladen. Aaah ja, ich hab natürlich wie ein Stein geschlafen, wenn sich der Mann, um den sich mein Leben dreht, seit Wochen nicht meldet. Da käme einem nicht in den Sinn, dass man außer sich vor Sorge kein Auge zumacht. Aber ist gut, vielleicht ist es ganz gut so.

Ich bin »geladen« genug, um mir den Schwachsinn nicht mehr anzuhören, um nicht mehr auf die funkelnden blauen Augen hereinzufallen, nicht mehr schwach zu werden, wenn er mir sanft in den Nacken bläst oder wenn er mir mit tiefer erotisierender Stimme sagt, dass er mich liebt. Aus, Stopp, fertig, Amen – ich bin wütend, und das ist diesmal ganz gut so.

Ich versuche mich dennoch zu beherrschen und sage ihm, dass ich nicht mehr kann und nicht mehr will. Seine Gegenfrage? »Was kannst du und willst du nicht mehr?« Hab ich mich eben verhört? Hat er die letzten drei Jahre nicht teilgenommen an dieser Beziehung? OK, das könnte durchaus sein. Vielleicht müsste ich ihn auf den neusten Stand bringen. Aber ich habe ihm schon so oft gesagt, dass das alles für mich nicht stimmt.

Nach langen Erklärungen und wilden Gesten begreift er endlich, dass es dieses Mal ernst ist. Ich mache gerade Schluss mit ihm. Ja, liebe Leserinnen und Leser, lest es nochmals, ich mache gerade Schluss mit Karl. Obwohl ihr gerade mal die ersten Seiten dieses Romans in Kurzform von der Beziehung erfahren habt, habe ich drei Jahre hinter mir. Drei Jahre mit warten, erklären, schönreden, alleine sein, »sich-alleine-gelassen«-fühlen, Ausreden, herumreden, alles herunterschlucken und und und ...

Und siehe da, bei Karls schönem Köpfchen kommt sogar an, was ich sage. Langsam aber sicher erstirbt sein Lachen, und auch er kapiert, es ist aus. Ja, AUS. Er ist mit einem Mal still, und ich habe schon fast wieder Mitleid mit ihm. Seine Miene ist geradezu versteinert, und seine blauen Augen sehen mich traurig an. Er wollte sich einen schönen Abend mit mir machen. Ich sage ihm, dass ich mit Verona verabredet bin. Er kann nicht verstehen, warum ich in einer so ernsten Situation weggehe.

Vielleicht müsste ich erwähnen, dass er die letzten drei Jahre so gut wie jedes Wochenende mit seinen Freunden verbracht hat, *wenn* er denn mal hier war. Wohlverstanden, ohne mich. Auch wenn er – ALLEINE – in die Ferien gefahren ist, war er die Abende vorher und nachher mit den Freunden unterwegs, manchmal bis kurz vor Abfahrt in die Ferien, sodass ich nicht einmal die letzte Nacht vor den Ferien neben ihm schlafen »durfte.« Um die Häuser ziehen ist für ihn schon immer wichtiger gewesen, als mit der Freundin einmal einen Abend alleine zu verbringen, wenn er denn mal einen Abend Zuhause war. Gut – vielleicht verlange ich auch viel von einem Mann. Wer weiß …

Aber da muss ich doch Verständnis haben, dass er kein Verständnis hat, dass ich gerade jetzt und heute Abend verabredet bin. Ich neige zum Sarkasmus im Moment. Kann man mir das verübeln?

Sollte mich das jetzt wirklich kümmern? Bin ich wirklich so eiskalt? Ich war noch nie rachsüchtig oder boshaft, aber Sarkasmus steht mir in dieser Situation mit Sicherheit zu. Vielleicht war auch exakt das das Problem. Dass ich mir nämlich viel Zuviel habe gefallen lassen und ihm nie auf den Schlips getreten bin. Wer nimmt dich schon ernst, wenn du es selbst nicht tust und deine Bedürfnisse stets an die hinterste Stelle stellst?

Nein, ich kann nicht mehr, ich will nicht mehr. Es ist nicht mein Problem, wenn er trotz der vielen Gespräche nicht versteht. Ich habe so oft versucht, mit ihm zu reden. Ich konnte es dem Kühlschrank erklären, dem Sofa, meinem Bett und allen möglichen Gegenständen oder besser noch der Wand, denn an eben jene habe ich geredet, wenn ich eigentlich mit ihm geredet habe. Er hat mir nur nie zugehört. Deswegen überrascht ihn die Nachricht möglicherweise heute, dass ich Schluss mache. Die Wand wüsste das jetzt …

Er kann gar nicht verstehen, warum ich mich nicht wohlfühle in unserer Beziehung. Er fühle sich extrem wohl in unserer Beziehung. Klar fühlt er sich wohl in »unserer Beziehung.« Da ist die Wäsche gemacht, der Haushalt ist in Schuss, seinen Samen kann er regelmäßig abladen, und ansonsten macht er sich ein lustiges Junggesellendasein in der ganzen Welt, wann und wo es ihm gerade passt. Alleine oder gar zu zweit? Ich weiß es nicht. Unsere Beziehung? Ha, wenn ich das nur schon höre … ich lasse mir die zwei Worte auf der Zunge zergehen: u.n.s.e.r.e B.e.z.i.e.h.u.n.g …

Irgendwie sind die Worte »unsere« und »Beziehung« in diesem Zusammenhang für mich stark erklärungsbedürftig, weil ich mir darunter etwas ganz Anderes vorstelle. Aber vielleicht bin ich ja leicht unflexibel und übertreibe das Ganze. Okay, okay, ich gebe zu, ich bin wütend und sarkastisch, aber ich habe ehrlich gesagt keine Lust auf weitere Diskussionen. Jetzt, wo es ernst wird, kann Karl plötzlich diskutieren und zuhören. Vorher konnte Karl weder das eine noch das andere. Es kümmerte ihn auch nicht, was ich zu sagen hatte oder wie ich mich fühlte. Er möchte jetzt reden. Ich nicht – nicht mehr.

Es folgt ein Hin und Her. Ich habe innerlich längst abgestellt. Vielleicht ein Selbstschutz? Sonst werde ich wieder schwach. Ich spüre, wie Karl immer stiller wird, in sich zusammensinkt, traurig wird. So nachdenklich und ruhig habe ich ihn noch nie gesehen. Warum nur muss es erst soweit kommen, bis er mir zuhört oder ernst nimmt, dass es mir nicht gut geht mit der jetzigen Situation? Ich will nachgeben – nein, ich will nicht nachgeben. Wenn ich jetzt nachgebe, dann hört das Elend nie auf. Und so hart es klingt, die nächsten fünfzig Jahre bin ich mir am nächsten. Das ist mein Leben, und ich sollte irgendwann anfangen, mir diesen Respekt und diese Achtung auch zu geben. Sonst tut es keiner.

Vielleicht wird es Zeit, endlich auf mich zu achten und mich mit einem Partner zu umgeben, der wirklich ein Partner ist und sich auch ernsthaft auf eine Beziehung einlassen kann. Anfangen muss ich damit, dass ich mir selbst endlich ein Partner bin. Und zwar ein Guter. Ich zweifle nicht daran, dass Karl mich liebt. Echt nicht – das liest sich zwar jetzt seltsam, er ist wirklich ein lieber Kerl, aber er ist nicht gemacht für eine Beziehung. Er ist ein ewiger Junggeselle. Oder ich bin die Falsche, wie auch immer.

Ihr habt Mitleid mit Karl? Na, ihr hättet mich die letzten drei Jahre sehen sollen. Ihr hättet mit mir geheult, ihr hättet mit mir gelitten, ihr wärt mit mir wütend gewesen, und ihr hättet nicht verstanden, warum ich das alles so lange mitmache. Ich habe die letzten drei Jahre mehr gelitten als gelebt und das »eigentlich« ohne ersichtlichen Grund, wenn ich ehrlich bin. Ich hätte es schon lange beenden können und wahrscheinlich auch müssen. Karl hat Tränen in den Augen. Ich auch. Er beruhigt sich soweit, und wir reden dann doch lange. Ich gehe trotzdem weg, ich halte an dem Termin fest. Und ich bin ein bisschen stolz auf mich. Zu oft habe ich zuhause alleine gesessen, weil seine Freunde wichtiger waren, weil sein Motorrad wichtiger war, weil der Brummi Club XY wichtiger war, oder weil er einfach wieder eine Tour machen konnte, die er sich nicht entgehen lassen wollte. Nein, ich gehe heute Abend aus, komme was da wolle.

Er meint, er verstehe mich, soweit er das jetzt überhaupt sagen könne. Er merke, was er alles in der Beziehung mit mir versäumt habe. Und nun? Soll ich weich werden? Wir hatten ähnliche Gespräche, immer wieder. Es wurde besser, meine Freude riesig, und nach wenigen Wochen waren wir im alten Trott. Keine Besserung, ich wieder alleine zuhause und traurig, einsam und alleine in einer Beziehung, die ich nach außen hin mit viel Kraft und Energie verteidigte und schönredete.

Ich muss jetzt stark sein und das endlich durchziehen. Sonst werde ich irgendwann mit neunzig auf meiner Bank sitzen, den Sonnenuntergang beobachten ... Aber das hatten wir ja schon. Und ewig grüßt das Murmeltier.

Karl erhebt sich vom Sofa und meint, ich müsse nicht auf ihn warten. Er würde an diesem Wochenende nicht nach Hause kommen. Er müsse erst seine Gedanken sortieren. Er tut mir schon fast wieder leid. Nein, ehrlich gesagt, es zerreißt mir beinahe das Herz, ihn so zu sehen. Aber er hat all meinen Schmerz der letzten drei Jahre nie Auge in Auge gesehen. Wer hat das schon. Ich habe es nie jemandem gezeigt. Ich habe nicht nur mir etwas vorgespielt, sondern auch meinem gesamten Umfeld. Nur hinter der verschlossenen Türe, da sah es anders aus.

Nein – ihr braucht kein Mitleid mit mir zu haben. Den Schuh habe ich mir selbst angezogen. Das heißt aber auch, dass ich mich jetzt um mich kümmere und Karl Verantwortung für sein Tun und Handeln übernehmen muss.

Er steht ihm Flur, sieht gedankenverloren irgendwohin.

Er ist kreidebleich.

Hat verheulte Augen.

Er nimmt seine Jacke, gibt mir einen Kuss auf die Stirn und geht.

Kein Wort.

Die Türe schließt sich hinter ihm.

Es ist leer hier.

Er war ja vorher auch nicht hier, aber das Gefühl jetzt ist neu.

Eine neue Leere.

Eine andere Leere.

Er hat irgendetwas mitgenommen.

Im Moment ist sie ziemlich leer, diese Leere, scheiße leer.

Seufz.

Durchatmen …

Tränen wegwischen, neu schminken.

Verona kommt bald.

Ich warte still auf dem Sofa sitzend, irgendwie ohne Gefühle, außer mir vor Gefühlen und Gedanken, bis Verona kommt. Es ist, als ob ich von mir abgeschnitten wäre. Kein Radio an, kein

Fernseher an. Ich sitze einfach still, regungslos auf dem Sofa und warte. Es klingelt schließlich irgendwann an der Haustüre. Ich habe die Zeit vergessen. Mit einem seltsamen Gefühl in der Magengegend öffne ich die Türe und begrüße Verona. Sie sieht mich erschrocken an: »Mein Gott Mädchen, du siehst ja totenblass aus, was ist denn passiert, um Himmels willen?«

»Ich hab mit Karl Schluss gemacht«, antworte ich.

Stille.

Verona sieht mich an.

Verona blinzelt lange.

Dann zwängt sie sich mit ihrem dicken Bauch an mir vorbei in die Wohnung.

Ich schließe die Türe hinter ihr.

Sie dreht sich zu mir um. Verona ist blass: »Du hast was?«

»Ich hab mit Karl Schluss gemacht«, wiederhole ich. Es klingt seltsam gelassen, mehr als ich wirklich bin.

Es dauert einen Moment, bis Verona ihre Sprache wiederfindet. »Boah, das muss ich erst einmal verdauen. Wenn ich nicht schwanger wäre, bräuchte ich definitiv 'nen Schnaps«, Verona ist beeindruckt. Ich auch. Ich hätte nicht gedacht, dass ich das wirklich durchziehe. Verona legt die Hand auf ihren schwangeren Bauch.

»Es fühlt sich so leer an«, meine ich.

»Versteh ich Süße, aber ganz ehrlich, fühlte es sich vorher nicht auch schon leer an? Der Typ war ja nie da.«

Ja schon, aber es war anders, denke ich bei mir.

Verona massiert ihren dicken Bauch und fängt an, hin und herzulaufen, die andere Hand ins Kreuz gestützt. Die Wahrheit kann manchmal ganz schön wehtun. Ich brauche erst mal 'ne Ladung Knuddeln und stürze mich schließlich in die Arme von Verona. Mit dem Schwangerschaftsbauch von Verona ist das gar nicht so einfach, sie beherzt zu umarmen.

»Möchtest du lieber zuhause bleiben?«, fragt mich Verona. »Nein, ich muss unter Leute. Es hilft ja alles nichts, es ist eigentlich nicht anders als vorher. Karl war auch nie da, nur jetzt ist es endgültig. Außerdem bin ich jetzt mal an der Reihe, ich will tanzen.«

»Was ist endgültig?«, will Verona wissen.

»Naja, endgültig, dass es nicht geklappt hat mit ihm. Blödes Gefühl, wieder Single zu sein.«

Ich sehe Verona auf den Stockzähnen lachen. »Was ist?«, will ich wissen.

»Sei mir nicht böse, Liebes, aber du warst eigentlich die ganze Zeit Single, mit ein bisschen mehr Sex, als dir wirklich gut tat, *wenn* er denn mal hier war.«

Tief durchatmen, Tränen zurückhalten, ja, so ist das, wenn Freunde recht haben.

Wir brechen auf, in den Club der Jungs vom MC Darkevil.

Unterwegs reden wir nicht viel. Worüber auch. Ich hänge meinen Gedanken nach. Sehe zu, wie die Welt vor dem Beifahrerfenster vorbeischießt.

In der alten Spelunke, wo sich die Jungs eingenistet haben mit ihrem Club, ist es zappen duster und natürlich, wie sich das gehört, nikotinüberladen, verraucht und ein wenig verrucht. Ein altbekannter Mix an Düften kommt mir entgegen, von dem ich immer noch nicht weiß, ob ich ihn mag oder abstoßend finde.

Ralph ist da, der Präsi, ein alter Freund von mir. Er merkt sofort, dass es mir nicht gut geht. Wie es sich für einen alten Biker gehört, bringt er mir erst einmal ein Glas gefüllt mit altem Glenfiddich, Feuerwasser zum Trinken und zum Vergessen. Jungs gehen anders mit den Dingen um als wir. Er legt seinen Arm und mich und reicht mir ein weiteres, gut gefülltes Glas. Ich mag nicht nachdenken, weg damit. Ich spüle mein flaues Gefühl mit dem Hochprozentigen runter.

Verona begrüßt erst einmal alle Mädels und erzählt ihnen, dass es mir nicht gut geht und dass ich mit Karl Schluss gemacht habe. Es geht nicht lange, und alle wissen Bescheid. Nach anfänglichen Diskussionsversuchen heitern mich die Leute auf. Die Mädels, Marlies, Silvia, Daniela und Martina, gute alte Freundinnen von mir, holen mich aus dem Tief heraus und lenken mich ab. Wir trinken fleißig Alkohol, und mit dem richtigen Sound von AC/DC und Aerosmith tanzen wir auf der Tanzfläche, auf kleinstem Raum. Es macht mir große Freude, zu tanzen, den Körper zu bewegen und sich anders zu spüren als in dem Schmerz von vorhin. Einfach wieder mal abschalten, einfach mal raus aus dem eigenen Leben, wenigstens für ein paar Minuten, wenigstens für diesen Abend.

Und abtanzen, als ob es kein Morgen gäbe. Vergessen, was da passiert ist; was eigentlich seit Monaten notwendig gewesen wäre und was ich erfolgreich vor mich hergeschoben habe, in der Hoffnung, es würde sich von selbst ändern. Aber es ist gut, dass ich die Dinge in die Hand genommen habe, auch wenn es sich im Moment nicht so anfühlt.

Ich genieße die laute Musik, das Dröhnen und die altbekannten Texte, die ich seit vielen Jahren kenne, mitsinge und die ein Teil meiner Geschichte geworden sind. Auf Metallica folgen Anthrax und Motley Crüe, zwischendurch Deep Purple oder AC/DC. Die stampfenden Rhythmen hauchen mir neues Leben ein. Jeder Bassschlag klopft mir den Schmerz aus dem Leib. Dieses Erwachsenwerden. Wer hat das nur erfunden? Es hat uns irgendwie keiner ein Handbuch mitgegeben, wie wir damit klarkommen sollten. Vor allem die Beziehungsdinge sind im erwachsenen Leben ziemlich kompliziert. Hat uns niemand vorgewarnt? Dieses Ding, das Erwachsenwerden. War ich je erwachsen worden?

Der Abend ist interessant.

Die Stunden vergehen.

Ich bin außer Puste und genieße, dass ich meinen Körper von Kopf bis Fuß bewege.

Meine Gedanken haben kaum eine Chance.

Ich merke gar nicht, dass Verona längst nach Hause gegangen ist. Ich bin ohne Auto im Club, weil ich mit Verona gefahren bin. Kein Problem, bisher bin ich noch immer irgendwie nach Hause gekommen. Ich tanze und feiere weiter. Ich mache mir keine Gedanken, wie ich nach Hause kommen soll. Nach den nächsten Runden – wir tanzen immer noch – folgen weitere Whiskeys, Gelächter und gemütliches Beisammensein. Langsam leert sich der Club, und nur noch der harte Kern ist da. Ich will noch nicht nach Hause, und irgendwann sind wir schließlich nur noch zu viert. Und längst nicht mehr nüchtern.

Ralph ist da, Norbert, Cedric und Samy. Alle Jungs gehören zum Club, aber nur Samy muss in meine Richtung auf dem Nachhauseweg. Also, nicht ganz, ich wohne ein »Kaff« weiter als er. Er wohnt in Berg, ich wohne in Arbon am Bodensee. Alle Frauen, die ich kenne, fahren voll auf Samy ab. Naja, er sieht irgendwie schon gut aus: groß, muskulös, kantiges Gesicht, blaue Augen, lange, blonde Haare. Er hat eine sehr männliche Ausstrahlung. Sein Gang ist grob, und seine Stimme ist tief. Er sieht aus wie Brad Pitt im Film »Legenden der Leidenschaften«, aber an mir geht das irgendwie vorbei. Ich weiß nicht, was die Mädels an ihm finden. Er sieht zwar nicht schlecht aus, aber hat der auch was im Kopf? Da nützt das ganze gute Aussehen nichts bei der hohlen Birne.

Ich habe Samy ein paar Mal in Diskussionen erlebt und bin mir nicht sicher, ob er wirklich ganze zusammenhängende Sätze mit Inhalt von sich geben kann. Viel redet er ohnehin nicht, und wenn er redet, dann meistens Dinge über Motorräder.

Aber heute bleibt mir nichts Anderes übrig, als ihn zu fragen, ob er mich nach Hause fährt. Ich sehe schon, Samys Begeisterung ist grenzenlos, als ich ihn danach frage. Seufz … Er hat sichtlich keine Lust, mich nach Hause zu fahren und fragt mich, was er dafür kriege. Ich offeriere ihm einen Kaffee und wundere mich, dass er sofort ja sagt.

Im Normalfall würde ich nie in sein Auto steigen, er hat selbst genug »getankt.« Um ehrlich zu sein, wir sind beide angeheitert. Aber ich bin froh, dass ich jemanden habe, der mich nach Hause fährt. Ich habe kein Geld für das Taxi. Die Nacht ist verbraucht, und ich bin langsam müde, möchte schlafen gehen. Die Füße schmerzen vom vielen Tanzen, und ich merke, dass ich den Whiskey nicht ganz so gut vertrage. Wir steigen in seinen alten Passat Combi und fahren nach Arbon. Er parkt den Wagen vor dem Haus, und wir gehen die Treppe hoch in meine Wohnung. Viel reden tun wir nicht. Ich ziehe schließlich den Schlüssel aus dem Türzylinder und setze mich aufs Sofa im Wohnzimmer.

Samy setzt sich neben mich und umarmt mich plötzlich.

Hä?

Was ist jetzt los?

Ich versuche aufzustehen, als Samy mir unter das Shirt greift und mir auch gleich seine Zunge ins Ohr steckt. Schwabber, Schwabber, sabbernd lutscht er an meinem Ohrläppchen und rührt abwechslungsweise seine Zunge in meinem Ohr einmal nach links und dann wieder nach rechts.

Er geht gleich in die Vollen. Ich bin etwas verwirrt, schaue an mir herunter und sehe seine Hände in meinem BH. Ich sehe ihn an – wohlverstanden auch nicht ganz nüchtern, und frage ihn, was das soll. Ich ziehe mein Ohr von seiner Zunge weg. Das ist weit weg von erotisch und angenehm schon gar nicht. Im Gegenteil, es ist nervig und nass und widerlich. Ich bin versucht, mein Ohr mit Kleenex auszuwaschen. Ob das unhöflich ist?

Sein Kommentar zu dieser Situation: »Was ist los, was stellst du dich so an? Das ist der Kaffee, den ich jetzt einfordere.«

Wie? Bin ich jetzt zu besoffen, oder hab ich was verpasst? Kaffee gleich Kaffee, Kaffee nicht gleich Busengrapschen oder Ohrenlecken. Ich stehe auf und mache ihm klar, dass ich mit Kaffee auch einen Kaffee gemeint habe, als er mich einfach auslacht: »Wo lebst du denn? Wenn du mich auf einen Kaffee einlädst ist klar, was wir Zuhause machen.«

Da ich des Deutschen mächtig bin, pflege ich im Normalfall das Gespräch und den Austausch mit Worten. Dass dieser Typ irgendwie nichts im Kopf hat, und ich mit meiner Befürchtung Recht hatte, wird mir schnell klar. Samy klärt mich blitzschnell auf, er zeigt mir ohne Worte sehr deutlich, was er will und was er unter dem Kaffee verstanden hat zu dieser nächtlichen Stunde. Die Beule in seiner Hose spricht Bände. Und er ist begeistert von meinem Busen.

Jetzt dämmert es mir. Oh …, wo bin ich da nur schon wieder reingeraten? Somit ließe sich also auch die Blutleere erklären oder dass er buchstäblich nichts im Kopf hat. Vielleicht ist auch gleich die Intelligenz in seinen Penis gerutscht. So gesehen wäre es interessant zu wissen, ob es auch einen IQ-Test für Penisse gibt. Vielleicht würde er mit so was besser abschneiden als mit dem herkömmlichen IQ-Test.

Ich schmunzle.

Einen Vorher-Nachher-Test. Vor der Erektion und nachher.

Lach.

Ich weiß nicht, ob man bei Samy überhaupt etwas feststellen könnte, was mit Intelligenz zu tun hat.

Samy blendet aus, dass ich seine Begeisterung nicht teile, und dass ich wirklich lieber einen Kaffee gehabt hätte. Mir haben sämtliche Kamasutra-Stellungen von vor vier Wochen mit Karl gereicht, aber so was jetzt – nach den Vorkommnissen des letzten Abends und dazu noch mit einem Typen, den ich kaum kenne? Nein, vielen Dank.

Egal wie eisig oder unbeteiligt ich mich verhalte, an der Grapscherei und der Beule in seiner Hose lässt sich im Moment nichts ändern. Samy lässt sich nicht aufhalten. Mit Begeisterung und Wollust knetet er meine Brüste, als wenn er daraus frischen Semmelteig wallen müsste. Das liebt Frau ja, wenn Mann »so sanft und einfühlsam« am Körper herumexperimentiert, dass sie schließlich Angst haben muss, ihre Brüste könnten abfallen.

Leider leidet Samy unter Wahrnehmungsstörungen. Nur mir fällt auf, dass ich keine Lust habe. Er macht munter weiter und glaubt, er sei der Meister der Busenmassage. Ich würde ihm von zehn Punkten nicht einmal eine Zwei geben, aber das nur am Rande. Wenn er so weitermacht, mache ich mir ernsthafte Sorgen um meine Brüste.

Samy lässt sich von meiner mangelnden Begeisterung nicht aufhalten. Voller Enthusiasmus macht Samy schließlich die Musik an und spielt »you can leave your head on« von Joe Cocker und kommt bedauerlicherweise auf die Idee, dass das genau das Richtige sei für mich, um in Stimmung zu kommen. Ich merke erst viel zu spät, nachdem er sich viermal vergebens das Hemd über die Schulter ziehen wollte, weil er ständig abrutscht, so besoffen wie er ist, dass er mir den Strip meines Lebens verpassen will.

Nachdem er das Hemd endlich ausgezogen hat – er musste es über den Kopf ziehen – seine Haare stehen zerknüllt in alle Richtungen – knöpft er weiter seine Hose auf und tanzt dazu ohne jegliches Taktgefühl, schüttelt seinen Hintern und leckt sich dabei lasziv die Lippen, während er mir – halb eingeschlafen, halb besoffen – versucht, antörnend in die Augen zu sehen und mit mir zu flirten. Das nennt er also jetzt »scharf machen«?

Dabei schafft er es, wenigstens teilweise die Worte des Textes mitzusingen. Den Rest verbuche ich unter Lallen. Die Treffsicherheit der Töne lässt allerdings einige Wünsche offen und spricht meine Libido in keinster Weise an, ganz im Gegenteil. Hätte ich nur mehr gesoffen, das hätte jetzt sehr hilfreich sein können.

Hab ich keinen Alkohol im Hause?

Nein, leider nicht.

Ich bin sprachlos.

Das gibt es nicht oft, aber ich bin sprachlos.

Vor allem deswegen, weil Samy einfach weitermacht und seine Umgebung komplett ausblendet. Wahrnehmungsdifferenzen.

Kunststück bei jahrelangem Alkoholkonsum in diesen Mengen.

Ich muss reden.

Aber er säuft jeden Freitag, Samstag.

Ich nur ab und zu.

Hab ich auch Wahrnehmungsstörungen?

Vielleicht müsste mir das gefallen?

Ich verwerfe den Gedanken.

Die Beule in der Hose entpuppt sich nun in voller Größe vor mir, was viele meiner Freundinnen gerne sehen würden.

Unterhose weg, ich sehe es in Natura.

In voller Größe.

In Natura.

Ups.

Ja, doch, zugegeben, nicht schlecht, aber muss das genau *jetzt* sein? Warum muss ich mir das eigentlich ansehen?

Er trägt weiße Socken (wer zum Henker trägt heute noch weiße Socken?), eine davon versucht er sich auszuziehen, muss sich abstützen an der Wand, die andere behält er an. Sexy, wirklich sexy. Ich schüttle missbilligend den Kopf.

Dabei bleibe ich auf dem Sofa sitzen.

Ich fühle mich wie festgewachsen.

Als er sich bückt, um die besagte Socke auszuziehen, höre ich einen seltsamen Ton, es klingt wie …

Während seines lasziven und hocherotischen Strips furzt Samy. Laut und bleiern liegt dieses Geräusch in der Luft.

Leider nicht nur das Geräusch.

Bierfurze stinken grauenvoll.

So stellt Frau sich doch immer vor, verführt zu werden. Erotik pur – der Wahnsinn.

Ich bete innerlich, dass das hier so schnell wie möglich aufhört.

Hoffentlich kommt Samy nicht noch auf glorreiche Ideen wie den Striptease.

Ach nein, nicht das auch noch.

Samy hat noch weitere Einfälle.

Ich nenne hier nicht im Detail, was er alles mit seinem Teil treibt. Mir war die Beule in der Hose lieber.

Dass man das Teil derart herumschwingen kann, wusste ich nicht.

Ob das weh tut?

Hoffentlich verrenkt er sich nichts da unten.

Oh Gott, muss ich mir das wirklich ansehen? Ich bin blind. Ich werde ein Leben lang einen Augenschaden davontragen oder noch schlimmer, die Bilder nicht mehr aus dem Kopf kriegen.

Um Himmels willen. Ich werde das jedes Mal sehen, wenn ich die Augen schließe.

Samy fällt nach wie vor nicht auf, dass offensichtlich nur er »scharf« ist und strippt munter weiter. Man stelle sich einen besoffenen, langhaarigen, blonden Rocker mit zerzauster Frisur, Bierbäuchlein, Riesenpimmel in der Hand, mit einer weißen Socke vor, furzend und rülpsend, während er talentfrei, ohne jegliches Taktgefühl, in meiner Wohnstube tanzt und Joe Cocker zu imitieren versucht.

Herrgott, lass mich sterben – jetzt und auf der Stelle.

Ich bin noch immer sprachlos und außerstande zu handeln.

Samy ist jetzt nackt, – vollständig.

Also bis auf die eine weiße Socke, die er noch immer trägt.

Er hat noch immer nicht gemerkt, dass ich nicht scharf bin, und geht – nachts um drei – in mein Badezimmer und lässt Badewasser ein. Kommt gut in einem Wohnblock.

Ich hör das Plätschern des Wassers im Echo des Badezimmers.

Eigentlich mag ich das Geräusch ... mochte es.

Ich folge ihm nicht, ich will es gar nicht sehen.

Ich will gar nichts sehen, von dem, was da im Badezimmer abläuft.

Ich höre nur, wie er sich in die Wanne legt und immer wieder meinen Namen ruft.

Es sollte wohl erotisch klingen.

Er verspricht mir, was er mir und vor allem, wie er es mir besorgen würde.

Bierfurze in der Badewanne hört man sogar noch besser.

Gut, bin ich nicht im Badezimmer, die würden da noch elender stinken als hier im Wohnzimmer.

Bei seinem Alkoholkonsum und seiner derzeitigen Wahrnehmung bin ich froh, wenn er sich nicht verletzt oder ersäuft. Von Erotik keine Spur.

Bin ich eigentlich versichert, wenn ihm was zustoßen würde? Ich verwerfe den Gedanken, das bei der Versicherung abzuklären. Ich stelle mir gerade vor, wie ich dem Versicherungsfachmann eine solche Aktion erklären müsste. Was würde ich beim Abschnitt Schadenshergang wohl ins Formular schreiben?

Eine gute Stunde später steht Samy wieder vor mir, und zu allem Übel stelle ich fest, dass er noch immer die weiße Socke trägt und trotz Bad noch immer hacke dicht ist. Gott sei Dank hat er sich nicht verletzt.

Wieder wedelt er mit seinem Ding vor meiner Nase herum und winkt mit seinem Zeigefinger, ich solle ihm folgen. Er hat noch immer einen Ständer, oder schon wieder?

Ich dachte eigentlich, das würde mit Alkohol nicht so gut funktionieren?

Hab ich mal gehört.

Gut, ich hab keinen eigenen Penis.

Nasse Fußspuren auf dem Teppich von der weißen Socke hinterlassend macht sich Samy auf in mein Zimmer.

Er bleibt stehen, furzt noch einmal.

Na Bravo.

Gibt es eigentlich Frauen, die so was erotisch finden?

Ich frage mich, warum Samy so ein Frauenschwarm ist.

Samy unterwegs in mein Zimmer, in mein Bett.

Er öffnet die Türe zu meinem Schlafzimmer, wartet einen Moment ab. Dann höre ich, wie die Türe des Schlafzimmers ins Schloss fällt.

Samy ruft nach mir, er will es mir offenbar schon wieder oder immer noch besorgen.

Das was ich hier erlebe, besorgt es mir genug.

Kurz darauf höre ich Schnarchen.

Samy ist seiner Erotik erlegen.

Gott sei Dank.

Ich bin wie in Trance, was passiert hier nur?

Schluss gemacht, Solo, dann dieser Auftritt von Samy in meinem Bett?

Ich mache mir Sorgen um mein Bett und sehe die nasse, weiße Socke vor mir. Ob er sie wohl ausgezogen im Bett hat?

Wohl kaum.

Fußspuren von den nassen weißen Socken auf meinem Teppich?

Ich sehe ihn vor mir stehen in Gedanken, wie er nackt dasteht, mit der weißen Socke und furzt. Dabei hatte er die linke Arschbacke ein wenig nach oben gehoben. Die typische Furzgeste. Meine Freundinnen würden sich den Arsch aufreißen, um diesen Typen ins Bett zu kriegen. Obwohl – wenn sie diese Strip-Aktion miterlebt hätten, wäre ich mir da nicht mehr so sicher.

Ich ziehe die Knie an, mache es mir auf dem Sofa gemütlich und nehme meine selbst gestrickte Wolldecke, in die ich mich einmummle Ich überlege, was in den letzten Stunden alles passiert ist und merke, wie ich immer nüchterner werde. Ich friere …

Es ist gegen halb fünf Uhr morgens.

Was für eine Nacht.

Ich hänge den Gedanken nach, starre vor mich hin ins Leere.

Es dämmert draußen langsam.

Schlimmer kann es wohl nicht mehr kommen.

Aber es kommt schlimmer.

Ich höre, wie sich der Schlüssel im Schloss dreht und wie die Wohnungstüre langsam aufgeht.

Die Schlampe in mir

Ich bekomme beinahe einen Herzinfarkt.

Schlagartig bin ich wach.

Ich lege die Decke weg und erhebe mich vom Sofa.

Karl steht vor mir.

Den hatte ich völlig vergessen.

Hatte er nicht gesagt, er käme nicht nach Hause an diesem Wochenende?

Er sieht ziemlich müde und heruntergekämpft aus.

Die Farbe ist aus seinem Gesicht gewichen.

Er riecht ein wenig nach Bier.

»Hallo«, ist das Einzige, was er herausbringt.

»Hallo«, meine geistreiche Antwort.

Wir kennen uns so lange, und doch weiß ich nicht, was ich sagen soll.

Er sieht mich an, atmet schwer und schaut zu Boden.

Eine seltsame Situation.

Mir wird wieder schwer ums Herz.

Er holt tief Luft. »Ich gehe dann mal ins Bett«, teilt er mir mit und dreht sich um.

Schreck.

Ins Bett?

Zu der weißen Socke?

Scheiße.

Was tun?

Herzrasen.

»Ähm, das machst du nicht«, sage ich zu ihm.

Er sieht mich entgeistert an.
»Warum sollte ich das nicht tun?«
Tja, warum nur?
Scheiße, wie erkläre ich das?
Plausibel – meine ich.
Es wird mir erst jetzt klar, wie bizarr die Situation ist und welcher Eindruck entstehen könnte. Dabei kommen mir Filmszenen in den Sinn, in denen der berühmte Satz »es ist nicht so wie du denkst« eine Rolle spielen. Ich fand den Satz immer reichlich blöd.
Irgendwie verstehe ich die Leute plötzlich.
Schlagartig sogar.
Ich werde mich nie wieder über diesen Satz lustig machen.
Karl sieht mich immer noch entgeistert an.
Was zur Hölle mache ich jetzt?
Er wird mich umbringen.
Noch besser, Samy wird mich umbringen.
Karl wird Samy umbringen.
Scheiße.
Ich räuspere mich, mir fällt dazu nichts ein. Warum ist nie einer da, wenn man jemanden braucht, der einem sagt, was man in einer solchen Situation machen sollte. Ich kann kaum noch atmen, bin aufgeregt und würde am liebsten im Erdboden versinken.
»Naja … es ist ... also es ist, Karl – also, es ist nicht so wie du denkst.«
Scheiße, da war er also, dieser blöde Satz. Jetzt habe ich ihn also tatsächlich doch gesagt.
Ja, aber wie will ich es denn sonst erklären?
»Was ist nicht so, wie ich denke?« Karl versteht noch viel weniger als vorher. Er sieht mich fragend an.
Puh.
Händeringen.

Ich kratze mich am Hinterkopf. »Also, ich, wir, also im Bett, da ist im Moment nichts frei«, versuche ich mich herauszureden, händeringend nach einer vernünftigen Erklärung suchend.

»Wie – im Bett ist nichts frei? Kannst du bitte in zusammenhängenden Sätzen reden? Was redest du für einen Blödsinn – lass mich endlich durch, ich will ins Bett.« Karl wird langsam ungeduldig, schiebt mich zur Seite und marschiert an mir vorbei in Richtung Zimmer.

Ich kann ihn gerade noch am Arm festhalten: »Da schläft schon jemand – im Bett, meine ich.«

»Da schläft schon jemand? Wer denn?«, will Karl argwöhnisch wissen.

»Puh, also, ich weiß jetzt nicht, wie ich das erklären soll, aber da schläft ein Mann in deinem Bett.«

Karl blickt zur Schlafzimmertür.

Schweigen.

Eisiges Schweigen.

Ich bin verwirrt.

Ob er mich jetzt umbringt?

Karl dreht sich um:

»Was bist du für eine Schlampe! Wie erbärmlich.«

Und geht.

Wie – Schlampe?

Was jetzt?

Ich eine Schlampe?

Warum bin *ich* jetzt wieder das Arschloch?

Ich hab ja gar nichts getan. Ich hätte können, aber ich habe nicht. Ich hab meine Kleider an und habe den Schlüssel von der Haustüre abgezogen. Sieht so eine Situation aus, in der ich mich wie eine Schlampe aufgeführt habe?

Karl geht einfach. Wortlos. Er verlässt die Wohnung und lässt mich mit diesem Wort im Raum stehen: Schlampe. Das ist schlimmer, als hätte er mir eine Ohrfeige verpasst.

Ich hätte ihm zu gerne erklärt, was passiert ist.

Obwohl ich mich ernsthaft frage, ob das wirklich besser gewesen wäre.

Eigentlich hätte ich ja mit Samy was anfangen können, ich bin wieder solo.

Gut, moralisch gesehen wäre es ein wenig verwerflich, so kurze Zeit nach dem Schlussmachen mit dem Nächstbesten ins Bett zu steigen.

Ich sehe die weiße Socke vor meinem inneren Auge.

Während vor meinem inneren Auge wieder Bilder auftauchen, runzle ich die Stirn.

Ich verwerfe den Gedanken.

Ganz abgesehen davon, was soll die Aktion jetzt eben von Karl? Er kennt mich doch. Er weiß, dass ich nicht einfach mit einem fremden Mann ins Bett gehen würde. Aber vielleicht sollte ich damit anfangen. Ich bin ja jetzt eine Schlampe, wie Karl mich nannte. Und wer weiß, was er getrieben hat während all seiner Trips. Ich weiß ja auch nicht, ob er immer alleine geschlafen hat in seinem Truck. Nur so am Rande erwähnt.

Es sollte mir doch eigentlich nichts ausmachen, dass Karl gegangen ist.

Wer weiß, was ihn erwartet im Schlafzimmer hätte.

Vielleicht ist ihm einiges erspart geblieben. Und mir erst …

Ich kann meine Gedanken dennoch nicht ordnen.

Ich bin aufgewühlt.

Ich setze mich wieder hin, mümmele mich in die Decke und warte, bis es Tag wird.

Regungslos sitze ich stundenlang so da, wie versteinert und kann nicht richtig nachdenken.

Das mit dem Ruhigbleiben ist so eine Sache …

Ich merke gar nicht, wie es draußen hell und heller wird. Der Tag bricht an, alles nimmt da draußen seinen gewohnten Gang auf dieser Welt. Irgendwann geht die Schlafzimmertüre auf, vor mir steht die weiße Socke. Ach du Scheiße, den hätte ich ja beinahe vergessen. Nüchtern sieht er so was von Scheiße aus mit dieser Frisur. Er sammelt wortlos seine Sachen zusammen und zieht sich an. Er schaut mich verknittert an, sein Blick voller Verachtung. »Tschau«, sagt er tonlos und geht.

Er geht einfach. Wie Karl.

War das alles?

Wieso traut sich der Typ eigentlich, mich so herablassend anzusehen? Wenn er gesehen hätte, was ich gestern zu sehen bekommen habe, wäre es an mir, verachtend zu schauen. Aber im Moment bin ich wie außer mir und spüre mich gar nicht richtig. »Arschloch«, denke ich bei mir.

Ich weiß nicht, wie lange ich so dasitze.

Lange.

Irgendwann klingelt das Telefon. Es ist Verona: »Hi Süße, kann ich mit dir reden?«

Klar kann sie, bin neugierig worüber. Es ist keine fünfzehn Stunden her, dass wir uns zuletzt gesehen haben.

»Also weißt du Süße, ich versteh dich ja schon irgendwie, aber musst du gleich mit dem nächstbesten Typen ins Bett steigen?«

Was ist los? Ich blicke erstaunt den Hörer an, den ich in der Hand halte. Sollte ich meine Wohnung auf Kameras oder Wanzen überprüfen? Ich stelle mir die Schlagzeile in großen Lettern vor: Die weiße Socke strippt für Annika, und sie schickt ihn alleine ins Bett.

Der Frauenschwarm aus der Ostschweiz.

Gescheitert an der weißen Socke.

... oder so ähnlich!

»Was ist los?«, frage ich sie verständnislos.

»Na, ich kann ja verstehen, dass du Nachholbedarf hast an Aufmerksamkeit und Zärtlichkeit, aber gleich so schnell?« Verona ist sichtlich schockiert.

»Hab ich was verpasst? Wovon, zur Hölle, redest du?«, will ich wissen.

»Na – du hast doch diese Nacht mit einem Typen geschlafen«, meint Verona.

»Hab ich?«, frage ich nach und stelle mich doof. Wieder sehe ich den Hörer an, als ob er der mir eine Antwort geben könnte.

»Na also … ja, hast du oder hast du nicht?«, bohrt Verona nach.

»Nein, hab ich nicht, aber woher hast du den Scheiß überhaupt?« Ich bin neugierig. Und offen für neue schockierende News.

»Karl ist heute Morgen um fünf Uhr vor der Haustüre gestanden und hat uns aus dem Bett geklingelt«, erklärt mir Verona.

Das mag ich ja. Während dreier Jahre stänkert er ständig und verweigert jeden Besuch bei Verona und ihrem Freund, aber wenn ich Schluss mache, dann kann man Verona morgens um fünf Uhr aus dem Bett holen. Und sie ist eine genauso blöde Gans wie ich, öffnet ihm und hört sich das ganze Gejammer auch noch an. Und hat auch noch Mitleid …

»Karl ist heute um fünf Uhr zu euch gekommen?«, frage ich nach.

»Hab ich mich nicht deutlich genug ausgedrückt, oder warum wiederholst du alles?«, fährt mich Verona etwas ranzig an.

»Jetzt mach mal halblang. Bevor du mich hier angreifst und mir am Ende auch noch vorwirfst, ich sei eine Schlampe, wie ich mir das heute Morgen schon von Karl anhören musste, wäre es recht nett, wenn du mich zuerst fragen würdest, was überhaupt passiert ist. Es ist nämlich nicht so, wie du denkst.« Schon wieder dieser blöde Satz. Fällt mir nichts Besseres ein?

Verona antwortet nichts, also nutze ich die Pause: »Kann ich mich erst mal frisch machen? Dann ruf ich dich an und erzähl dir alles, oder noch besser – ich komm persönlich vorbei.«

Verona ist einverstanden, und wie es sich für eine Kollegin gehört, brennt sie darauf, die Neuigkeiten in allen Einzelheiten zu erfahren. Also beenden wir das Telefongespräch, damit ich mich von den Klamotten der letzten Nacht befreien kann. Erst mal unter die Dusche. Das Wasser plätschert auf mich herab, und ich genieße die Leere, das Nass und lasse mir Zeit. Anschließend binde ich meine Haare zusammen und ziehe die Jeans und ein Shirt wie fremdgesteuert an. Keine Schminke, keine Haare föhnen, ist mir heute egal, wie ich aussehe. Noch nicht mal eine Tagescreme trage ich auf. Es ist die Erschöpfung, ich bin müde, nicht nur, weil ich nicht geschlafen habe. Es war alles ein wenig viel. Irgendwie ist jedes Bisschen im Moment zu viel.

Mein lieber kleiner Volvo wartet auf mich. Ich stelle mir immer vor, wie er wie ein kleiner Welpe freudig mit dem Heckscheibenwischer wedelt und freudig hupt, mit den Lampen Zeichen gibt und es nicht erwarten kann, dass wir endlich losfahren.

Naja, vielleicht hab ich wirklich zu wenig geschlafen und zu viel Alkohol konsumiert.

Die Nacht hat Spuren hinterlassen, ich werde wahnsinnig.

Gut, nach den Bildern der letzten Nacht wundert mich das auch nicht.

Ich fahre los, Gott sei Dank heizt der Schwede schnell.

Obwohl es Frühling ist, bin ich irgendwie durchgefroren.

Sitzheizung heißt das Zauberwort.

Auf dem Weg zu Verona lasse ich die letzten Stunden noch einmal Revue passieren, und ich muss grinsen.

Eigentlich ist das Ganze komisch.

Wo gibt es bitte schön so was? Wenn man sich die Geschichte einfallen lassen müsste, dann käme man nie auf so 'ne Story.

Irgendwie kann nur mir so etwas passieren.

Aus dem Grinsen wird ein Lachen.

Die Situation ist eigentlich zu lustig.

Filmreif sogar.

Ich lache plötzlich laut los, ja, ich pruste regelrecht los.

Ich stelle mir Samy vor – mit der weißen Socke …

… furzend …

… die weiße Socke …

… penisschwingend …

Ich kann mich kaum mehr erholen und lache laut auf.

Beim Einatmen setzt die Schnarch-Atmung während des Lachens ein.

Ich lache mich schief.

Tränen kullern mir über die Wangen.

Ich lache und lache.

Ich pruste drauf los.

Ich lache alles aus mir heraus und versuche, den Schweden gerade auf der Straße zu steuern.

Der Wahnsinn lacht aus mir heraus.

Ich lache noch immer, als ich bei Verona auf den Platz fahre.

Falsch, ich brülle vor Lachen, sodass sie mich sofort hören kann.

Sie steht vor der Haustüre und gießt ihre Blumen.

Etwas verstört sieht sie mich an, wie ich im Volvo sitze und brülle vor Lachen.

Ich haue mir auf die Schenkel und gröle weiter. Schnarch-Atmung.

Als ich die Volvo-Türe öffne, lache ich weiter und falle beinahe vom Fahrersitz.

Verona versteht die Welt nicht mehr.

Vor gut einer Stunde war die Welt noch am Einstürzen, und jetzt sitze ich grölend im Volvo?

»Ich bin eine Schlampe«, rufe ich prustend zu Verona und lache weiter.

Verona versteht gar nichts mehr und sieht mich an, als hätte ein Elch sie gerade geknutscht.

Erst Minuten später erhole ich mich langsam und gehe mit Verona ins Haus.

Sie macht erst einmal Kaffee, einen ziemlich starken. Ich glaube, ich kann es brauchen. Dann erzähle ich ihr – mit allen Details natürlich, wie sich das gehört unter Frauen – von der letzten Nacht, von Samy, von der weißen Socke und wie Karl nach Hause gekommen ist.

»Und du hast nicht?«, will Verona wissen, als ich ihr erzähle, wie Samy schließlich wortlos gegangen ist.

»Nein, Verona, ich habe nicht.«

»Eigentlich bist du schön blöd. Der Typ ist doch superheiß.«

»Ich dachte, ich wäre eine Schlampe? Weißt du noch, was du willst?«

»Ja schon, aber du hast nicht gesagt, dass es um Samy geht«, haucht sie. Ich muss grinsen.

Ich weiß schon, dass der Typ ihr gefällt.

»Der hat so männliche Tattoos auf seinen kräftigen Oberarmen.« Verona sitzt vor mir und stöhnt halbwegs vor sich hin, als sie von Samy schwärmt.

Sie verdreht die Augen.

»Aber hallo, sag mal, du hast doch selber 'nen Typen oder?«, will ich von ihr wissen.

»Ja schon, aber trotzdem, so 'ne Geschichte mit dem Samy, du, da würde ich glaub ich auch nicht ›nein‹ sagen.«

»Na, dann mach es aber jetzt, da kannste bestimmt nicht schwanger von ihm werden«, ist meine Antwort.

Wir lachen beide wie auf Kommando los.

Am Ende liegen wir uns beide lachend in den Armen, erholen uns kaum mehr. Wir finden die Geschichte zu komisch. Verona fragt immer wieder nach, will alle Details wieder und wieder hören, ist fassungslos und lacht und lacht und lacht. Wenn nur das Baby nicht rausfällt.

»Du musst mit ihm reden, mit Karl meine ich«, meint Verona schließlich und wird wieder ernst.

»Ja, ich weiß, aber er sollte doch eigentlich wissen, dass ich nicht mit einem fremden Mann einfach so ins Bett gehe. Ich hätte doch auch den Schlüssel nicht abgezogen, wenn ich so was vorgehabt hätte«, antworte ich ihr.

Das leuchtet ein.

»Das ist ein gutes Argument, Süße, das musst du ihm sagen«, wendet Verona ein.

»Ja, das werde ich auch machen, versprochen.« Ich bin fest entschlossen, Karl anzurufen und das zu klären.

Aber ich komme nicht dazu, mit Karl zu reden. Den ganzen Tag über ist sein Handy aus. Ich lasse es wieder und wieder klingeln, bis ich es schließlich aufgebe. Verona ruft mich am Abend an und erzählt mir, dass Karl wieder bei ihr gewesen sei. Ist ja seltsam, in den drei Jahren so gut wie nie und heute gleich zweimal? Was Verzweiflung doch alles ausmacht.

Verona konnte mit ihm reden. Er will im Moment nicht reden mit mir, vielleicht später. Karl brauche seine Zeit. Er wolle erst mal die nächsten Wochen ins Ausland fahren mit dem Truck. Das passt. Schön brav davonlaufen wie immer. Das kenn ich bestens von ihm. Und hier vorher noch einen auf Drama-Queen machen. Seltsam unberührt bin ich dankbar, dass das alles »geklärt« ist und ich jetzt vorerst meine Ruhe habe. Auch ich muss erst einmal verarbeiten, was alles passiert ist in den letzten Stunden, inklusive weißer Socken.

In den nächsten Wochen höre und sehe ich nichts von Karl. Der Alltag kehrt in mein Leben ein. Allerdings fehlen die Zuckerstückchen, das Hin und Her der Aufregung, die Anrufe, das Hoffen, das Bangen, das Freuen. Meldet er sich, meldet er sich nicht? So ganz ohne ist es trist und fad. Irgendwie perfide, nicht?

Und so beschließe ich, dass sich in meinem Leben was ändern muss. Und zwar grundlegend. Versteht mich jetzt nicht falsch, aber vielleicht muss ich wirklich die Schlampe in mir wecken.

Ich geh' in Flammen auf

Mir fällt gerade auf, dass ich euch schon drei Kapitel lang die privatesten Dinge von mir erzähle und mich noch gar nicht vorgestellt habe. Wie unhöflich.

Mein Name ist Annika Berger, ich wohne in Arbon am schönen Bodensee, auf der Schweizer Seite, in einer katastrophalen Dreizimmer-Wohnung, viel zu klein, viel zu teuer und viel zu laut. Ich höre fast alles von den Nachbarn, also auf jeden Fall mehr, als mir lieb ist. Und so gab es natürlich nach dem Besuch der weißen Socke Beschwerden, ich hätte mich fürs Baden an die Hausordnung und die dafür vorgesehene Zeit zu halten. Als ob ich »das Bad genossen« hätte. Wie es sich gehört, kam ein Schreiben von der Verwaltung, weil keiner von den Nachbarn wirklich Mut hätte, einen persönlich auf so was anzusprechen.

Und so weiß ich, dass meine Nachbarin, eine in die Jahre gekommene, nette und rundliche Lehrerin, jeweils dienstags von 21:40 Uhr bis 21:50 Uhr Sex hat, bis *10 vor 10* im Schweizer Fernsehen läuft, eine Sendung über die aktuellen Geschehnisse des Tages, und kann die Uhr danach stellen. Ich sehe auch den älteren Herrn, der am Dienstag und Samstag bei ihr ein- und ausgeht. Aber am Samstag haben sie entweder keinen Sex oder zu einer Zeit oder an einem Ort, wo ich das nicht mitbekomme. Nicht, dass ich das bräuchte, aber da mein Schlafzimmer direkt gegenüber von ihrem liegt, lässt sich die Lärmkulisse nicht immer vermeiden – jedenfalls am Dienstagabend. Sie lebt quasi in wilder Ehe mit diesem älteren Herrn, ein ebenfalls in die Jahre gekommener Gigolo. Er trägt noch alte Halbschuhe mit schräger

Sohle, so wie es früher die Italiener getragen haben. Dazu dann ein abgehalftertes Jackett und ein Hemd, immer mit einem schön gefalteten Taschentuch in der oberen linken Brusttasche. Sein schütteres Haar kämmt er sich von rechts über die Ohren, über den Schädel auf die linke Seite und gelt sie täglich kräftig ein. Nach hinten sind da noch ein paar wenige längere Haare, die er frech und abenteuerlustig zu einem kleinen Schwänzchen zusammenbindet.

Und diesen charmanten Gigolo hat sich Frau Meusburger also gekrallt, wobei ich ihn doch öfters aus den Spelunken von Arbon torkeln sehe, immer ein anderes altes Mädchen im Arm. Ob die dann nur Händchen halten …, mein lieber Scholli, der alte Schwerenöter. Aber offenbar schafft er es immer zur richtigen Zeit zu der guten alten Mira Meusburger nach Hause, wenigstens am Dienstag. Pünktlich um 21:40 Uhr geht es los, also zumindest der Teil, den ich zu hören bekomme. Vielleicht sind sie ja schon vorher kräftig aktiv in ihrem Liebeswerben, wer weiß. Das geht dann offenbar geräuschlos vor sich. Jedenfalls, um 21:40 Uhr höre ich dann das Wimmern, dass mich beim ersten Mal eher an einen misshandelten Hund erinnert hatte. Ich war schon so weit, dass ich den Tierschutz anrufen wollte, als ich erst recht verblüfft und verwirrt feststellte, dass der arme Hund von nebenan nebst röcheln und späterem Jaulen auch noch »ja ja ja« rufen konnte. Ich war mir danach sicher, dass der Hund kein Hund war und auch nicht misshandelt wurde, sondern dass ich wohl noch nicht alle Sexualpraktiken kenne und es offenbar verschiedene Formen gab, sich auszudrücken, was offensichtlich pure Leidenschaft darstellen sollte. Das Wimmern dauert jeweils gut drei Minuten, dann steigert sich das Ganze in Röcheln, bis es anschließend in lautem Jaulen endet, ergänzt von den besagten Ja's, die dann wild herumgeschrien werden, sieben Minuten lang.

Danach.

Aus.

Stille.

21:51 Uhr, der Fernseren wird in der Nebenwohnung eingeschaltet.

10 vor 10 läuft im Schweizer Fernsehen. Ich kann die Ansage bestens hören, als würde der Fernsehkasten in meiner eigenen Wohnung stehen.

So geht das jede Woche.

Am Dienstagabend.

Sommer wie Winter.

Romantik pur.

Was für ein Beziehungs- und Sexleben.

Was für Aussichten aufs Alter.

Immer wenn ich den Rudi, Mira nennt ihn liebevoll ihren Rudi, im Hausgang sehe, stelle ich mir dann seine besagte geordnete Frisur wild durchwühlt vor und kann mich darüber königlich amüsieren. Rudi weiß darüber Gott sei Dank nichts, auch nicht, dass ich Mira und ihn jede Woche höre. Er lächelt mich immer an, dann sehe ich, dass ihm ein Zahn in der Mitte fehlt und die restlichen Zähne gelb und ungepflegt sind. Dabei ist Miralein doch ein süßer Fratz, eine rundliche ältere Dame, die es immer durchschüttelt, wenn sie lacht. Und sie lacht viel, sie ist gemütlich, oft ein bisschen betrunken (naja, vielleicht ist sie deswegen oft gemütlich, keine Ahnung) und sehr freundlich. Ich kann sie gut leiden. Sie hört nicht mehr so gut, aber das kann ein Vorteil sein in der Schule und nicht zuletzt auch bei Rudi. Wobei da sicherlich auch hilfreich ist, wenn sie nicht mehr so gut sieht (oder riecht). Er hinterlässt im Hausflur oft eine Schweiß- und Alkoholfahne.

Gut, ich stehe den Beiden in nichts nach in Sachen Lärm. Nein, ich winsle nicht, und ich jaule auch nicht. Dabei kommt mir in den Sinn: Eine frühere Nachbarin hat sogar gekläfft, wenn sie Sex hatte und zum Orgasmus kam. Offenbar bin ich auch nicht gerade leise beim Sex, aber davon bekam ich zu Karls Zeiten nicht wirklich etwas mit, weil ich bei den ganzen Fitness-Übungen im Bett gar nicht mehr dazu kam, mir über irgendwas Gedanken zu machen. Außer: Wie zur Hölle kann ich mich morgen noch bewegen? Ja, es gibt Männer, die den Sex mit einem Kamasutra-Marathon verwechseln. Nein, liebe Männer, wir mögen es nicht, alle zwei Minuten umgedreht zu werden, als wären wir Grillhähnchen, die auf allen Seiten gar werden müssten. Es gibt eine gewisse Romantik und Leidenschaft, eine Stellung auch einmal auszukosten – heißt, jedenfalls länger als zwei Minuten. Wobei … wenn ich an Mira und Rudi denke, ich weiß ja nicht, an wem es liegt, aber bei rund zehn Minuten gilt es schon einiges an Programm »durchzuackern.«

Aber weiter zu mir: Ich bin 38 Jahre alt, Sternzeichen Steinbock, seit Kurzem wieder Single, wie bekannt ist. Rotbraune Haare, grünbraune Augen und neige zu Speckröllchen. Naja … es gibt genug von mir. Ich liebe meinen Volvo, arbeite als Personal-Assistentin und bin für die zwanzig Auszubildenden meines Arbeitgebers verantwortlich. Ich liebe es, am Bodensee zu wohnen und zu arbeiten. Ich bin eine Wasserratte und liebe Tiere über alles. Darüber hinaus bin ich Fußball-Fan, wie bereits erwähnt. Da gehören der FC Schalke und die deutsche Nationalmannschaft zu meinen absoluten Favoriten und der FC St. Gallen. Der Bodensee ist meine Wahlheimat, hier sind die Menschen sonnig und gemütlich. Es herrscht immer eine Art Ferienstimmung in den Dörfern und Städten am Bodensee. Der Bodensee gibt mir Weite und ein gutes Gefühl von Geborgenheit. Hier kann ich Kraft tanken und »herunterkommen«.

Die Erfahrung mit Karl hat mich nachdenklich gestimmt. Vieles in meinem Leben läuft nicht so wie es sollte. Es ist nicht schlecht, aber auch nicht wirklich gut.

Das Haus, in dem ich wohne, birgt noch andere lustige Nachbarn, aber mit denen habe ich wenig Kontakt.

Leider lässt es sich nicht vermeiden, dass ich auch ihre Welt lautstark mitbekomme.

Ich möchte schon lange umziehen, aber meine Finanzen sehen nicht gerade rosig aus.

Ich hatte gehofft, dass Karl und ich ...

Naja, lassen wir das ... Karl und ich werden nicht ... Offensichtlich nicht ...

Auf jeden Fall muss sich etwas in meinem Leben ändern. Den Volvo, den behalte ich, meine Stelle auch. Aber ich will umziehen, ich will neue Freunde, und ich will den richtigen Mann finden.

Bei all den Wünschen nach richtigem Mann, dem richtigem Zuhause und guten Freunden finde ich mich zuerst in der falschen Bar wieder. Ich flüchte immer mehr aus der Wohnung, weil ich mich da unwohl fühle. Und so auch heute.

In der »Jacks«-Bar in Arbon sitze ich alleine am Tresen, habe eigentlich meinen Frieden und trinke meine Pina Colada.

Der Wirt Thomas summt vor sich hin und putzt gerade den Tresen.

Ich bin gerne hier.

Gute Musik, netter Leute, coole Drinks, nahe am Bodensee.

Normalerweise ist die Bar voll.

Ich bin früh unterwegs.

Thomas hat zu tun.

Mir ist es recht. Ich hänge meinen Gedanken nach.

Ich liebe Pina Colada.

Und ich genieße es in vollen Zügen, daran herumzuschnuppern und das Zeugs langsam zu trinken – zu genießen.

Einfach herrlich.

Ich genieße, bin völlig in jedes der einzelnen Aromen eingetaucht und stelle mir in Gedanken einen Urlaubsort vor.

Ich drifte ab und genieße in Gedanken den Geruch nach Meer und Brise, spüre die Sonne auf meiner Haut und weit und breit Ruhe und Stille.

Es wäre alles so herrlich …

Bis sich ein Mann neben mich setzt. Das ist soweit in Ordnung, nicht, dass ihr jetzt denkt, es dürfe sich niemand neben mich setzen. Aber der Typ hat ein After Shave, das eher einen Eber anlockt als eine Frau. Die Lockstoffe, die dieser Herr aussendet, kommen definitiv nicht positiv bei mir an. Ich rümpfe die Nase. Und dann beugt er sich auch noch zu mir vor (mit Mundgeruch) und schaut mir in die Augen: »Hallo Schönheit, hat es nicht weh getan, als du vom Himmel gefallen bist. Der Himmel muss einen Engel vermissen«, raunt er mir ins Gesicht.

Igittttt, ist der Spruch derart verbraucht und abgelutscht. Ich sehe ihn an, mehr angewidert als freundlich. Offenbar missversteht er meine für mich eindeutig ablehnende Körpersprache und bestellt mir dennoch ungefragt einen Amaretto. Ich muss dazu sagen: ich hasse Amaretto.

Er stellt mir das braune Getränk hin und zwinkert mir zu. Dabei streicht er sich lässig durch die Haare und zwinkert erneut in meine Richtung. Er nimmt sein Glas und prostet mir zu. Ich schiebe ihm den Amaretto wieder hin, nehme mein Glas, meine Tasche und hüpfe vom Barhocker. Ich gehe drei Stühle weiter nach hinten und setze mich dort hin. Ein normal sterblicher Mensch könnte jetzt davon ausgehen, dass ich die Kontaktaufnahme weder schätze noch fördern möchte. Alleine die Geste, den Amaretto zurückzugeben auf so »nette und charmante« Weise, wie ich es gerade getan habe, könnte einen Mann vermuten lassen, dass sich mein Interesse ihm gegenüber in Grenzen hält. Nicht so dieser Herr. Ich fasse es nicht, als er sich kurz darauf wieder neben mich setzt, wieder mit diesem Amaretto. Er schiebt mir das Glas hin und fordert mich auf, mit ihm anzustoßen.

»Sag mal, hast du nicht verstanden, dass ich kein Interesse habe?«, frage ich ihn.

»Warum bist du so kompliziert?«, fragt er mich.

Warum ich so kompliziert bin?

Hallo?

Geht's noch?

»Ich bin nicht kompliziert. Du bist einfach aufdringlich und frech«, sage ich zu ihm.

»Das weißt du nicht, du kennst mich doch gar nicht«, antwortet er.

»Und du wirst es nicht glauben, ich brenne *nicht* darauf, dich kennenzulernen. Ich will hier einfach mein Getränk trinken, meinen Frieden haben und weder mit dir anstoßen, noch reden und schon gar keinen Amaretto trinken«, entgegne ich schon ziemlich säuerlich aber immer noch höflich.

»Ihr Frauen müsst euch ja nicht wundern, warum ihr immer solche Scheißtypen abkriegt, so wie ihr euch aufführt. Du bist eine ganz schöne Zicke.«

ZONK.

Tief durchatmen.

»Hab ich dich um deine Meinung gebeten? Hab ich dich gebeten, mir auf die Eier zu gehen?« – wieder flüchte ich mit Tasche und Pina Colada in der Hand. Ich lasse den Typen stehen, in der Hoffnung, er würde mich jetzt endlich in Ruhe lassen.

Falsch gedacht.

Es dauert nicht lange, folgt mir der Kerl doch tatsächlich auch an diesen Tisch. Oh Gott, der ist ja schlimmer als ein Klettverschluss, krieg ich den jetzt nicht mehr los?

Ist er irgendwo entlaufen?

Kann ich da anrufen, dass sie ihn wieder abholen?

Ich bin genervt.

Der Typ fängt gerade wieder an, mich erneut zu nerven, als plötzlich eine tiefe Stimme von hinten zu uns spricht: »Belästigt dich der Typ etwa, mein Goldstück?«

Ich drehe mich um und sehe in graue Augen, schwarze Haare, braun gebrannte Haut, ungefähr 1,80 m groß, ein ganzer Mann in teurem Anzug und einem Lächeln, welches aus jeder Lesbe wieder eine Heterobraut machen würde.

Er beugt sich zu mir herunter und flüstert mir ins Ohr, dass ich mitmachen soll.

Ich kapiere sofort. »Honey, endlich bist du da – da siehst du, was passiert, wenn du mich zu lange alleine lässt.«

Der unbekannte Schöne lächelt den anderen Typen mit Ebergeruch charmant an: »Danke, dass du auf mein Goldstück aufgepasst hast, aber jetzt darfst du gehen. Ich habe viel nachzuholen. Diese Wahnsinnsfrau bringt mich immer wieder um den Verstand. Du verstehst sicher, dass ich mit ihr alleine sein will. So eine Frau teilt Mann nicht gerne.«

Dem Ebergeruch ist die Kinnlade heruntergefallen – mir übrigens auch. Der unbekannte Schönling ist rattenscharf. Scheiße, ich sabbere schon beinahe. Mein geruchvoller Gegenüber packt seine Sachen und verzieht sich – Gott sei Dank. Ich muss mir den Sabber aus dem Gesicht wischen. Ist das peinlich.

»Hi, ich bin Jason«, stellt er sich vor.

Jason – ein so unspektakulärer Name für ein solches Ereignis von Mann. Als er die Jacke auszieht, zeichnet sich das Hemd an seinem gut gebauten Oberkörper ab. Eigentlich bin ich nicht oberflächlich, wirklich nicht, aber Mädels, der Typ, uuuuuuuuhhh, seine Muskeln zeichnen sich unter dem Hemd ab, er ist braun gebrannt, leicht angegraute Schläfen, und die obersten zwei Knöpfe beim Hemd stehen offen. Automatisch hebt sich mein Kopf. Neugierig wie ich bin.

Er riecht herrlich und auch noch nach meinem Lieblingsduft Uomo von Laura Biagotti. Puh, es ist plötzlich so heiß hier drin. Meine gesamte Libido gerät komplett außer Kontrolle. Ich höre meine Hormone wie einen Kernreaktor bei Ausbruch eines Notfalls laut »mäp mäp« rufen. Ich bin in Alarmbereitschaft und Frauen, ich gebe es ungern zu. Was Karl manchmal mit Ausdauer versucht hat, diese nette süße kleine Libido anzukurbeln und zum »Bewässern« zu bewegen, um dann schließlich in der Gleitcreme zu baden, geht hier ganz einfach und leicht. Wie von selbst. Einmal hinsehen und zack …

Ein Augenzwinkern, ein Wort von seiner Stimme in meinem Ohr, das Wispern an meiner Haut, und ich »schwimme« in sexuellem Verlangen. Meine Libido schreit. Meine Hormone schreien. Ich schreie in Gedanken, weil ich mir bereits ausmale, wie er und ich, also ich meine ... ihr wisst schon …

Nie wieder Gleitcreme.

Was für ein Gefühl.

Ich stehe in Flammen.

Ich lösche mit Pina Colada.

Ich bestelle noch eine, sicher ist sicher.

Leider bin ich nicht wirklich in der Lage, ganze zusammenhängende Sätze in vernünftigem Deutsch von mir zu geben.

Und so höre ich mich herumstammeln und merke, dass jeder Satz peinlicher und peinlicher wird. Jason grinst und lehnt sich zurück.

Irgendwann schaffe ich es dann doch mit Mühe und Not, mich mit meinem Namen vorzustellen. Irgendwann kann ich mich – nach gefühlten fünf Pina Coladas – einigermaßen vernünftig artikulieren und bedanke mich bei Jason für seine Rettung.

Er weiß um seine Wirkung.

Er ist nett.

Er flirtet doch tatsächlich mit mir.

Dem Speckröllchen.

Ich könnte schwören, dass ein solcher Mann wie dieser Jason eine solche Frau wie mich normalerweise nicht mit dem Arsch ansehen würde. Wie man sich doch täuschen kann.

Schlagartig wird mir bewusst, wie wenig ich für mich getan habe die letzten Wochen.

Muss mir das gerade jetzt einfallen?

Die ersten Falten. Ich müsste mal wieder eine Gesichts-Packung machen.

Meine Haare sollten wieder einmal einen Friseur sehen. Sie sehen total ausgetrocknet aus, schon beinahe verfilzt.

Oh Gott, die Hornhaut an den Füßen wird mir just bewusst.

Ich habe meine Beine nicht rasiert.

Tausend Gedanken schwirren mir im Kopf herum.

Jason flirtet mit mir.

Er lächelt mich an.

Hoffentlich sitzt meine Frisur.

Jason fragt, ob ich Wein mag.

Ich mag Wein.

Am besten viel davon.

Heute zumindest.

Habe ich eigentlich Deo benutzt heute Morgen?

Ich denke schon.

Jason kommt mit einer Flasche Cabernet Sauvignon aus Australien an und zwei Gläsern.

Habe ich Mundgeruch?

Ich halte mir die Hand vor den Mund und hauche hinein, um herauszufinden, ob ich Mundgeruch habe. Gott sei Dank keiner.

Oh Gott, ich trage den BH mit den Blümchen drauf. Ich sollte ihn bei Gelegenheit entsorgen. So etwas sollte Frau generell nicht tragen. Die Unterhosen passen auch nicht zum BH, oh mein Gott. Wie kann ich nur so nachlässig sein.

Jason schenkt den Wein ein.

Ich glaub, ich muss aufs Klo.

Jason wartet.

Ich gehe schließlich aufs Klo.

Sobald ich auf dem Klo bin, schließe ich mich ein.

Irgendwo hab ich doch einen Rasierer in der Tasche.

Ich bin der McGyver der Frauen, wenn es um Taschen und funktionale Dinge darin geht. Alles in Kleinstversion ist in meiner Tasche vorhanden, sicher ist sicher.

Ich finde einen kleinen Rasierer.

Ich lasse meine Hose runter.

Bein links aufs Klo stellen, rasieren.

Bein rechts aufs Klo stellen, rasieren.

Ist etwas eng hier, aber es geht.

Gott, nicht nur meine Beine sind nicht rasiert.

Mein Intimbereich ist es auch nicht.

Der Intimbereich muss sofort rasiert werden, wer weiß, was heute Abend alles passieren könnte.

Mit gespreizten Beinen in die Hocke gehen. Das ist gar nicht so einfach hier.

Mist, ich sehe nichts.

Das muss nach Gefühl gehen oder besser gesagt, rasieren.

Basta.

Hoffentlich verletze ich mich nicht.

Ich muss schmunzeln.

Jason muss ein wenig warten.

Deo hab ich auch dabei.

Sicherheitshalber noch mit der Handseife sämtliche Körperöffnungen waschen – sicher ist sicher.

Vielleicht ist das die Nacht der Nächte.

Würde ich denn, wenn ich könnte?

Ich meine, mit diesem Jason.

Ich kenne den ja nicht.

Ich wollte ja die Schlampe in mir wecken.

Ja, ich glaube, ich würde.

Würde er wohl auch wollen?

Ich denke schon, dass er wollen würde, wenn ich auch wollen würde.

Für die Füße habe ich jetzt keine passende Lösung auf die Schnelle.

Die müssen warten.

Halsabwärts wenigstens einigermaßen rasiert und sauber.

Und ich rieche nicht wie ein Eber.

Parfum auftragen.

Nicht zu viel.

Busen neu richten im BH, damit alles nach oben zeigt, so gut es geht.

Immerhin bin ich 38.

Schwerkraft – ihr versteht.

Spiegel schauen, Puder nachtupfen.

Ein Blick in den Spiegel.

Toupieren der Haare.

Kajal nachziehen.

Haarlack.

Hust hust, der Haarlack stinkt – lüften.

Passt.

Sitzt.

Durchatmen, Spiegelbild anlächeln – Sicherheitsblick auf die Zähne, damit da sicher nichts zwischen den Zähnen hängt und zurück ins Lokal stöckeln, als wäre nichts gewesen.

Jason lächelt mich an.

Er sieht durch mich hindurch – direkt in meine Gedanken.

Ich habe das Gefühl, er weiß genau, was ich im Klo getan habe.

Irgendwie ist es mir peinlich.

Wir unterhalten uns.

Oberflächliche Sachen.

Nett.

Er ist nett.

Wir trinken Wein und lachen.

Wir unterhalten uns gut.

Er ist charmant.

Meine Libido schreit immer noch.

Ruhe da unten.

Er fragt mich zu fortgeschrittener Stunde, ob ich noch mit zu ihm komme.

Will ich wirklich die Schlampe in mir wecken?

Sie ist hellwach – die Schlampe.

Ich will.

Und wie ich will – ich meine, ihr versteht schon …

Der Gentleman bezahlt.

Wir gehen nach draußen, und ich traue meinen Augen kaum. Da steht sein schwarzer Maserati mit verchromten 20-Zoll-Felgen.

Granturismo S.

Mit Wagen kenn ich mich ein wenig aus. Nur ein bisschen.

Alleine der Wagen bringt mich Libido technisch schon weiter als die meisten Männer.

Ich bin im Himmel. Ich bin im Paradies.

Ein schöner Mann *und* ein geniales Auto.

Ich habe im Lotto gewonnen.

Und er nimmt mich mit nach Hause. In seinem Maserati.

Ich bin hin und weg.

Der Wagen ist der absolute Wahnsinn.

Er hält mir die Wagentüre auf.

Meine Zauberfee hat mich gehört.

Und meine Libido auch.

Ich muss mir definitiv den Sabber von den Mundwinkeln abwischen. Die Fahrt in diesem Spitzenwagen mit dem unglaublichen Motor und seinem Sound trägt nicht gerade dazu bei, dass ich mich gut beherrschen kann.

Ich bin jetzt schon kurz vor dem Orgasmus.

Ist das peinlich.

Jason hat leichtes Spiel mit mir.

Oh Gott, ist das schön.

Oh Gott, ist das peinlich.

Wenn es so weitergeht, falle ich schon während der Fahrt über Jason her.

Beruhige dich, Annika.

Du führst dich auf wie ein Groupie.

Jetzt führe ich schon Selbstgespräche.

Mit meiner Libido.

Vielleicht liegt es an den Hormonen.

Vielleicht führen sie Selbstgespräche.

In seinem Zuhause angekommen zeigt er mir sein Penthouse.

Es scheint alles perfekt zu sein.
Ein wenig kalt, aber perfekt.
Eine neue Bang & Olufsen-Anlage – mitten im Raum.
Alles neu.
Style pur.
Weite, das Penthouse ist riesig.
Alles in den Farben schwarz-grau eingerichtet und stylish kühl.
Männlich dominant eingerichtet.
Klar und keine überflüssige Deko.
Eine herrlich große Terrasse mit Blick über den ganzen Bodensee, eine Rattan-Sitzgarnitur, eine stylishe Lounge mit Feuerschale und großer Palme. Runde Leuchtkörper zieren die Terrasse.
Hier lebt keine Frau.
Hier putzt auch kein Mann.
Hier putzt eine Putzfrau.
Der Typ riecht nach Kohle.
Nach extrem viel Kohle.
Im Moment riecht er vor allem superlecker nach meinem Lieblingsparfum.
Er beugt sich zu mir.
Er küsst mich.
Er umarmt mich.
Er zieht mich zu sich.
Mir wird schwindlig.
Er zieht mich langsam aus.
Ich lasse es geschehen.
Hoffentlich sieht er die Blümchen nicht auf dem BH.
Er sieht sie nicht. Gott sei Dank.
Keine Küsse haben bisher so lecker geschmeckt.
Und so verdorben.
Es ist alles ein wenig verrucht, es fühlt sich verrucht an.
Er küsst mich weiter.
Lava auf den Lippen.

Ich stehe doch schon in Flammen.
Es wird noch heißer.
Ich vergesse sogar, den Bauch einzuziehen.
Und das tue ich sonst immer.
Er zieht sich aus.
Ich sehe ihn.
Ich fühle ihn.
Ich fühle seinen …
Himmel, ist der groß.
Oh Gott – er kann.
Oh Gott, er will, und wie er will.
Ich spüre ihn.
Überall.
Ja – auch dort.
Weit weg von Gleitcreme.
Ich spüre seine Lust zwischen meinem Meer an Lust.
Mäp ,mäp.
SOS.
Game over.

Ich will, dass es jetzt passiert.
Und es passiert.
Es ist heiß.
Es ist feucht.
Es ist wild.
Es ist gut.
Es ist versaut.
Es ist leidenschaftlich.
Wir verschmelzen.
Es macht Spaß.
Es ist laut.
Es ist lange.
Wir sind eins.
Es ist tief.

Nicht nur meine Libido schreit.

Ich schreie.

Es ist mir völlig egal, ob und wer mich hört oder sieht.

Ich hebe ab.

Ich habe Flügel.

Ich fliege über den Grand Canyon.

Ich bin im Himmel.

Ein Orgasmus jagt den nächsten.

Atmen nicht vergessen, Annika.

So frei habe ich mich noch nie gefühlt.

Es war wild und zärtlich. Es war herrlich und schön. Es war versaut und doch erotisch. Es war ein Liebesspiel und doch keine Liebe. Es war romantisch und feurig. Es war einfach richtig. Es war wunderschön. Und unverbindlich – wild und unersättlich.

Kuscheln, festhalten, liebkosen, es fühlt sich gut an.

Er fühlt sich richtig gut an.

Nicht richtig im Sinne von Beziehung.

Einfach nur gut.

Stimmig für diesen Moment.

Einfach nur geil.

Er riecht gut.

Er fühlt sich gut an.

Ich bin eine kleine Schlampe.

Und hey - das macht Spaß.

Nicht eine richtige schlampige Schlampe durch und durch, einfach nur ein bisschen.

Himmel, macht das Spaß.

Irgendwann schlafen wir beide ein.

Eng umschlungen.

Ein gutes Gefühl.

Maserati zum Frühstück

Samstagmorgen.
Sonnenschein auf meinem Gesicht.
Vogelgezwitscher.
Fenster offen.
Ich öffne die Augen und blinzle mehrmals.
Die Umgebung kommt mir nicht bekannt vor.
Den Geruch kenne ich nicht.
Riecht aber lecker.
Kaffeegeruch.
Und das Laken riecht nach Uomo – und es riecht nach Sex.
Musik.
Eros Ramazotti trällert durch die Luft aus irgend einer Box.
Staubpartikel tanzen mit den Sonnenstrahlen um die Wette.
Ich strecke mich.
Sehe mich um.
Sehe direkt auf den Bodensee.
Ich sehe auf dem nassen Blau aus weiter Ferne ein Schiff über den See ziehen.
Möwen kreischen in der Nähe.
Schwarze Bettwäsche.
Verdächtige Flecken.
Ich schmunzle.
Ich erinnere mich.
Ich lächle.
Ich weiß wieder, wo ich bin.

Die Türe geht auf, und Jason kommt mit einem Tablett herein. Er sieht heiß aus in den schwarzen eng anliegenden Pants und nacktem Oberkörper. Er küsst mich und reicht mir eine Tasse dampfenden Kaffee. Auch noch Nespresso. What else.

Besser könnte es wirklich nicht sein. Aber es wird noch besser. Viel von dem Kaffee bekomme ich nicht mit. Aber das, was Jason mit mir im Sinn hat, ist mindestens genauso heiß wie der Kaffee. Ich lehne mich zurück und lasse mich verwöhnen. Endlich ein Mann, der genau weiß, welche Handgriffe wann und wo bei einer Frau nicht nur angebracht sind, sondern aus jeder Frau einen weiblichen Maserati auf Hochtouren macht. Von ganz alleine. Vergessen, all die Erklärungen von Karl, dass ich vielleicht blockiert bin oder dass ich vielleicht einmal Hormone nehmen sollte, damit mein Flüssigkeitshaushalt wieder geregelt würde. Bei Jason stimmt mein Flüssigkeitshaushalt dermaßen, dass der Maserati über mehr PS verfügt, als Jason bisher ahnte.

Als ich bisher ahnte.

Und er kostet es in vollen Zügen aus. Ich auch …

Ich habe so was noch nie gemacht. Einfach so mit einem Mann, den ich nicht kenne, mit zu ihm gegangen und mit ihm geschlafen. Er hätte ja ein Axtmörder sein können. Ein sehr attraktiver zugegeben. Im Moment fühle ich mich in Sicherheit. Es fühlt sich gut an. Auch die Gespräche hinterher. Wie das klingt »hinterher« … Ich lasse das Wort auf meiner Zunge vergehen wie eine Zartbitterschokolade.

Wir trinken Kaffee, lachen, es ist freundschaftlich, zärtlich, eine schöne Atmosphäre. Ich bin gelöst. Wir verstehen uns gut. Da eine intime Berührung, dort eine unverbindliche Geste. Jason erklärt mir, dass er keine Beziehung möchte. Er arbeitet mit seinem Kompagnon in der eigenen Firma und genießt sein Leben. Ab und zu hat er eine Affäre, aber meist auf freundschaftlicher Ebene. Er genießt seine Freiheit, das Singledasein und viele schöne Hobbies. Für mich passt das auch. Ich merke im Lauf der Zeit, dass meine Libido zwar auf ihn abfährt, aber das sich da keine Gefühle regen romantischer Natur. Heißt, ich kann mich nicht in den Mann verlieben, und das ist gut so. Und trotzdem funktioniert meine Libido bestens.

In den nächsten Wochen treffen wir uns öfters zum Essen, gehen aus, genießen Abende zusammen und den hemmungslosen Sex. Es fühlt sich frei an mit ihm, und er muss mich auch nicht durch das halbe Kamasutra jagen. Jason weiß, wie man Leidenschaft und Erotik verbindet. Wir lachen viel, spazieren am See, und ich darf sogar den Maserati fahren. Ein Traum geht in Erfüllung. Es ist eine gute und unverbindliche Zeit, in der ich auftanken kann und erlebe, wie ein Mann auch ohne Beziehung eine Frau mit Würde und Anstand behandeln kann. Und man glaubt es kaum, Jason kann – ohne Gefühle und Beziehung – regelmäßig das Handy in die Hand nehmen und sich melden. Niemand muss ihm das sagen, keiner muss ihn dazu zwingen. Welche Überraschung. Und er versteht es, das Handy im richtigen Moment schweigen zu lassen oder beiseitezulegen, wenn wir zusammen sind. Da gibt es keine wichtigen Anrufe von sonst wem. Da bin nur ich.

Fast vergesse ich, dass wir gar nicht verliebt sind, und dass wir nur ab und zu ausgehen. In den Gesprächen mit Jason merke ich allerdings immer mehr, dass die materiellen Dinge weitaus wichtiger sind in seinem Leben als Freunde, Menschen oder Beziehungen.

Mir wird klar, warum meine Muschi ja sagt zu ihm, aber mein Bauch und mein Herz nein. Das ist gut so. Es ist ja nur eine Affäre. Klingt cool, ich habe eine Affäre. Bisher war die brave Annika eben die brave Annika. Jetzt habe ich eine Affäre mit einem superschönen Mann inklusive Maserati und hemmungslosem Sex – ohne Gleitcreme.

Darüber hinaus ist Jason äußerst großzügig. Er besteht darauf, dass stets er bezahlt, wenn wir essen gehen, und er lässt sich den Spaß jeweils richtig was kosten. Die anfänglichen Bedenken kann er mir nehmen, mit den Erklärungen, dass er so viel verdient, dass er das alleine niemals ausgeben könnte und keine Lust habe, die schönen Dinge alleine zu unternehmen. Was sind da schon ein paar Essen oder Einladungen ins Kino oder zu einem Glas Wein. Es ist eine neue Welt, und ich kann sie gut annehmen. Die Unverbindlichkeit, die Leichtigkeit, es tut mir gut, und ich kann mich vertrauensvoll fallenlassen, so als wäre alles nur ein Spiel.

Verona ist neidisch. Sie fühlt sich zunehmend unattraktiver. Das Baby wächst und ihr Frust auch. Sie fühlt sich wie ein aufgeblasener Ballon (was dem tatsächlichen Bild ziemlich nahe kommt) und beklagt sich ständig über alles Mögliche. Ihre Füße sind angeschwollen, ihr Bauch ist zu dick, sie passt in keine Hose mehr, sie hat Pickel am Hintern und so weiter. Und sie beklagt sich, dass Domenico, ihr Freund, sie nicht mehr anfassen will. Meine Versuche ihr klarzumachen, dass ihre Beschwerden über Pickel am Arsch, angeschwollene Füße und Magenprobleme nicht unbedingt förderlich sind für Romantik und erotische Stimmung, scheitern kläglich an ihren Hormonschüben. Domenico ist im Moment an allem Schuld.

Domenico ist ein Phlegma von einem Mann. Temperament wie eine Schildkröte. Aber superlieb. Er tut alles, um Verona glücklich zu machen. Wenn sie Gurken will, fährt er los und holt welche. Wenn Sie Brezeln haben will, dann setzt er sich zu den unmöglichsten Zeiten ins Auto und holt ihr die gewünschten Brezeln. Wenn Sie dies oder jenes will, Domenico macht es in kürzester Zeit möglich, um genau das zu besorgen, was Verona sich wünscht.

Wie in einem Film.

Wirklich.

Er ist supersüß und supernett.

Und superlangweilig.

Nein, ernsthaft, so schön es ist, aber der gute Italiener hat null Pfeffer im Arsch. Wenn man Domenico kennenlernt, würde man nur aufgrund seiner Haarfarbe und seines Namens auf die Idee kommen, dass er ein Italiener ist. Das Temperament haben ihm seine italienischen Vorfahren nicht vermacht. Jedes Panna Cotta ist schärfer als er. Ich bin mir manchmal wirklich nicht sicher, ob er wirklich Italiener ist. Ich dagegen als Urschweizerin habe dreimal mehr Temperament als dieser italienische Sonderfall. Null Temperament, wirklich null. Aber lieb wie ein Teddybär.

Er ist wie gesagt supersüß und supernett. Verona liebt ihn, er liebt sie, und das ist doch die Hauptsache. Naja, Domenico betrachtend … er ist weit weg von perfekt, aber sie liebt ihn, damit basta. Das reicht doch auch. Mir muss er optisch nicht gefallen. Dafür hat er innere Qualitäten und trägt Verona auf Händen. Wenn es sein müsste, sogar mit dem ganzen Gewicht der Schwangerschaft.

Auf jeden Fall ist Verona neidisch auf mich. Nicht zuletzt wegen der unperfekten Art von Domenico. Jason hat sich über Facebook mit mir verbunden, da sieht sie natürlich das Foto von ihm und seinem Maserati. Supercool findet sie ihn. Sie würde am liebsten auch gerne mit ihm …

Meine Wochenenden mit Jason häufen sich.

Meine Libido schreit immer noch nach ihm.

Nicht mehr ganz so laut. Aber sie schreit immer noch.

Ich bin immer noch frei von jeglicher Gleitcreme.

Es gibt also Hoffnung – für alle Frauen.

Ich bin überzeugt, dass es für jede Frau einen Jason in ihrem Leben geben könnte.

Männern gibt man doch ein Küsschen oder zwei oder drei

Immer wieder ertappe ich Jason dabei, wie er Händchen halten will und da und dort ein Küsschen von mir einfordert. Er streckt mir dann in aller Öffentlichkeit sein Schweineschnörrchen hin und verlangt danach.

Langsam aber sicher irritiert mich das.

Ich glaube, ich muss da was klären.

Irgendwie ist das völlig unattraktiv.

Und es kommt immer häufiger vor. Ich stelle Jason eines Abends beim nach Hause fahren zur Rede: »Sag mal Jason, was soll die Küsschen-Aktion eigentlich ständig, wenn wir ausgehen. Und die Händchenhalterei?«

»Ach Goldstück, weißt du, guten Freunden gibt man doch ein Küsschen oder auch zwei oder drei … und mir kannst du doch ein paar mehr geben. Schließlich treiben wir noch ganz andere Sachen. Da kommt es doch auf ein paar Küsschen mehr oder weniger nicht an.«

»Hm … ich fühle mich dabei etwas seltsam, schließlich sind wir nicht zusammen.«

»Ja, das stimmt.«

Schweigen.

Jason schweigt.

Keine seiner blöden Sprüche, und für mich ist dieses Schweigen fast lauter, als wenn er etwas sagen wollen würde.

Ich schweige ebenfalls betreten.

Jason nimmt das Gespräch wieder auf: »Weißt du, die Frauen, die ich bisher hatte, waren immer gleich verliebt in mich und wollten eine Beziehung mit mir. Aber ich wollte jeweils nicht. Ich bin eben schwer zu zähmen.«

Seine leicht großkotzige Art ist mir in den letzten Wochen immer mehr aufgefallen. Es ist nicht penetrant offensichtlich, aber so schleichend merke ich, dass er für meine Verhältnisse einfach eine Spur zu großkotzig ist. Mit allem. Schöne materielle Dinge sind ja gut und recht, aber sie sind nicht alles. Zugegeben, der Maserati ist geil, aber er ist nicht das Maß der Dinge. Ich liebe schöne Autos, aber jedes Gespräch mit Freunden, Spaghetti kochen mit einer Freundin oder mit den Eltern lachen, ist mehr wert als jeder Maserati oder ein Penthouse.

Jason sieht das ein wenig anders.

Ich sage nichts zu dem, was Jason gerade erwähnt hat.

Was sollte ich dazu auch sagen. Ich bin nicht verliebt in ihn.

Ich will ihn auch nicht zähmen.

Wozu auch.

Und ich merke, dass ich zu diesem Thema einfach nichts zu sagen habe.

Und wie sich herausstellt, ist genau das das Problem.

»Goldstück, weißt du, es ist eine Ehre für dich, dass ich dir das jetzt sage. Aber ich glaube, nein ich weiß, ich muss dir jetzt etwas beichten. So etwas hat es wirklich noch nie vorher gegeben in meinem Leben.« Er wartet ab und sieht mich triumphierend an.

Keine Ahnung, worauf er hinaus will.

»Weißt du, mein Goldstück, du bist wirklich mein Goldstück geworden.«

Wieder lächelt er mich so blöde grinsend an und zwinkert mir dabei zu.

Was soll das, verdammt?

Ich verstehe nicht, worum es geht.

Aber mein Bauchgefühl sagt mir, dass sich dieses Gespräch in eine Richtung entwickelt, die mir nicht gefällt.

»Mein Goldstückchen, mein Ein und Alles, du bist einfach süß, wenn du mich so ansiehst.« Wieder dieses blöde Grinsen.

»*Jetzt sag halt, was du sagen willst*«, denke ich bei mir.

»Mein Goldstück«, – ich erreiche in absehbarer Zukunft die 24-Karat-Grenze, wenn er so weiter macht –, »ich fühle mich so geborgen in deiner Nähe. Und das erste Mal seit vielen Jahren. Nein, das erste Mal überhaupt, dass ich so tiefe Gefühle habe für eine Frau. Ich habe mich in dich verliebt und möchte den Rest meines Lebens mit dir verbringen.«

Zonk.

Mentale Ohrfeige.

Wieso denn gleich das ganze Leben?

Reichen denn die Nächte nicht?

Muss man denn immer gleich so übertreiben?

Wir hatten doch vereinbart, dass wir uns nicht verlieben.

Goldstück hin oder her.

Jason sieht mich erwartungsvoll an.

Schock in meinem Hirn.

Meine Muschi ist soeben wieder zugefroren.

Gleitcreme, ich komme wieder, du treuer Freund.

Error.

Am liebsten würde ich jetzt eine ganze Flasche Prosecco auf einmal trinken, oder gleich zwei.

Das ist leider das Einzige, was mir dazu einfällt.

Was soll ich sagen?

Ich bin nicht verliebt in Jason.

Merkt er das denn nicht?

Die Wende in unserer Verbindung gefällt mir grad gar nicht.

Es scheinen dunkle Wolken am Horizont aufzuziehen.

Ich will das nicht.

Wie sage ich ihm das nur?

Am besten auf Deutsch.

Scheiße.

»Jason, ich weiß gar nicht, was ich sagen soll.«

Das entspricht sogar der Wahrheit.

»Sag doch einfach *ja*.«

»Ja – also nein – also ja – also – Jason hör mir zu.«

»Du brauchst gar nichts zu sagen, ich spüre jedes Mal in der Nacht wie sehr du mich liebst.«

Ah ja? Ich wundere mich. Wie und wo will er das denn genau gespürt haben?

Seltsam, ich spüre nichts dergleichen.

»Was?«

»Naja, es ist doch klar, dein Körper spricht mit mir, immer wenn wir uns lieben.«

»Du Arsch, dann bin ich spitz und nicht verliebt.«

»Nein, du verstehst nicht, eine Frau wie du ...« Er seufzt. »Ich spüre das.«

Ich spüre im Moment, dass es ziemlich kompliziert zu werden scheint.

»Mein Goldstück.«

»Hör auf, mich dein Goldstück zu nennen, Annika reicht völlig aus.«

Irgendwie macht mich das langsam sauer.

Soviel kann nicht mal Jason ausblenden oder?

»Mein Gol ... ähm ... Annika, hör mir doch zu. Du hättest es wunderschön mit mir, ein Traum. Ich bezahle dir alles, du bräuchtest nie wieder zu arbeiten.«

»Jason, was redest du da für einen Blödsinn?«

»Doch Annika, ich meine es ernst, wir heiraten und …«

»Stop – HEIRATEN? Hast du sie nicht mehr alle?«

»Annika, mir war es noch nie so ernst mit einer Frau.«

»Und warum muss das ausgerechnet bei mir damit anfangen?«

»Annika, hör mir doch zu, ich bezahle alles für dich, du brauchst nie wieder auch nur eine Stunde zu arbeiten.«

Langsam reicht's mir.

Langsam werde ich sauer.

»Und was tue ich dann den ganzen Tag?«

Ich wollte witzig sein. Vom Thema ablenken.

Ich wollte sarkastisch sein.

Jason meint das aber todernst.

Ich soll geheiratet werden.

Will ich das denn überhaupt?

»Nein, Jason, ich – es tut mir leid. Ich empfinde nicht so wie du, ich liebe dich nicht.«

»Aber Goldstück ...«

»Ich bin nicht dein Goldstück.«

»Annika, die Liebe – sie kommt mit der Zeit.«

Wie?

Die Liebe kommt mit der Zeit.

Wo ist sie denn hin?

Langsam wird mir das hier echt zu blöd.

»Annika, glaub mir, ich beschere dir ein wunderschönes Leben, ich werde dich auf Händen tragen, dir alles zu Füssen legen. Alles was du willst.«

Ich betrachte gedankenverloren meine Füße.

»Danke Jason, ich kann noch ganz gut selber gehen.«

Er versteht den Witz wieder nicht.

Nicht alle können mit meinem Humor umgehen.

Jason kann es offensichtlich nicht.

Vielleicht einer der Hauptgründe, warum er mich bestimmt nie auf Händen tragen wird.

Ob das allerdings je einer machen wird bei meinem Gewicht – ich weiß es nicht ...

Ich brauche Luft.

Herrgott, ich brauche Luft.

»Halt bitte den Wagen an«, bitte ich ihn.

»Warum?«, fragt er.

»Damit ich aussteigen kann.«

»Du kannst hier doch nicht aussteigen.«

»Doch ich kann, geht ganz leicht, wenn du anhältst. Ich schnalle mich ab, mache die Türe auf ...«

Er unterbricht mich.

»Hör auf, dich über mich lustig zu machen.«

Er sieht zu Boden und wirkt ernsthaft verletzt. Jason ist durcheinander.

Der meint das wirklich ernst mit der Gefühlsduselei.

Ich bin fassungslos.

Wer hätte das gedacht.

»Es tut mir leid, du hast ja recht. Aber bisher warst du derjenige, der niemals eine Beziehung wollte und und und. Du wärst verheiratet mit dem Maserati und deiner Arbeit. Wie oft hast du mir das erklärt und immer zwischen den Zeilen durchblicken lassen, dass auf keinen Fall eine Frau ernsthaft etwas von dir erwarten kann. Mir war das mehr als recht. So war unser Deal. Nicht verlieben, nur Spaß.«

»Dinge ändern sich, Goldstück.«

»Hör endlich auf, mich dein Goldstück zu nennen.«

»Es tut mir leid.«

»Schon gut.«

»Heiratest du mich trotzdem?« Er sieht mich mit einem Dackelblick an. Sehr unromantisch.

»Nein.«

»Warum denn nicht? Du kannst doch alles haben von mir. Ich bezahle alles, du kriegst auch deine eigene goldene Kreditkarte. Es wird dir an nichts fehlen.«

»Jason, verstehst du nicht? Es ist nicht wichtig, ob du alles bezahlst. Ich will nicht, dass du alles bezahlst. Ich will auch nicht aufhören zu arbeiten.«

»Das verstehe ich nicht, das will doch jede Frau.«

»Ich weiß nicht, was für Frauen du kennst. Ich bin nicht wie jede dieser Frauen.«

»Aber alle Frauen wollen das doch.«

»Dann musst du dir offenbar eine suchen, die das will.«

»Aber ich will dich.«

»Aber ich bin nicht auf dem Heiratsmarkt verfügbar.«

»Annika, ich liebe dich.«

»Jason, ich liebe dich leider nicht.«

»Heiratest du mich trotzdem?«

»Herrgott, nein, versteh das doch.«

»Nein, tue ich nicht.«

»Warum nicht?«

»Weil ich dir doch alles bezahlen würde.«

Irgendwie hatten wir das schon oder? Ich atme schwer. Ob Gewalt helfen würde in diesem Moment? Ich verwerfe den Gedanken. Ich kann nur den Kopf schütteln. Jason versteht nicht, dass nicht alles und jeder käuflich ist. Bei allem Respekt für seine Gefühle, wenn sie denn wirklich vorhanden sind. Jason würde wohl gar nicht merken, wenn er den Maserati vögelt und mich in der Garage vergessen hätte. Irgendwie hätte mich seine großkotzige Art doch stutzig machen sollten. Seufz. Trotzdem bin ich irritiert über seinen Gefühlsausbruch. Ob das wirklich ernst gemeint ist? Ist er wirklich ein so großkotziges Arschloch oder im Kern – tief drinnen – ein guter Kerl. Das bestimmt, aber es reicht nicht, um ihn zu heiraten. Vielleicht bereue ich dieses Gespräch einmal, wer weiß ... Aber ich kann einfach keinen Mann heiraten, nur weil er viel Kohle hat und einen Maserati.

»Bring mich bitte nach Hause«, bitte ich ihn.

»Überlegst du es dir zuhause?«

»Nein.«

»Warum nicht?«

»Jason, hör auf, mir auf die Nerven zu gehen.«

Jason weint. Ich sehe zweimal hin, aber Jason weint tatsächlich.

Ich weiß nicht, ob ich angewidert sein oder Mitleid haben soll.

Wie soll ich darauf reagieren? Ich mag ihn, aber doch auch nicht *mehr*?

Vielleicht sollte ich doch künftig besser darauf achten, wem ich meine Schlampe zeige und wem nicht. Seufz. Ich mache auch gar nichts richtig. Nicht einmal eine vernünftige Affäre kann ich anzetteln, ohne dass mich der Typ gleich heiraten will.

Jason fährt mich nach Hause. Irgendwie entkomme ich diesen idiotischen Endlos-Gesprächen mit ihm. Genervt steige ich die Treppen hinauf. Jetzt einfach nur ins Bett. Es ist 23:30 Uhr. Ich brauche endlich Ruhe, und ich will keine weiteren blöden Diskussionen. Einfach meine Ruhe haben. Ist das denn so viel verlangt?

Eine Nacht voller Liebe

Als ich die Treppen hochsteige, merke ich, dass mit Ruhe vorerst nichts ist. Im Halbdunkeln sehe ich da einen Mann vor meiner Haustüre sitzen. Ich mache Licht.

Samy.

Das hat mir jetzt gerade noch gefehlt.

Was will der denn hier?

Hoffentlich will er nicht wieder mit dem Schwanz wedeln oder strippen.

Ich sehe wieder die weiße Socke vor mir.

Gott, sieht der Typ vielleicht scheiße aus. So wie sein Gesicht zugerichtet ist, hatte er 'ne Schlägerei.

Blaues Auge, eingeschlagene Nase.

Sieht echt fies aus.

Tut sicher scheiße weh.

»Hey Annika.«

Oh, er kennt sogar meinen Namen.

Ich bin beeindruckt.

»Hey Samy, ungewöhnliche Zeit für einen Besuch.«

»Ich muss mit dir reden.«

Nein, nicht der auch noch. Mein Gesprächsbedarf mit Männern in dieser Nacht ist definitiv erschöpft. Ich sehe ihn mit großen Augen an.

»Kann ich reinkommen?«

»Nur, wenn du mir versprichst, nicht wieder zu strippen.«

Samy wird rot.

Er nickt und erhebt sich.

»Und wenn ich dir jetzt einen Kaffee anbiete, behältst du deine Hände gefälligst bei dir, ja?«

»OK.« Er scheint ziemlich aufgelöst zu sein. Das ist die Nächte der Bekenntnisse oder wie?

Ich gehe in die Küche und schmeiße die Kaffeemaschine an.

Als ich mit zwei dampfenden Kaffeetassen ins Wohnzimmer zurückkehre, sitzt er auf der Couch und sieht mich erwartungsvoll an.

»Hey, was da passiert ist – ich meine, da neulich, du weißt schon. Es tut mir leid. Ich will nicht eingebildet klingen, aber es ist nicht alltäglich, dass eine Frau mich nicht ranlässt.«

»Oh, bist du widerlich.«

Noch so ein großkotziger Macho.

»Nein, so war das wirklich nicht gemeint, Annika. Ich bin ein Arschloch, ich weiß es doch. Für mich ist klar, dass ich sonst Jede haben kann. Aber eben nicht dich.«

Auch wie sich dieses Gespräch entwickelt, gefällt mir irgendwie nicht. Da ist ein ganz bestimmter Unterton, bei dem alle Alarmglocken klingeln bei mir. Ich setze mich ein paar Zentimeter weiter weg von ihm.

»Weißt du Annika, es gibt wenige Frauen mit Klasse. Die meisten haben schöne Körper und wenig im Hirn.«

Eigentlich dachte ich immer, es wäre bei den Männern so. Wie ich mich doch irren kann. Ich habe hier ein außergewöhnlich aufmerksames Exemplar der männlichen Gattung vor mir, wie mir scheint. Und was sagt mir das jetzt?

»Annika, Karl war gestern bei uns im Lager. Ohne irgendwas zu sagen, ist er auf mich losgegangen und hat mir voll eine auf die Zwölf gehauen. Ich war notfallmäßig im Krankenhaus. Er hat ganz schön zugelangt.«

Ich staune.

Karl ist zurück?

Karl und so viel Gefühlsregung? Sollte es tatsächlich eine Seite an Karl geben, die ich noch nicht kenne?

Ich komme nicht darum herum, ein wenig beeindruckt zu sein.

Obwohl ich Gewalt nicht gutheiße.

Naja, bei strippenden weißen Socken bin ich mir da nicht mehr so sicher.

»Und was willst du mir jetzt damit sagen?«, frage ich ihn.

»Naja, ich wollte dir eigentlich sagen, dass ich das Ganze richtiggestellt habe. Ich habe ihm gesagt, dass ich ja nicht mal was hatte mit dir. Es ist also quasi alles in Ordnung.«

Er sieht mich erwartungsvoll an und nippt am Kaffee.

Er lächelt mich an.

Ich befürchte, das ist noch nicht alles.

»Annika, ich habe mir viele Gedanken gemacht. Wenn ein Mann wie Karl eine Frau wie dich so verteidigt, dann ...«

Ja, was denn dann?

»Ich meine, es hat mich auch beeindruckt, dass du nicht einfach mit mir ins Bett gestiegen bist. Du bist eine Frau mit Klasse. Ich meine, ich habe mir gedacht …«

Kann der Typ nicht mal nüchtern in vernünftigen Sätzen sprechen?

»Ich meine, ich wollte dich fragen, ob wir uns vielleicht näher kennenlernen könnten. Ich könnte mir gut vorstellen, dass aus uns was werden könnte.«

Halt.

Stopp.

Was ist hier genau los?

Monatelang Sendepause.

Kein Mann in Sicht.

Und jetzt?

Ich schaue meinen Kaffee an.

Dann schaue ich Samy an.

Mir kommen die weißen Socken hoch.

Ich stelle mir seinen ... vor – oh Gott, ich bin noch immer blind.

Oder ein Leben lang sehgeschädigt, eins von beidem.

Jetzt will die weiße Socke dauerhaft für mich strippen?

Die Vorstellung lähmt mich vollständig.

Wie komme ich bloß wieder raus aus dieser Nummer?

»Samy, ich fühle mich geschmeichelt. Aber ich muss zuerst einmal das mit Karl verdauen. Ich bin noch nicht soweit für eine neue Beziehung oder das Kennenlernen von einem anderen Mann.« Gute Ausrede, Mädchen. Ich verschweige ihm meine sexuellen Eskapaden mit dem Maserati.

Ich sehe Samys Enttäuschung in seinen Augen.

»Ok, ich verstehe. Nach meiner Aktion würde ich mich auch nicht wollen.«

Habe ich jetzt lauter solche Jammerhaufen um mich herum?

Fehlt nur noch, dass dieser Typ auch noch anfängt zu heulen.

Er fängt nicht an zu heulen.

Gott sei Dank.

Er ist nur enttäuscht.

Nun gut, damit kann ich leben.

Samy auch.

Er geht nach Hause.

Es ist ein Uhr früh.

Wieder eine verrückte Nacht.

Was ist nur los in letzter Zeit?

Die Ereignisse beschäftigen mich, ich kann nicht sofort einschlafen.

Ich wollte doch Ruhe und ausschlafen.

Jetzt bin ich viel zu aufgewühlt.

Bin ich zu anspruchsvoll?

Was ist, wenn mich hinterher keiner mehr will?

Hätte ich einen der beiden Männer nehmen sollen?

Habe ich die Zeichen nicht richtig gedeutet?

Irgendwann schlafe ich dann doch noch ein.

Leider nicht allzu lange.

Schreck.

Es klingelt.

Wo klingelt es?

Handy – es ist dunkel.

Es klingelt wieder.

Wo klingelt es?

Wie spät ist es?

Wo zur Hölle bin ich, und was soll dieser verfluchte Lärm?

Langsam komme ich zu mir und merke, dass ich Zuhause im Bett bin.

Ich muss erst mal richtig aufwachen.

Müde.

Es klingelt wieder.

Ich reibe meine Augen.

Ja, ja, ich komme ja.

Das Klingeln kommt aus dem Flur.

Meine Wahrnehmung kehrt zurück aus meinen Träumen.

Die Haustüre?

Die Wahrscheinlichkeit ist groß.

Ich schlurfe durch den Flur.

Gähne laut und reiße meinen Mund weit auf.

Es klingelt wieder.

T-Shirt.

Der Busen hängt.

Ich kratze mich am Busen.

Ungeschminkt.

Zerzaust.

Ich kneife ein Auge zu. Herrjeh, ist das hell.

Es klingelt wieder und wieder.

Kalte Füße.

Müde.

Scheiße, was für ein Idiot klingelt um diese Zeit?

Wie spät ist es eigentlich?

Es ja immer noch dunkel draußen.

Es klingelt weiter. Ich glaube, es wird immer lauter, kann das sein?

Herrgott, kann man denn nicht mal seine Ruhe haben?

Es muss noch Nacht sein.
Ich drehe den Schlüssel.
Öffne die Türe.
Ich muss zweimal hinsehen.
Karl steht vor mir.
Oh nein, nicht das auch noch.
Was ist heute nur los?
»Hey.«
Wie geistreich.
»Hey Karl.«
»Kann ich reinkommen?«
»Muss das jetzt sein?«
Ich bin viel zu müde, um mir Mühe zu geben, freundlich zu sein.
Ich staune über meine Kühnheit. Früher wäre ich zu Höchstleistungen aufgelaufen, um sofort zu duschen, mich schminken und so weiter, wenn er sich angekündigt hätte. Wie spät war es nochmals – vier Uhr morgens? Scheiße, ich bin im falschen Film.
»Bist du böse auf mich?«
Schon wieder prasseln so viele Worte und Fragen auf mich ein. Ich kann noch nicht richtig denken. Ein Teil meines Gehirns schläft noch. Ich gähne.
»Nein Karl, bin ich nicht, aber weißt du eigentlich, wie spät es ist?«
»Es ist – ähm, genau 04:11 Uhr.« Dabei sieht Karl auf seine Uhr und lächelt mich an.
Spaßvogel.
»Ich weiß wie spät es ist.«
»Warum fragst du mich denn dann?«
»Weil es leicht unpassend ist, sich wochenlang nicht zu melden und dann um diese Uhrzeit vor der Haustüre zu stehen.«
»Du bist böse auf mich.«
»Nein – bin ich nicht.«

Haben heute alle Männer ihren Mitleidsschub? Die Türe von gegenüber geht auf. Mira steht vor mir. »Könnt ihr etwas leiser sein? Mein Rudilein ist euretwegen aufgewacht.«

»Scheiße, sorry, Mira klar, entschuldige und gute Nacht«, beruhige ich sie und winke beschwichtigend. Ich zerre Karl in die Wohnung und schließe die Türe.

Ich wäre viel lieber im Bett.

Alleine.

Karl setzt sich aufs Sofa.

Ich setze mich neben ihn und greife mir meine Decke, damit ich nicht auch noch friere.

Noch immer bin ich nicht ganz wach.

»Ich habe Samy verprügelt.«

»Hm ...« Ich gähne zustimmend.

Ich sage besser nichts dazu.

Wer weiß, wie er reagiert, wenn er erfährt, dass Samy unlängst an seinem Platz vor mir gesessen hat und mir fast seine Liebe gebeichtet hat.

»Weißt du, ich hab jetzt eingesehen, dass ich falsch gehandelt habe. Können wir es nicht wieder probieren miteinander?«

»Karl, ICH hab mit DIR Schluss gemacht, schon vergessen? Und zwar nicht wegen Samy.«

Was ist nur los heute Nacht?

Warum wollen mich alle entweder heiraten oder mit mir eine Beziehung?

Vorher lief nichts in meinem Leben.

Und jetzt alles in einer Nacht, seufz.

Wäre schön, wenn sich die Ereignisse verteilen könnten.

»Ja, ich weiß, aber ich habe mich geändert. Wirklich.« Karl bohrt nach.

Was soll ich da sagen?

»Ich habe mich intern versetzen lassen, ich fahre jetzt nur noch Inland und bin mindestens an drei Abenden Zuhause, plus jedes Wochenende.«

Aha. Gut bin ich müde, denn ich bin nicht wirklich beeindruckt.

Höchstens sarkastisch.

Und mir fallen gleich die Augen zu.

Ich schüttle den Kopf und hebe die Lider an.

Es ginge also doch, wenn *Mann* denn wirklich wollen würde.

Offenbar will er jetzt.

Aber ich nicht.

Nicht mehr.

Früher hätte ich alles dafür gegeben.

Früher, wie das schon klingt.

Ich will, dass er nach Hause geht.

Karl aber bleibt sitzen.

»Karl, es ist zu viel passiert.«

»Ja, aber ich kann dir beweisen, dass ich dich liebe.«

»Ich glaube dir, dass du mich liebst.«

»Dann kommst du zu mir zurück?«

In dieser Nacht scheinen die Männer alle irgendwie auf Durchzug zu stellen und schlecht zu hören.

Zuerst Jason, dann Karl.

Vielleicht sollte ich die beiden miteinander verkuppeln.

»Karl, ich will keine Beziehung mehr mit dir. Ich liebe dich nicht mehr.«

Naja ..., so ganz stimmt das nicht, aber ich will wirklich keine Beziehung mehr mit Karl. Und ich habe keine Lust auf weitere Jahre als Beziehungssingle in seinem Schatten.

Leider lässt sich Karl nicht einfach abwimmeln.

Ich höre mir noch weitere Liebesschwüre an, weitere Versprechungen.

Bitten.

Betteln.

Ich stelle ihn ab.

Ich mag es nicht, angebettelt zu werden.

Wie soll ich einen Mann lieben, geschweige denn erotisch finden, der mich anbettelt.

Karl will nicht hören.

Karl will mir ums Verrecken beweisen, dass er mich liebt.

Karl will mir zeigen, dass er sich geändert hat.

Karl hat vor allem nicht zugehört, dass mich das alles nicht (mehr) interessiert.

Das Ganze macht mich wütend auf ihn.

Warum konnte der Typ nicht früher auf so eine Idee kommen.

Scheißabend. Scheißnacht. Scheißkerl. Scheißkarl.

Ich mache ihm unmissverständlich klar, dass ich bis jetzt noch nicht böse auf ihn bin. Aber wenn er nicht gleich nach Hause gehen würde, könnte sich das leicht ändern. Als Karl dann doch endlich gegangen ist, bin ich schließlich so aufgedreht, dass ich gar nicht mehr schlafen kann. Viele solcher Nächte mit strippenden Socken und bettelnden Maserati-Fahrern und Ex-Freunden vertrage ich echt nicht. Ich habe eine solche Wut in mir.

Einmal mehr sitze ich unter meiner selbst gestrickten Decke, eine Tasse kalten Kaffees in der Hand und sehe der Morgensonne zu, wie sie aufsteigt. Ich sehe direkt auf den Bodensee. Nicht viel vom Bodensee, aber ich sehe ihn.

Der Bodensee glitzert und spiegelt die Morgensonne.

Ich verstehe diese Welt nicht mehr.

Wird Zeit für eine Neue.

Der beste Schefff von Allen

Nach diesem Wochenende nehme ich mir vor, mich auf die Arbeit zu konzentrieren. Ich bin noch immer verwirrt. Die Ereignisse der letzten Tage waren etwas viel. Es ist eine ausgezeichnete Idee, sich so richtig in die Arbeit zu knien. Eine gute Ablenkung. Wir haben außerdem tonnenweise Arbeit im Büro. Uns geht die Arbeit nie aus.

Obwohl wir gerade Kurzarbeit im Betrieb haben, sind wir im Personalbüro gefordert. Haufenweise Papierkram und Amtsschimmel liegt pendent in Sichtmappen und liebevoll gestapelt auf meinem Bürotisch. Die anderen müssen Kurzarbeit schieben, und wir können uns kaum retten vor Überstunden. Die Stimmung in der Firma steht nicht gerade zum Besten. Viele Leute sind frustriert, haben Angst um ihre Jobs. Verständlich. Es ist nicht einfach in diesen Tagen. Dementsprechend viele Leute haben Gesprächsbedarf und finden den Weg zu uns.

Die Auftrags- und Umsatzeinbußen sind immens. Wir sind ein Autozulieferer, und die Situation ist mittlerweile wirklich dramatisch. Ich hoffe, dass wir nicht auch noch Leute entlassen müssen wie andere Betrieben auf dem Platz Egnach. Bisher konnte die Kempter Metall GmbH durchhalten, aber wie lange noch … Ich möchte den Teufel nicht an die Wand malen. Wie heißt es so schön, positiv denken.

Es wird also Zeit, euch zumindest meinen Vorgesetzten vorzustellen.

Mein Schefff ist ein spezielles Exemplar.

Und er ist der beste Chef der Welt.

Ein Ausnahmeexemplar sozusagen.

Sein Name: Enrique Ignacio Carlos Fernando Angel Dominguez Arias oder einfacher: Enrique Dominguez.

Mein Schefff.

Leiter Human Resources von der Kempter Metall GmbH und ein echter Profi in seinem Job, fachlich wie sozial gesehen.

Ich arbeite hier seit drei Jahren in der Firma und kenne meinen Schefff schon von früher. Wir haben früher schon einmal zusammengearbeitet. Er ist vor allem menschlich gesehen eine Ausnahmeerscheinung. Neben fachlicher Kompetenz hat er Sinn für Humor und ein großes Herz. Und er versteht es immer wieder, aus brenzligen Situationen eine Win-Win-Situation für alle entstehen zu lassen.

Unschwer zu erkennen ist, dass mein Schefff kein Schweizer ist. Er ist zwar in der Schweiz aufgewachsen, aber immer noch ein spanischer Stier, wie es im Buche steht. Dafür schreibe ich ihn mit SCH und drei F. Denn nur wo SCHEFFF drauf steht, ist quasi auch SCHEFFF drin. Mein Schefff ist Vollblutspanier. Um präzise zu sein: Andalusier. Er meint, das wäre nicht dasselbe. Wenn er ein vernünftiges Spanisch sprechen würde, könnte auch ich endlich spanisch reden, aber bei dem Kauderwelsch (er nennt es stolz andalusisch) verstehe ich so gut wie gar nichts. Wobei ich hier erwähnen muss, dass sein Andalusisch mehr geprägt ist von seiner kubanischen Freundin und den Peruanern, die er ständig um sich hat. Wenn ich mit Carlotta rede, die ebenfalls bei uns arbeitet und sie Spanisch mit mir spricht, verstehe ich sie äußerst gut, wenn sie den Turbo rausnimmt und quasi normalsterbliches Spanisch spricht. Aber sie kommt auch aus Madrid, und dort wird ein sehr klares Spanisch gesprochen. Mein Schefff sieht das allerdings anders.

Ein gemeinsamer Freund, Francisco Eugenio Fuertes, dagegen spricht ein wundervolles Spanisch, das sogar ich recht gut verstehe. Von Francisco erzähle ich euch später. Ein wunderbarer

Mann und Freund. Vor allem aber hat er den tollsten Hund der Welt.

Auf der Website unserer Firma brilliert mein Schefff mit einem super seriösen Foto mit angegrauten Schläfen. In Tat und Wahrheit färbt er seine Haare schwarz und glaubt, dass niemand das merken würde. Er ist liiert mit einer Kubanerin, er nennt sie liebevoll seine Cubanita oder Negrita, weil sie dunkelhäutig ist. Aber sie hat natürlich auch einen Namen: Mercedes Yaineris Alvarez. Ich ziehe ihn immer damit auf, weil er Opel fährt. Dumme Sprüche und Wortspielereien sind vorprogrammiert. Aber das ist generell normal bei uns beiden.

Mercedes ist einiges jünger als mein Schefff, das hält ihn jung und schwarzhaarig.

Mein Schefff und ich verstehen uns sehr gut, so ähnlich wie gute alte Freunde. Manchmal fehlen nur noch der Scotch und die Zigarre. Wir wissen viel voneinander, vertrauen uns und arbeiten erfolgreich und gut zusammen. Es macht Spaß, mit so einem Boss zusammenzuarbeiten. Er ist der beste Schefff, den es gibt. Wir lachen viel, nicht zuletzt weil wir den gleichen Humor und Biss haben. Aber auch, weil wir ständig lustige Sprüche auf Lager haben und in etwa gleich verrückt sind. Nach dem Motto: wir müssen nicht verrückt sein, aber es hilft in dieser Firma ungemein.

Die Firma bietet jeden Tag Potenzial für lustige Geschichten. Mein Schefff und ich lassen aber auch keine Gelegenheit aus für bissige Kommentare, Wortspielereien und filmreife Szenen. Ein Steckenpferd von uns sind Ausdrücke, die wir einfach in den Raum werfen, zusammenhangslos. Diese Sprüche sind schon Kult. Da sind geistreiche Sprüche zu finden wie: »Liegt der Hansli tot im Zimmer, lebt er nimmer.« Oder so ähnlich.

Es ist also mittlerweile Montagmorgen. Ich bin schon seit einer Stunde im Büro und summe vor mich hin.

Ich höre lautes Pfeifen auf dem Flur. Schefff im Anmarsch.

Die Türe wird temperamentvoll aufgerissen, pfeifend kommt mein Schefff herein.

Er strahlt mich an.

»Buenos Dias.«

»Guten Morgen Schefff.«

»Alles klar?«

»Ja, alles klar. Und bei Ihnen?«

»Glasklar. Wie war Ihr Wochenende?«

»Speziell. Und Ihres?«

»Speziell? Ich will alle Details. Jetzt und sofort.«

Er schmunzelt und setzt sich an sein Pult.

»Möchten Sie einen Kaffee?«

»Passt, gerne.«

Also schnappe ich den Kaffeeschlüssel für den Kaffeeautomaten und steige die Treppen hoch zur Zwischenetage, wo sich die Firma Connally AG eingemietet hat. Caroline arbeitet dort, ich schaue kurz bei ihr vorbei und lade sie auch zu einem Kaffee ein. Mit Caroline möchte ich mich schon lange privat treffen zwecks Erweiterung meines Freundschaftsrudels. Das Unternehmen Connally AG hat den besseren Kaffeeautomaten als wir, oder vielleicht liegt es nur an der Herkunft des Kaffees. Es ist zwar ein italienischer Automat, der ständig aussteigt und Macken hat, aber der Kaffee ist um Längen besser als unserer.

Zurück im Büro bringe ich meinem Schefff den Kaffee und kollidiere beinahe mit dem Geschäftsführer. Er stolziert gerade aus dem Büro vom Schefff, grüßt mich mechanisch und rauscht davon. Ich husche schnell ins Zimmer, schließe die Türe hinter mir und stelle meinem Schefff den Kaffee auf den Tisch. Der Gesichtsausdruck meines Scheffs verrät alles. Ärger im Anmarsch ... großer Ärger.

Er schaut mich an.

»Frau Berger, Ärger im Anmarsch, viel Ärger ...«

Na, sag ich doch.

Ich kenn meinen Schefff.

»Was ist denn los?«

»Wir dürfen die Kurzarbeit nochmals ausweiten, wir melden die bisherigen Abteilungen nochmals an, plus die Abteilung Verkauf.« Er schüttelt den Kopf.

»Wow, plus Abteilung Verkauf? Scheeeeeeiiiiiissssse«, ist meine Antwort. Ich bin betroffen, aber mein Schefff holt mich sofort zurück ins Hier und Jetzt.

»Jetzt erzählen Sie mir aber erst mal vom Wochenende. Was sein muss, muss sein.«

Er schaut mich neugierig an und nippt bereits an seinem Kaffee.

Draußen scheint die Sonne, es ist eigentlich viel zu schönes Wetter, um zu arbeiten.

Und so erzähle ich ihm von den Ereignissen der letzten Tage. Mein Schefff amüsiert sich köstlich darüber. Wir trinken Kaffee und erzählen uns erst einmal gegenseitig von den Erlebnissen am Wochenende. Er war mit seinem Opel und seiner Mercedes an einem Salsa-Convent, sie hat natürlich einmal mehr gewonnen. Sie tanzt mit einem oberschwulen Latino-Kollegen, der sich immer wieder mit pyjama-ähnlichen Outfits zum Gespött der südamerikanischen Tanz-Welt macht. Aber tanzen kann dieser schwule Typ offenbar Bombe. Und seine Mercedes auch.

Wir quatschen nur kurz. Umso besser hänge ich mich anschließend in die Arbeit. Kurzarbeit – neu beantragen. Ich weiß genau, was diese Woche auf mich zukommt. Haufenweise Formulare ausfüllen, der Betriebskommission nachrennen, Berechnungen anstellen, Statistiken zusammenstellen und Formulare, Formulare und nichts als Formulare.

Die Woche vergeht wie im Flug. Ich bin früher im Büro, gehe später nach Hause und mache selten Mittagspause. Mein Schefff

hilft tatkräftig mit und unterhält mich mit coolen Sprüchen und Gesangseinlagen. Er schafft es allerdings genauso oft, mir den Alltag zu erschweren, weil er seine Aufträge an mich gerne laufend revidiert, manchmal mehrfach, sodass ich die erledigte Arbeit nicht selten zweimal mache oder sogar noch mehr. Gerne auch über die Mittagspause. Wenn er mir einen Auftrag vor der Mittagspause erteilt, der superdringend ist und ich meine Mittagspause verkürze, um den Auftrag zu erledigen, kommt er oft nach der Mittagspause mit völlig neuen Infos oder den Wünschen, den Auftrag komplett zu vergessen oder alles neu aufzusetzen. Aber ich glaube, dass haben Schefff's so an sich.
Wir haben, wie gesagt, schon früher in einem Großkonzern in Arbon zusammengearbeitet. Er war damals schon Personalchef, während ich mich als Personalassistentin und Mädchen für alles in der dazugehörigen Transportfirma versuchte. Eine interessante und lustige Zeit, vor allem die Erlebnisse mit den vielen LKW-Fahrern. Ich bin mit LKW's groß geworden.

Es ist daher für euch, liebe Leserinnen und Leser, einfach, eins und eins zusammenzuzählen, warum ich Karl überhaupt kenne.

Mein Schefff hatte mir schon lange geraten, Karl in den Wind zu schießen. Er hat sich lange darüber aufgeregt, wie Karl mich behandelt hat. Ja, manchmal braucht Frau halt ein wenig länger, bis man sich selbst und seine Bedürfnisse ernst nimmt. Ich hätte schon viel früher auf meinen Schefff hören sollen.

Crash Boom Bang

Rot im Kalender ist der Geburtstag von Leon eingetragen.

7. April.

Und heute ist der 7. April, also somit auch der Geburtstag von Leon.

Leon hat vor einer Woche angerufen. Wir sehen uns nicht so oft. Drei bis viermal treffen wir uns im Jahr auf ein Glas Wein und einen guten Schwatz oder was Leckeres zu essen. Er ist ein gemeinsamer Freund von Verona, Domenico und mir. Wenn einer Geburtstag feiert, dann ist das meist ein Grund, sich zu treffen. Verona trinkt gerne Wein, wenn sie nicht gerade schwanger ist. Auch Domenico und ich sind Weinliebhaber. Und so ist auch Leons Geburtstag ein Anlass, sich zu treffen.

Ich kenne ein paar wenige Kollegen aus ihrem Umfeld, aber halt nicht alle. Ich bin nicht immer mit ihnen unterwegs, aber es macht Spaß, sich ab und zu mit ihnen zu treffen. Und so steht nun also das Treffen zu Leons Geburtstag ins Haus.

Ich düse nach der Arbeit nach Hause und mache mich frisch.

Halsabwärts rasieren, diesmal nicht notfallmäßig auf einem Klo, sondern ordnungsgemäß unter der Dusche, wie sich das gehört.

Haare trocknen, schminken, das Rundumpaket.

Nettes Kleidchen, hochhackige Stiefel, schöne Jacke, Accessoires, Tasche, Handy und ab geht's.

Leon will mich um 19:00 Uhr abholen. Wir wollen uns mit den Anderen im angrenzenden Lustenau (Österreich) treffen, im chinesischen Lokal »Lucky Garden«, wo wir ab und zu hingehen, wenn wir mal wieder hemmungslos schlemmen wollen.

Das Handy klingelt.

Leon ist dran.

»Ich bin in der Anflugschneise, bist du schon ready?«

»Klar, ich bin quasi schon draußen und warte auf dich.«

»OK, ich fliege.«

Ich warte an der Straße, damit wir sofort losfahren können, als ich auch schon den großen Audi sehe, wie er um die Ecke biegt. Ich sehe gleich, dass noch jemand im Auto sitzt und wundere mich. Leon hat gar nichts gesagt, denn Verona und Domenico wollen separat fahren. Im Halbdunkeln kann ich die Person nicht erkennen. Als Leon anhält, mache ich die hintere Türe rechts auf und hüpfe ins Auto. Der Combi ist riesig. Man fühlt sich auf der Rückbank wie in einem Wohnzimmer. Und bevor ich mich richtig setzen oder mich anschnallen kann, macht es:

CRASH BOOM BANG.

Was ist jetzt los?

Amors Pfeil hat mich mitten in den Arsch getroffen.

Unvorbereitet.

Ich weiß noch gar nicht richtig wie mir geschieht.

Hallo?

Glaubst du, lieber Amor, es wäre nicht erst hilfreich, wenn ich mich mal setzen und anschnallen könnte?

Ich komme mit diesem Tempo im Moment grad nicht klar.

Vor allem, was zur Hölle ist los?

Leon ist nicht mein Typ und …

»Hallo, mein Name ist Benito.«

Eine dunkle, rauchige Stimme spricht mit mir.

Elektrisches Fieber.

Meine Sicherungen brennen durch.

CRASH BOOM BANG.

Ich schaue auf und sehe in die schönsten Augen, in die ich je geblickt habe.

Ich bin nicht imstande zu antworten.

Es ist, als ob sich der Himmel geöffnet hat und der liebe Gott persönlich durch das Audi-Dach scheint.

Das ist der Mann meiner Träume.

Ich will ein Kind von ihm.

Quatsch, vergiss das, ich will kein Kind von ihm, aber ich will mit ihm üben.

Jetzt auf der Stelle.

Der oder keiner.

Nimm mich.

Ich liebe dich.

Lebe mit mir.

CRASH BOOM BANG.

Was geht jetzt vor sich?

Ich schlucke leer.

Räuspere mich.

Irgendwann – nach einer gefühlten Ewigkeit – bring ich halbwegs klar meinen Namen über die Lippen, und Benito lächelt mich schelmisch an. Ich glaube, wenn es da draußen noch Schnee hätte, er wäre sofort geschmolzen. Als er sich wieder nach vorne dreht, ich überhöre die Begrüßung von Leon, fährt Leon los, und ich sitze im Auto, als hätte man mir gerade zwei Pfannendeckel um die Ohren geschlagen.

Woher kommt dieser Mann?

Woher kommen diese Gefühle?

Wer bin ich, und wie heiße ich?

Leon und Benito unterhalten sich, lachen und blödeln herum.

Benito dreht sich immer wieder zu mir um und lacht mich an, integriert mich ins Gespräch.

Wenn der liebe Gott ein Wunder vollbracht hat, dann bei diesem Mann.

Die Stimme – Erotik pur.

Die Augen – das Licht des Himmels.

Graue Haare – Charisma.

Sein Lachen – einfach nicht von dieser Welt.

Seine Gestik – Oscar reif.

Ich bin hin und weg, wie unter Drogen beobachte ihn, kann meinen Blick kaum von ihm abwenden.

Ich bin elektrisiert und erschlagen.

CRASH BOOM BANG.

Als wir im »Lucky Garden« ankommen, steigt er aus und hält mir die Türe auf. Ein Gentleman? Und da steht er vor mir in seiner vollen Größe, und zwar ziemlich nahe bei mir. Ich schaue an ihm hinauf, circa 1.85 m groß, Gott, riecht der Typ lecker, und er lächelt mich an, ganz nahe vor meinem Gesicht sehe ich in seine Augen. Dann beugt er sich noch näher vor und flüstert mir ins Ohr: »Was für eine schöne Frau.«

CRASH BOOM BANG.

Ich habe Angst, dass mein Herzschlag aussetzt.

Ich weiß nicht, woher all die Schmetterlinge kommen.

Fliegenklatsche.

Ich haue in Gedanken jeden Schmetterling tot, den ich finden kann.

Es hilft nichts.

Sie sind in der Überzahl.

Sie sind überall.

Feindliche Übernahme durch Schmetterlinge.

Hilfe.

Klatsch, wieder einer.

Es kommen noch mehr.

Ich sehe ihn an, außerstande, etwas zu sagen.

Für den Moment außerstande, mich zu bewegen.

Er bietet mir seinen Arm an, Gott sei Dank, ich wäre unter Garantie über die eigenen Füße gestolpert.

Ich habe butterweiche Knie.

Wie soll ich so essen?

Wie soll ich so unfallfrei ins Lokal kommen?

Ich werde garantiert mit der Salatsauce herumspritzen oder noch schlimmer, irgendein süß-saures Fleischbällchen ungeschickt durchs Restaurant katapultieren. Ich male mir bereits die schlimmsten Szenen aus, die mir passieren an diesem Abend könnten.

Verona und Domenico sind schon da und begrüßen uns.

Verona sieht mich an und hebt erstaunt eine Augenbraue.

Sie merkt schnell, was los ist.

Ich leider nicht mehr.

Ich bin hin und weg.

So was gibt es doch nur im Film. Das man mal scharf ist auf einen Typen, gut, das kann ich nachvollziehen. Aber so was? Bei jedem Wort, das er sagt, bekomme ich Gänsehaut. Es ist so, als würde es Sternschnuppen in meinem Herzen regnen.

Der Abend ist eine Überraschung nach der Anderen.

Er liebt den FC St. Gallen. Wie ich.

Er liebt Schalke. Wie ich.

Er liebt die deutsche Nationalmannschaft. Wie ich.

Er liebt dieselbe Musik wie ich.

Er ist vielseitig wie ich.

Er mag spirituelle Bücher.

Er ist an fast denselben Orten wie ich groß geworden.

Wir haben uns wohl seit Jahren immer um ein Haar verpasst.

Schicksal?

Hat das jemand arrangiert?

Ich schaue mich ängstlich um und suche nach einer versteckten Kamera.

Da ist keine.

Alles passt.

Wie kann das sein?

Er ist quasi perfekt.

Darüber hinaus sieht er verdammt gut aus?

Eine Mischung aus Bad Boy und intellektuellem Studenten, mit Brille.

Da werde ich sowieso schwach.

Gut angezogen.

Dezent, mit Stil.

Ich ertappe mich, mir vorzustellen, wie es darunter aussieht.

Stopp, Annika, sonst sabberst du wieder.

Ich bin immer noch außerstande, einen vernünftigen Gedanken zu denken.

In den Gesprächen fühle ich mich zeitweise so, als würden Benito und ich ausblenden, dass die Anderen auch noch da sind. Wir sind eingehüllt in eine eigene Energiewolke, in der wir uns unterhalten.

Bilde ich mir das nur ein?

Er flirtet mit mir.

Ein wunderschöner Abend.

Hoffentlich geht er nie vorbei.

Ich sehe nicht die wundervollen Dekorationen im Lokal, mit wie viel Liebe die Köche die Früchte und das Gemüse geschnitzt haben.

Ich sehe nicht das wundervolle Ambiente im »Lucky Garden«, von dem ich mich sonst nicht sattsehen kann.

Ich sehe nicht Veronas immer dicker werdenden Bauch und nicht die Turteleien von ihr und Domenico.

Leon – der arme Kerl – ich habe ihn völlig ausgeblendet. Ich sehe nur noch Benito.

CRASH BOOM BANG.

Der schlimmste Abend meines Lebens

Als wir nach Hause kommen, steigt Benito wieder aus dem Audi aus und hält mir die Autotür auf. Er zieht mich zu sich, gibt mir drei Küsschen auf die Wange und haucht mir ins Ohr: »Was für eine Fügung, dass ich dich heute kennenlernen durfte.« Er gibt mir seine Visitenkarte, steigt wortlos ein, und weg sind sie, die beiden Jungs.

Ich kann gar nichts mehr sagen.

Ich kann mich nicht mehr bewegen.

Ich bin festgewachsen.

Sprachlos.

Wow.

Langsam gehe ich ins Haus und schlendere die Treppe hoch.

In der Wohnung irre ich ziellos herum.

Ich kann nicht schlafen.

Ich bin durcheinander.

Ich tigere weiter durch die Räume.

Irgendwann gehe ich trotzdem ins Bett.

Irgendwann schlafe ich dann trotzdem ein.

In den nächsten zwei Wochen versuche ich, nicht an Benito zu denken. Ich will mich nicht verlieben. Es ist zu früh, außerdem sieht er zu gut aus, und ist viel zu nett. Er muss einen Haken haben. Das ist nicht gut so, es ist nicht richtig. Es kann nicht richtig sein. So was gibt es nur im Film. Nein, der Typ kann nicht echt sein. Da stimmt was nicht. Ganz bestimmt. Ich weiß es.

Ich erzähle niemandem davon. Ich versuche, nicht daran zu denken. Aber es ist, als würde mir jemand sagen, denke nicht an einen rosaroten Elefanten. Woran denkst du denn dann? An einen rosaroten Elefanten natürlich. Und so geht es mir auch mit Benito. Je mehr ich mich dagegen wehre, umso mehr denke ich an ihn. So vergehen die Tage.

Irgendwann gebe ich es auf, mich gegen die Armee von Schmetterlingen aufzulehnen.

Sie sind in der Überzahl.

Amor hat mich längst flächendeckend mit Pfeilen beschossen und tanzt mit den Schmetterlingen auf meinen Gefühlen herum.

Ich bin handlungsunfähig.

Ich hasse es, wenn ich in diesem Zustand bin.

Ich liebe es, diesen Zustand zu haben.

Es ist wunderschön.

Es ist so unsicher.

Scheiße, es ist so verwirrend.

Verona hat zwei Wochen später Geburtstag. Aufgrund der Schwangerschaft will ich ihr bei den Partyvorbereitungen helfen, damit sie sich ein wenig zurücklehnen kann. Bisher hatte sie Benito nie eingeladen, wenn wir uns trafen. Also jedenfalls nicht, wenn ich dabei war. Ich wusste zwar, dass es Benito gibt, aber ich hatte ihn nie persönlich kennengelernt. Sie hatten ab und zu von ihm erzählt, also wusste ich vom Hörensagen, wer er ist. Soweit ich weiß, hat er eine Freundin.

Oh.

Shit.

Ich habe mich doch nicht in einen Mann verliebt, der schon vergeben ist?

Daran habe ich gar nicht gedacht.

Sofort versetzt es mir einen Stich ins Herz.

Bauchschmerzen.

Mir ist übel.

Wie finde ich das nun heraus?

Ich möchte Verona nicht fragen, ob sie ihn auch zur Geburtstagsparty eingeladen hat.

Ich möchte, dass er kommt.

Ich möchte, dass er nicht kommt.

Was ist, wenn er kommt und dann mit seiner Freundin?

Ich würde es nicht überleben.

Was ist, wenn er ohne Freundin kommt?

Hat er denn jetzt eine oder nicht?

Würde ich es gut finden, wenn er kommt?

Ich mache sicher alles falsch in seiner Anwesenheit.

Ich stolpere womöglich über meine eigenen Beine.

Ich sabbere beim Essen.

Ich sabbere einfach so.

Tausend Gedanken.

Ich habe wieder weiche Knie.

Scheiße, ich mache die Salate und das Dessert für den Anlass. Wenn ich bloß hinkriege. Womöglich versalze ich noch etwas oder versaue das Tiramisu.

Ich bin unterwegs zu Verona, als ich mir all die vielen Gedanken mache. Wir wollen zusammen den Rest einkaufen und was wir noch vergessen hatten. Sie kann sich mit ihrer Körperfülle kaum in meinen Volvo setzen. Der Wagen ist tiefergelegt, etwas zu tief für werdende Mamis. Ich helfe ihr beim Ein- und Aussteigen. Der Kofferraum ist leider zu klein für sie, sonst hätte ich sie dort hineingerollt.

Wir fahren zum Getränkemarkt, ich bin heute wohl der Träger, Holer und Bringer für Verona. Sie wird immer runder, sie ist im achten Monat schwanger.

Ich wusste ja, worauf ich mich bei dem Einkauf einlasse. Futter für uns alle haben wir Gott sei Dank schon gestern eingekauft. Das war auch so eine Aktion. Ich möchte mich gar nicht mehr daran erinnern. Mehr als die Hälfte der Nahrungsmittel waren für Verona und ihre Gelüste während der Schwangerschaft. Sie isst nicht nur für zwei, sondern für eine ganze Fußballmannschaft. Ich weiß gar nicht, wo sie das alles hintut.

Zu Hause heißt es dann: Kartoffeln sieden, Weißweinflaschen kühlen, Tiramisu vorbereiten für morgen und noch vieles mehr. In der Küche ist genug zu tun, und so stehen wir uns gegenseitig fast auf die Füße. Sie kann es dann doch nicht lassen und zurücklehnen. Sie hilft mir beziehungsweise sie steht mir erfolgreich im Weg. Dabei muss ich sehr darauf achten, dass sie mich nicht schubst, wenn ich die Pfanne heißen Wassers hinter ihr durchschmuggeln muss, weil sie genau zu diesem Zeitpunkt auf die Idee kommt, im Spülbecken etwas zu hantieren und mir den direkten Weg versperrt.

Morgen ist also der große Tag. Morgen ist also die große Feier zum 30. Geburtstag von Verona. Domenico, der später nach Hause kommt, offeriert mir ein Glas meines Lieblings-Chardonnays von Jerry Lohr, Paso Robles, aus Kalifornien, und wir stoßen auf die getane Arbeit an. Wohlverstanden, auf die Arbeit, die eigentlich ich verrichtet habe. Ich habe Flaschen geschleppt, Kartoffeln gekocht, Kartoffeln geschält, Zwiebeln geschält, Zwiebeln geschnitten, Eiweiß von Eigelb getrennt, Teige gerührt und, und, und … Und daneben Verona bedient, zum wiederholten Mal im Keller Gurken geholt und sie dann wieder runtergetragen, Sirup mit Cola gemischt und vieles mehr. Verona war in dieser Zeit nur bedingt eine Hilfe.

Bei jedem Ei musste sie weinen und betrauerte alle nicht befruchteten Eier. Meine Erklärungen, dass das zwecks Nahrungsaufnahme für uns Menschen seine Vorteile hätte, wurden in den Wind geschlagen. Ich wurde als »makaber« bezeichnet. Schließlich wüsste ich nicht, wie es sich anfühlte, Mutter zu werden. Auch die Eier seien lauter kleine Babys. Ich hätte mich gerne an dem Tag betrunken.

Bei den Kartoffeln bekam sie Tränen in die Augen, weil sie nun ihre Familie vergrößert und bald noch mehr Kartoffeln schälen müsste.

Als sie dann nach all der Arbeit noch das Gefühl hat, ich würde beim Italiener im angrenzenden Dorf noch eingelegte Artischocken holen nachts um 22:00 Uhr, auf die sie gerade jetzt und sofort Lust hat, wird es mir zu bunt.

Ich mache ihr Datteln im Speckmantel. Basta.

Ich konfrontiere sie auch sehr unfreundlich und stelle fest, dass es mir jetzt reicht.

Verona verspeist die Datteln im Speckmantel widerspruchslos.

Domenico sieht mich fragend an.

»So macht man das, Domenico«, sage ich ihm altklug.

Er verdreht nur die Augen.

»Bleibst du noch einen Moment?«, fragt Domenico. »Es ist so angenehm, sich zwischendurch mit einer nicht schwangeren Frau zu unterhalten. Trink doch noch ein Glas Wein mit mir, bitte.« Er sieht mich geradezu flehend an.

Ich antworte: »Klar Domenico, aber lass das, was du da grade gesagt hast, Verona besser nicht hören.«

Er schmunzelt nur und nickt. Domenico und ich genießen den Wein, während Verona sich in ihrem Nestbautrieb zum x-ten Mal mit dem Staubsauber aufmacht, auch solche Staubkörner einzufangen, die vielleicht noch gar nicht geboren sind und verrückt Kommoden und Tische im Kinderzimmer.

»Das tut sie beinahe jeden Abend«, erklärt mir Domenico.

Ich muss lachen: »Im achten Monat stellt sie ganze Zimmer um, nimmt beinahe das Bett huckepack, aber ich muss ihr beim Einkauf helfen?«

Wir sehen uns an, schütteln den Kopf und müssen gemeinsam lachen. Vielleicht verstehen wir wirklich nicht, was im Kopf einer schwangeren Frau vor sich geht.

»Ich bin ehrlich gesagt froh, wenn es bald vorbei ist.« Domenico murmelt leise, damit Verona nicht hört, was er sagt. Ich kann ihn verstehen.

Domenico zählt auf, wer alles zur Party zugesagt hat. Er ist überzeugt, dass wir genügend Verpflegung und Getränke haben. Ich werde hellhörig beim Namen Benito. Er kommt also auch. Domenico zählt alle Pärchen gemeinsam auf, Benito zählt er alleine auf. Hat er einfach nur vergessen, seine Freundin aufzuzählen, oder ist er tatsächlich solo? Vielleicht kommt er ja nur alleine, weil seine Freundin nicht kommen kann. Ich weiß es nicht.

Ein Wink des Schicksals? Oder mache ich mich einfach nur zum Affen?

In der folgenden Nacht mache ich kein Auge zu.

Ich wälze mich hin und her.

Benito geht mir nicht mehr aus dem Kopf.

Ich bin am Samstagmorgen ein Häufchen Elend und völlig übermüdet.

Ich kann nichts essen. Ich kann nichts trinken.

Das ändert sich leider schnell bei Verona.

Domenico meint es gut, wir trinken bei den Vorbereitungen fleißig Weißwein. Laut Domenico soll das ein gutes Omen für das Fest sein. Außerdem werde man nur einmal dreißig und so weiter und so fort.

Ich habe immer noch nichts gegessen.

Es ist gerade mal 11:00 Uhr morgens und trinke schon ein Glas Weißwein nach dem anderen.

Das kann ja heiter werden.

Ich kann nichts essen.

Ich kann nur trinken.

Es beruhigt mich heute ein wenig.

Ich bin so aufgeregt.

Viel Arbeit, Kartoffelsalat machen.

Chips in große Schalen abfüllen.

Für die Kids mache ich einen Marsh-Mellow-Igel mit Süßigkeiten und sauren Fruchtgummi-Würmern. Es sieht lustig aus, gerade richtig für die Kleinen.

Noch einen Schluck Chardonnay. Die ersten Gäste treffen ein.

Ich merke neben Begrüßungen, Gesprächen und Arbeit in der Küche nicht, dass ich immer ständig da und dort einen Schluck Alkohol konsumiere.

Ein Gast nach dem Anderen trifft ein, Begrüßung, netter Smalltalk, wie das ebenso ist. Noch ein Schlückchen, nach jedem Prosit.

Leon kommt.

Er will mit mir anstoßen, aber er trinkt nur Bier.

Normalerweise trinke ich nichts durcheinander.

Eigentlich weiß ich, dass ich das nicht vertrage.

Heute bin ich viel zu nervös und habe den Kopf bei den Vorbereitungen und natürlich bei Benito.

Ich vergesse also im Trubel, dass ich das nicht vertrage.

Wir trinken Bier zusammen.

Dann düse ich wieder ab in die Küche.

Domenico kommt und hilft mir beim Brotschneiden.

Dabei reicht er mir ein weiteres Glas Weißwein.

Wir plaudern und lachen gemeinsam.

Prosit. Auf einen schönen Geburtstag von Verona.

Die Eltern von Domenico treffen ein.

Trink doch ein Glas Prosecco mit uns.

Klar, ich bin dabei.

Die Schwester von Verona trifft ein.

Stoß doch bitte mit mir an, ich trinke nur Campari.

Klar, ich mache mit.

Es beruhigt.

Ich werde langsam ruhiger.

Irgendwas stimmt nicht mit mir, es fühlt sich nicht wie sonst an, wenn man Alkohol trinkt.

Keine Ahnung.

Vielleicht ist es auch nur die Kombination – irgendeine Erklärung hat man ja immer.

Ich bin überall, fülle Chips auf, reiche Salate nach, begrüße Gäste und putze Pfützen auf. Ich wusle durch das ganze Haus und nehme Verona alles ab, was ich kann.

Alles zusammenstellen.

Servietten drapieren.

Domenico will mit mir anstoßen.

Die Stühle schön hinstellen.

Verona bringt mir ein Glas Chardonnay, schließlich will sie nicht, dass ich auf dem Trockenen sitze.

Sie begrüßt immer mehr Gäste.

Ich werde wieder nervös.

Noch ein Glas Prosecco.

Prost.

Ja. Ja, den Kartoffelsalat habe ich gemacht, vielen Dank fürs Kompliment.

Freut mich, dass es dir schmeckt.

Noch ein Glas Chardonnay.

Tische abräumen, Geschirrspülmaschine befüllen.

Raus zu den Gästen.

Weitere Gäste treffen ein.

Anstoßen auf Veronas Geburtstag.

Prosecco.

Prost.

Es klingelt.

Ich bin seltsam ruhig und beduselt.

Ich habe gar nicht realisiert, was ich schon alles getrunken habe.

Und ich bin auch sonst irgendwie seltsam drauf, aber ich weiß nicht, was los ist. Normalerweise würde ich Alkohol in den Beinen merken, aber irgendetwas stimmt heute nicht.

Ich schiebe alles auf die Nervosität wegen Benito.

Essen kann ich noch immer nichts.

Ich bin seltsam aufgedreht.

Ich öffne die Türe.

Benito steht vor mir.

Weiche Knie.

Er begrüßt mich herzlich, umarmt mich und freut sich sichtlich, mich zu sehen. Er nimmt mich gleich in Beschlag, und wir unterhalten uns ein wenig. Er lobt den Kartoffelsalat, den ich gemacht habe. Ich beobachte Benito, er sieht sehr adrett aus. Super gekleidet und sehr gepflegt, dazu äußerst attraktiv. Einfach zum Anbeißen. Er trinkt mit mir Prosecco, und ich merke immer mehr, dass irgendwas nicht stimmt mit mir. Und ich spüre, dass es nicht nur mit dem Alkohol und Benito zu tun hat. Aber was zur Hölle läuft hier eigentlich?

So geht es weiter, bis plötzlich …

Bang.

Es wird Nacht.

Ruhe.

Schwarz.

Ab dann vernebelt sich meine Erinnerung.

Als ich erwache, piepst es neben mir.

Ich öffne die Augen.

Weißes Zimmer. Weiße Decke.

Ich liege in einem Bett.

Aber nicht meins.

Weiße Bettwäsche.

Es riecht nicht nach meinem Bett. Es riecht seltsam hier.

Es piepst immer noch neben mir.

Kopfschmerzen.

Schmerzen im rechten Arm.

Ich sehe auf meinen rechten Arm.

Eine Infusion.

Ich reibe meine Augen.

Ich bin im Krankenhaus.

Oh.

Was ist passiert?

»Sie haben drei Tage lang geschlafen«, antwortet eine Stimme neben mir.

Ich sehe auf – nach rechts.

Weißgekleidete Frau – sieht nach Krankenschwester aus.

Ich blinzle sie an.

Ich muss doch noch bei Verona aufräumen.

Ich will aufstehen.

Die Krankenschwester versucht, mich aufzuhalten und drückt mich liebevoll zurück ins Kissen.

Keine Chance, ich geh doch nicht einfach von dieser Party.

Es wird wieder Nacht.

Boom.

Schwarz.

Wenig später wache ich wieder auf.

Dasselbe Bild, es piepst wieder neben mir, weißes Zimmer.

Das hatte ich doch schon mal – gerade eben.

Ich bin offenbar immer noch in diesem Krankenhaus.

Was zur Hölle ist nur passiert?

Ich bemerke jemanden neben mir. Es ist Caroline.

Caroline? Wo kommt sie denn her?

»Hey.«

»Was tust du hier?«, frage ich sie.

»Ich mache mir Sorgen um dich.«

»Woher weißt du, dass ich hier bin?«

»Dein Chef.«

»Der weiß es auch?«

»Du bist nicht zur Arbeit erschienen.«

»Bin ich nicht?«

»Nein, bist du nicht.«

»Was ist passiert?«

»Du bist daheim zusammengebrochen und hier gleich ein weiteres Mal.«

»Zuhause? Ich war doch auf einer Party.«

»Keine Ahnung, deine Nachbarin hat den Krankenwagen gerufen und dann deine Eltern verständigt.«

»Ich weiß nur noch von der Party.«

»Sie sagen, du hättest einen neurovegetativen Nervenschock erlitten.«

»Einen was?«

»Einen neurovegetativen Nervenschock.«

»Hm ... klingt gefährlich.«

»Ich hab leider keine Ahnung, was das ist, aber offensichtlich dauert es 'ne Weile, bis man wieder auf den Beinen ist. Wie geht es dir jetzt?«

»Hm … ich spüre mich irgendwie gar nicht. Es ist, als hätte ich einen Filmriss. Ich weiß gar nicht mehr, was passiert ist. Wie ich mich fühle – keine Ahnung, ich spüre mich nicht.«

Die Türe geht auf.

Die Krankenschwester kommt herein.

»So meine Damen, Sprechstunde ist vorbei. Wir müssen Sie nochmals untersuchen.«

Der Arzt rauscht herein, und Caroline verabschiedet sich von mir.

Ich komme gar nicht dazu, mich bei ihr zu bedanken.

Ich bin beeindruckt.

Das ist sehr nett von ihr.

Ich verstehe die Zusammenhänge noch nicht.

Ich erfahre in den Nachfolge-Untersuchungen, dass ich mit schlechten Leberwerten zu kämpfen habe und dass die vielen Erlebnisse der letzten Wochen offenbar zu viel für mich waren. Die Nerven waren durch die Ereignisse der letzten Zeit zudem stark angeschlagen. Und die Kombination mit Alkohol und fehlendes Essen haben einen sogenannten neurovegetativen Nervenschock ausgelöst. Ich erkläre dem Arzt, dass ich mit dem Begriff immer noch nichts anfangen kann.

Der Arzt erklärte mir, ich müsse mir vorstellen, dass man unter solchen Umständen quasi immer mehr in einen Körper einfüllen könnte, aber der Körper könnte von sich aus nichts mehr hergeben und auch nichts mehr selbstständig abbauen wie beispielsweise Alkohol. Eine Art Schockstarre, in der der Körper verharrt. Dass das genau in dieser Kombination habe passieren können, sei äußerst selten. Es sei leider einfach nur eine Verwicklung von unglücklichen Umständen. Ich frage ihn, wie ich nach Hause gekommen sei, was er mir nicht beantworten kann. Er erklärt mir auch, dass ich unter Umständen noch lange bei Bewusstsein gewesen sein könnte. Für die Außenstehenden würde es »nur« so aussehen, als wäre ich betrunken. Dabei sei ich nicht mehr Herr meiner Sinne. Und wenn es noch lange gegangen wäre, hätte es gefährlich werden können, weil der Körper sich selbst nicht mehr spüre. Es fühle sich so an, als wäre man außer sich, buchstäblich.

Tja, an dieses Gefühl kann ich mich noch erinnern. An den Rest leider nicht mehr. Ich versuche, das Ganze zu rekonstruieren, aber die Gedanken gehen immer wieder ins Leere. Das macht einen fast wahnsinnig. Einige Dinge kommen mir ganz langsam wieder bruchstückhaft in den Sinn, aber vieles nach der Ankunft von Benito nicht mehr. Ich muss vier weitere Tage im Krankenhaus bleiben, zur Beobachtung, wie es heißt.

Caroline war offenbar jeden Tag bei mir und besucht mich auch weiter fleißig, bis zum vierten und letzten Tag. Ich find's schön, dass sie mich besucht. Sie bietet mir an, mich nach Hause zu fahren. Da ich überhaupt nicht weiß, wie ich nach Hause kommen soll, nehme ich das Angebot gerne an. Meine Eltern sind besorgt und besuchen mich ebenfalls regelmäßig. Aber so gern ich meine Eltern auch habe, ihre sorgenvollen Gesichter und ihre Fragerei sind eher eine Belastung als eine Hilfe.

Als ich nach Hause komme, findet Caroline meine Fotokamera vor der Türe und einen Brief.

Sie reicht mir beides.

»Willst du ihn lesen?«, fragt sie mich.

»Kannst du ihn mir bitte vorlesen?«

Ich bin noch viel zu müde, um selbst zu lesen.

Sie nimmt mir die beiden Sachen ab, schließt die Türe auf und bugsiert mich sanft in die Wohnung.

»Setz dich aufs Sofa, ich komme gleich.«

Ich bin immer noch ein wenig betäubt von den Medikamenten und dem Krankenhaus. Sie verstaut meine Sachen im Schlafzimmer und kehrt zurück, mit dem Brief und der Kamera in der Hand.

Sie liest mir vor:

»Annika, hier ist deine Fotokamera zurück. Es ist wirklich das Letzte, wie du dich aufgeführt hast. Du hast gewusst, wie sehr Verona sich auf den Geburtstag gefreut hat. Warum musst du so viel trinken, dass du sogar Verona vor allen Leuten beleidigst? Sie ist sehr gekränkt und möchte keinerlei Kontakt mehr zu dir. Ich bin in Sorge wegen dem Kind. Das war jetzt völlig unnötig. Wir dachten wirklich, wir wären Freunde. Bei uns brauchst du dich nicht mehr zu melden oder blicken zu lassen. Auf diese Art von Freundschaft verzichten wir gerne. Domenico.«

Ich bin schockiert.

Ich soll Verona beleidigt haben?

Sie wollen nichts mehr mit mir zu tun haben?

Was ist passiert?

Caroline versucht, mich zu beruhigen und ist überzeugt, dass ich das klären kann, wenn ich mit ihnen rede.

Leider täuscht sich Caroline. Weder Verona noch Domenico sind in den nächsten Wochen zu einem Gespräch bereit. Weder die Arztberichte mit allen Details, noch die Briefe oder meine Anrufe scheinen sie zu beeindrucken. In einem Brief, später auf dem

Telefon-Anrufbeantworter erkläre ich beinahe flehend, was passiert ist, damit sie mir verzeihen.

Wie ich über Umwege erfahre, sind sie nach wie vor der Meinung, ich hätte mich absichtlich betrunken, um Verona das Fest zu versauen. Welche Logik, vor allem, nachdem ich ihnen alles erklärt hatte und sogar eine Kopie des Arztberichtes gemacht habe. Außerdem habe ich so viel von meiner Zeit und meinem Geld investiert in dieses Fest, dass ich nicht verstehe, wie man derart ablehnend sein kann. Vor allem kränkt mich, dass sie sich nicht anhören, was ich zu sagen habe oder wie die Arztberichte lauten. Aber wenn selbst Arztberichte jemanden nicht überzeugen können, dann muss ich davon ausgehen, dass ein solcher Bruch einem gerade recht zu kommen scheint. So macht es nach einigen Wochen jedenfalls für mich den Anschein.

Ich brauche ein paar Wochen, bis ich überhaupt wieder Zugang finde zu dem, was passiert sein soll. In der Kamera finde ich Bilder, die mir einigermaßen helfen, das offensichtlich Erlebte zu verarbeiten, sprich überhaupt ansatzweise herauszufinden, was passiert war. Und das macht mich am wütendsten, dass ich so lange brauche, bis ich wieder Zugriff auf Einzelheiten auf meinem Gehirn habe.

So kommen ein paar Erinnerungen zurück, aber leider nicht alle. Die Bilder zeigen Situationen, in denen ich offensichtlich dabei war, aber ich kann mich an keine erinnern. Offenbar war ich mit Benito die ganze Zeit relativ nahe und eng zusammen, wir haben gekuschelt, jedes zweite Foto war von ihm und von mir, teilweise eindeutige Bilder. Ich kann mich aber nach wie vor nicht daran erinnern, jemanden beleidigt zu haben. Ich mache mir große Vorwürfe, bemühe mich weiter um Klärung, aber vergeblich. Was hätte ich auch für einen Grund, Verona zu beleidigen. Es ist vor allem schräg, weil ich so gar keine Erinnerung an das habe. Es scheint, als hätte jemand anders an dem Abend für mich gehandelt. Das macht ganz schön Angst.

Verona und Domenico bleiben weiterhin eisern und verweigern weiterhin sämtlichen Kontakt mit mir. Ich komme mir vor wie ein Schwerverbrecher. Es fällt mir aber immer mehr auf, wie das eine oder andere zwischen uns vorher offenbar schon nicht gestimmt hat, und dass genau solche Dinge nicht angesprochen wurden und nicht angesprochen werden durften. Ich hatte alles auf Veronas Schwangerschaft geschoben. Wenn ich ehrlich mit mir bin, war es auch vorher oft schwierig, wenn jemand anderer Meinung war, als Verona sich das in den Kopf gesetzt hatte.

So sehr es schmerzt, Verona und Domenico zu verlieren, hat doch offenbar alles seinen Sinn im Leben. Meine Gedanken und Gefühle für Benito sind noch immer da, aber ich bin überzeugt, dass er nach dem Auftritt nichts mehr von mir wissen will. Und so kehrt in den nächsten Wochen langsam wieder Normalität ein ins Land, in mein Leben, ich gehe wieder zur Arbeit.

Irgendwann – ein paar Wochen später – mache ich zuhause mit etwas Verspätung Frühlingsputz und stolpere über eine Visitenkarte.

Es ist die Visitenkarte von Benito.

Ich lege den Putzlappen zur Seite und drehe die Visitenkarte in meiner Hand herum.

Ich überlege und lege die Visitenkarte wieder zur Seite.

Schließlich unterbreche ich das Putzen erneut und greife zur Visitenkarte.

Melden oder nicht melden?

Er hat ja meine Nummer nicht, es wäre also an mir, mich zu melden.

Soll ich, oder soll ich nicht?

Nach dem ganzen Theater bei Verona.

Ich habe keine Ahnung, wie er das Ganze sieht.

Meine auferstandenen Schmetterlinge im Bauch sagen mir: Ich soll.

Die schönste Nacht meines Lebens

Ich überlege, wie ich mich melden soll.

Das ist das Problem von mir. Vielleicht kennen das noch andere Frauen.

Ich überlege zu viel, wenn es um so was geht.

Im Normalfall würde ich einfach anrufen oder eine SMS schreiben.

Hier soll es etwas Besonderes sein.

Eigentlich bescheuert oder?

Eine einfache SMS reicht doch.

Nein, ich muss es erklären.

Was will ich denn erklären?

Er ist bestimmt sauer auf mich.

Oder noch viel schlimmer, er belächelt mich.

Woher kann ich das wissen?

Ich weiß es eben.

Er wird bestimmt nicht antworten.

Und wenn doch?

Dann weiß ich gar nicht mehr, was ich tun soll.

Warum zum Geier mache ich mir so viele Gedanken, es ist doch nur eine SMS oder ein Anruf?

Soll ich anrufen?

Nein, dazu fehlt mir der Mut.

Also eine SMS.

Nächstes Problem: Was schreibe ich?

Spontan?

Spontan wäre das Beste, aber ist das gut genug?

Ich überlege.

Meine Gedanken kreisen.

Ich starte diverse Versuche, breche die Nachrichten wieder ab.

Anrufen?

Nein, ich lasse es lieber.

Ich lege das Mobiltelefon wieder zur Seite.

Dann betrachte ich das Ding, als ob es mir eine Antwort liefern müsste.

Wenig später nehme ich es wieder zur Hand.

Es lässt mich nicht in Ruhe.

Hin und her.

Ich drehe das Handy in meinen Händen.

Überlegen.

Grübeln.

Puh, das braucht ganz schön viel Mut.

Ich schreibe also eine SMS: »Hallo Benito, ich bin's, Annika. Erinnerst du dich noch?«

Dann drücke ich todesmutig auf SENDEN.

Sofort Telefon weglegen, ich nage an den Häutchen neben den Fingernägeln. Ich bin aufgeregt.

Ich warte.

Ich knabbere weiter an der Haut.

Warten.

Keine Antwort.

Ich tigere hin und her in der Wohnung.

Keine Antwort.

Ok, dann ist er sauer.

Er meldet sich nicht.

Ich wusste es.

Natürlich, wie sollte er auch mit mir noch was zu tun haben wollen.

Nach allem, was ich mir geleistet habe.

Ich wäre auch sauer auf mich, wenn ich ihn wäre.

War eigentlich klar.

Dann muss ich ihn wohl oder übel vergessen.
Ich gehe ins Bett, grüble noch lange.
Unruhig schlafe ich irgendwann ein.
Der Morgen lässt sich nicht aufhalten.
Es dämmert.
Blick aufs Handy.
Keine SMS.
Ich wusste es.
Aufstehen.
Duschen.
Kaffee trinken.
Zur Arbeit.

Mein Schefff erwartet mich mit einer schlechten Nachricht. »Frau Berger, wie müssen in der Produktion sechs Leute kündigen, wenn wir nicht eine Idee haben, wie wir die Kosten senken können.«

Ich bin geschockt. Ein toller Wochenstart.

Wir machen uns an die Arbeit. Wer könnte früher in Rente gehen, welcher der ausländischen Kollegen könnte planen, wieder in sein Heimatland zurückzukehren. Wir müssen versuchen, die guten Leute zu halten, die Teams zusammenzuhalten. Wir breiten alle Ideen aus, schreiben auf, was uns in den Sinn kommt. Mehr Kurzarbeit geht kaum mehr. Wir müssen Lösungen finden, sonst verlieren wir wichtige Mitarbeiter und gute Arbeitskollegen. Und das sind fast alles Familienväter, die ihre Kinder ernähren müssen. Was sollen wir nur tun? Auch unsere eigenen Arbeitsplätze stehen auf dem Spiel, außerdem sind wir alle ein Team, eine Art große Familie.

Wir sitzen zusammen, bis uns die Köpfe rauchen. Wir rechnen alles Mögliche durch und versuchen, alles auszuschöpfen. Gelegentlich planen einige, uns zu verlassen und in ihr Heimatland zu gehen. Ob wir das dieses Mal gerade biegen können? Wir sind gefordert, wir müssen die Kosten senken. Entlassungen scheinen die letzte Möglichkeit. Wir wollen um unsere Leute kämpfen. Was sollen wir nur tun? Jetzt müssen Lösungen her, nur woher? Bleistift spitzen, weiter nach Lösungen suchen. Der Schefff schlägt eine kurze Pause vor.

Ich hole uns Kaffee und Kekse, damit lässt es sich besser arbeiten.

Auf dem Weg treffe ich Caroline.

»Ist was mit dir?«

»Was soll denn mit mir sein?«, frage ich sie.

»Du siehst ziemlich mitgenommen aus.«

»Hm ... ich habe Benito gestern eine SMS geschrieben. Ich wusste genau, dass er sich nicht meldet. Und hier in der Firma ist auch gleich Krise angesagt, Scheißtag, einfach nur Scheißtag.«

»Woher willst du gewusst haben, dass Benito sich nicht meldet?«

»Nach allem was passiert ist, ist das doch klar.«

»Ach lass das doch mal, es ist doch nicht so schlimm, selbst wenn du dich auch ganz normal betrunken hättest. Wenn eine Freundschaft so was nicht aushält, dann kannst du die Leute doch in der Pfeife rauchen. Und diesen Behelfsitaliener gleich mit.«

Die Gute.

Ja, sie hat ja recht.

Aber es fühlt sich eben nicht so an.

Als ich sie frage, wie es ihr geht, meint sie, sie hätte nicht viel Zeit, mit mir zu quasseln. Sie hätten haufenweise Arbeit. Sie könne sich kaum retten vor Arbeit. Ihr Chef sei vor zwei Wochen über einen Scheich aus den arabischen Emiraten gestolpert. Der wolle unbedingt spezielle Zylinder für die Gewinnung von Öl. Diesen Typ von Zylinder hätten sie vor Kurzem entwickelt, er sei einsetzbar in den Ölpumpen bei den Raffinerien, und der Absatzmarkt sei dafür immens. Es könnten größere Bestellungen auf sie zukommen, und mit der kleinen Produktion wären sie damit wohl völlig überfordert. Sie wisse nicht einmal, ob ihre

Produktion für Großaufträge dieser Art groß genug wäre. Und mehr Personal würden sie wohl auch brauchen, wenn es denn so weitergehe.

Ich werde hellhörig. Mehr Zeit bleibt aber nicht, darüber zu reden. Ihr Chef ruft, und ich muss den Kaffee wenigstens noch halbwegs warm zu meinem Schefff bringen.

Als ich ins Büro komme, stelle ich die zwei Kaffees auf den Tisch und schaue ich gewohnheitsmäßig aufs Handy. Eine SMS.

Ich lege es weg und nehme es sofort wieder in die Hand.

Eine SMS?

Ich drücke auf den Text und bin ganz zittrig.

Es ist tatsächlich von Benito.

»Hi Süße, klar erinnere ich mich. Alles klar bei dir? Bacio. Benito.«

Bacio?

Bacio ist doch italienisch und bedeutet *Kuss*.

Ist das jetzt einfach 08/15 für jeden oder nur für mich?

Oh Gott, er hat sich gemeldet.

Ich bin außer mir.

Sofort zurückschreiben.

Halt.

Stopp.

Ich muss doch ein wenig warten, sonst glaubt er, dass ich total heiß auf ihn bin.

Ich BIN total heiß auf ihn.

Scheiß drauf.

Ich schreibe sofort zurück.

»Ja, alles klar bei mir – sehen wir uns mal wieder?«

Ich drücke auf »senden.«

Und jetzt das Handy weglegen, er antwortet ja sowieso nicht vor morgen.

Ich nehme die zwei Kaffees und will gerade ins Büro vom Schefff, als es schon wieder piepst.

Oh.

Ich stelle die Kaffees wieder hin und nehme mein Handy.

Es ist von Benito.

»Morgen spielt der FC St. Gallen gegen Basel – Lust, mitzukommen?«

Mir wird es heiß und kalt.

Hab ich eine Ausrede?

Ich will dahin, nein, ich will nicht dahin.

Oh Gott, er will mit mir ins Stadion?

Es ist wie ein Sechser im Lotto.

Was soll ich nur antworten?

Was soll ich anziehen?

Und wie zum Geier bringe ich das hin nach der Arbeit?

Puh.

Ich antworte mutig: »Ja, ich komme gerne mit, wann und wo?«

Dann nehme ich die Kaffees und gehe zum Büro des Schefffs.

Wieder piepst mein Handy.

Wieder stelle ich die Kaffees ab.

Es ist schon wieder eine SMS von Benito.

»18:00 Uhr bei der Treppe vor dem Fan-Aufgang.«

Ich schreibe zurück: »Alles klar, ich freu mich.«

Er schreibt postwendend zurück: »Ich mich auch.«

Ich nehme selig mein Handy in die Hand und drücke es an mein Herz.

Ich sehe Benito morgen wieder.

Oh mein Gott.

Ich bin happy.

Ich bin im siebten Himmel.

»Frau Berger, sind Sie im Büro?«

Mein Schefff.

Shit.

Den hab ich total vergessen.

Ich schnappe mir die beiden Kaffees und eile zu ihm.

Er nimmt seinen Kaffee dankbar entgegen und nippt daran.

»Der ist ja kalt, ist die Maschine schon wieder kaputt?«

Ich schaue ihn entgeistert an.

»Ähm, ja, ja … ähm … die Maschine ist schon wieder ausgestiegen. Italienische Maschine halt.«

»Dann holen Sie uns doch bitte einen heißen Kaffee aus unserer Maschine.«

Ich bin brav und hole zwei neue Kaffees – von unserer Maschine.

»Schefff, kennen Sie das neue Projekt von Connally? Die haben einen neuen Zylinder für Ölpumpen hergestellt. Nun sei ein Scheich an den Zylindern interessiert, und sie könnten möglicherweise so viel produzieren müssen, dass sie kaum mehr nachkommen. Wäre es nicht möglich, entweder für Connally zu produzieren oder ihnen Leute von uns auszuleihen?«

Mein Schefff sieht mich an, als hätte ich ihm gesagt, ich sei von einem Elefanten schwanger.

»Das ist es – Frau Berger, DASS ist DIE Lösung. Sie sind brillant.«

»Es gibt nur ein Problem.«

»Und das wäre?«

»Naja unser Herr Dr. Liebermann und der Sennhauser sind wie Hund und Katz'. Die beiden hassen sich wie die Pest.«

Herr Dr. Liebermann ist unser Geschäftsführer, Herr Sennhauser der von Connally.

»Hm … das stimmt.« Er macht eine Pause. »Frau Berger, jetzt müssen wir etwas aushecken. Wir müssen die beiden zusammenbringen. Wir haben die Leute, er die Aufträge. So können wir die Entlassungen vermeiden. Wir müssen alles tun, was in unserer Macht steht.«

»Ja, sehe ich auch so.«

»Alles klar, das Unternehmen ›öliger Zylinder‹ hat begonnen.«

Uhrenvergleich.

Und los geht's.

Aber bevor wir nun heldenhaft die Firma retten, ist das Tagesgeschäft angesagt. Wir müssen uns Gedanken machen. Ich brauche die Hilfe von Caroline. Der Plan ist zu gut, als das er nicht funktionieren könnte.

Ich erzähle Caroline vorerst noch nichts von unserem Plan.

Ich brauche den richtigen Zeitpunkt dazu.

Jetzt ist erst mal das Date mit Benito angesagt.

Mittwoch: Fußballtag mit Benito.

Ich kann mich kaum konzentrieren bei der Arbeit.

Ich habe mit dem besten Schefff der Welt vereinbart, dass ich um 15:00 Uhr Feierabend machen kann.

Ich hab genügend Überstunden.

Ich eile nach der Arbeit nach Hause.

Ich bin sehr durcheinander.

Kleider ausziehen, zack, in eine Ecke werfen.

Unter die Dusche.

Einschäumen, abwaschen.

Abtrocknen.

Strumpfhose anziehen.

Strumpfhose ausziehen, Unterwäsche vergessen.

Unterwäsche anziehen.

Strumpfhosen anziehen.

Strumpfhosen wieder ausziehen, ich ziehe Hosen an, keinen Rock.

Oder doch lieber 'nen Rock?

Ich drehe mich vor dem Spiegel.

Welche Socken?

Gehen Socken?

Ist das nicht unweiblich?

Wir gehen zum Fußball.

Welche Bluse?

Kritischer Blick in den Spiegel.

Nein, keine Bluse.

Shirt mit Ausschnitt.

Sportlich und doch weiblich.

Jeans, zwar viel zu eng, und meine Boots.

Warme Jacke mit vielen Taschen.

Es muss funktional sein und nicht so absichtlich aussehen.

Keine Handtasche.

Ich schminke mich dreimal um, frisiere mich und toupiere die Haare.

Tonnenweise Haarlack, damit auch alles hält, egal welcher Sturm aufkommt.

Der FC St. Gallen gewinnt, die Frisur hält. So nach dem Motto.

Ich mache mich auf den Weg zur Bahn.

Herrje, atmen nicht vergessen.

Und es muss alles leichtfüßig aussehen, auf keinen Fall darf er sehen, welchen Stress ich hatte.

Mit der Bahn zum Bahnhof St. Gallen – West. Auf dem direkten Weg zur AFG Arena.

Ich bin aufgeregt.

Himmel bin ich aufgeregt.

Die ganze Zeit mache ich meine Atemübungen, die ich aus dem Yoga kenne.

Tief durchatmen.

Mitzählen.

Ich bin so nervös.

Hoffentlich mache ich nichts falsch.

Hoffentlich sitzt meine Frisur.

Hoffentlich – ach, was weiß ich.

Ich bin so verflucht aufgeregt.

Ich tigere umher, vor dem Eingang, bei der Treppe.

Es ist 17:45 Uhr.

Er sollte bald kommen.

Ich spiele mit dem Handy.

Ich schaue alle Nachrichten auf dem Telefon durch.

Ich weiß nicht, wohin mit meinen Händen.

Hier zu warten, fühlt sich seltsam an.

Ich komme mir derart blöd vor.

Und wenn er nicht kommt?

Ich schaue mich um.

Ich sehe so verloren aus.

Ob er wohl wirklich kommt?

Plötzlich steht er vor mir.

»Hi.«

»Hi.« Etwas Besseres fällt mir nicht ein.

Warum fällt mir nichts Schlaues ein?

»Ich hab noch eine Freundin eingeladen, mit uns mitzukommen. Eine tolle Frau.«

Eine Freundin?

Er lächelt mich an.

Ein Stich in meinem Herzen.

Testet er mich jetzt?

Ich weiß jetzt nicht genau, was ich davon halten soll.

Wir warten.

Ich sehe ihn unsicher an.

Smalltalk über belangloses Zeugs.

»Hey Larissa, hier sind wir.« Benito winkt einer jungen Frau zu.

Schwarze lange Haare, ein paar Pfunde mehr auf den Hüften.

Ihre Augen strahlen.

Sie ist sehr hübsch.

Sie kommt auf uns zu und umarmt Benito. Sie geben sich drei Küsschen auf die Wange.

Dann schaut sie mich an.

Sie strahlt mich an.

Dann umarmt sie mich plötzlich und gibt mir drei Küsschen auf die Wange.

»Hi, ich bin Larissa – du bist also Annika. Cool, dass du zum Fußball mitkommst.«

Sie ist herzlich und temperamentvoll.

Sie weiß von mir?

Ist das seine Freundin?

Sie wäre etwas jung für ihn.

Sie ist grad mal knappe 20.

Irgendwie kann ich nicht glauben, dass er mich einladen und mir dann seine Freundin servieren würde.

»Ähm, hallo.«

Sie ist wirklich sehr sympathisch. Ich könnte nicht mal auf sie böse sein.

»Larissa ist eine alte Freundin von mir«, witzelt Benito.

»Benito und ich gehen öfters zum Fußball, aber wird auch Zeit, dass mal eine vernünftige Frau mitkommt«, lacht sie mich an.

Irgendwie hab ich das Gefühl, dass ich falsch liege.

Das hier kann nicht seine Freundin sein.

Benito nimmt mich in den Arm, gibt mir einen Kuss auf die Wange und zerrt mich sanft zur Kasse. Larissa spaziert uns hinterher und lächelt spitzbübisch.

Er lädt uns ein, spendiert die Tickets.

Wir gehen zur Tribüne, inmitten der Chaoten.

Ich liebe diesen Lärm.

Ich liebe diese Sprechgesänge, überall die Farben grün-weiß.

Ich kenne viele der Choreos, schließlich gehe ich hier zum Fußball, seit ich zehn Jahre alt bin.

Tausende von begeisterten Fans, die miteinander im Chor singen und ihre Mannschaft anfeuern.

Der FC St. Gallen ist der älteste Traditionsverein in der Schweiz, und darauf sind wir sehr stolz hier in der Ostschweiz.

Larissa holt in regelmäßigen Abständen genügend Bier, und Benito schäkert mit mir.

Larissa schreit sich die Seele aus dem Leib. Sie ist Feuer und Flamme für den Fußballverein.

Wir lachen viel, klatschen und rufen begeistert bei jedem guten Pass.

Augenaufschlag.

Dort eine zufällige Begegnung, da eine zufällige Berührung.

Es knistert zwischen Benito und mir, obwohl der FC St. Gallen immer weiter die Führung verliert.

Wir haben unser eigenes Spiel auf der Tribüne, Benito und ich. Irgendwie bekomme ich nicht so viel mit von dem Match.

Mir ist kalt, ich friere regelrecht. Benito stellt sich hinter mich und greift mir von hinten unter die Arme, nimmt meine Hände in seine.

»Du hast ja vielleicht kalte Hände. Dagegen muss ich etwas tun.«

Er massiert meine Hände und steckt seine Hände zusammen mit meinen in meine Jackentasche, dort massiert er meine Hände weiter und schmiegt sich an mich.

Ich kann seinen Atem spüren in meinem Nacken.

Ich weiß nicht, wie ich das beschreiben soll.

Es fühlt sich herrlich an.

Es fühlt sich nach Geborgenheit an. Es fühlt sich so richtig an.

Ich fühle mich, als würde ich nach Hause kommen.

Ich bin Zuhause.

Seltsames Gefühl.

Ich könnte heulen vor Freude.

Ich könnte schreien vor Freude.

Ich könnte platzen vor Freude.

So viel Gefühlschaos in mir.

Hab ich überhaupt Platz für so viele Gefühle?

Benito flirtet mit anderen Frauen, aber irgendwie nicht, weil er an ihnen interessiert zu sein scheint.

Er ist der Typ Mann – im Sternzeichen eine typische Jungfrau – der Menschen liebt und sich mit allen gerne unterhält.

Er steht gerne im Mittelpunkt, und ich sehe ihm gerne dabei zu.

Ich vermute mal, dass er Jungfrau ist.

Also im Sternzeichen.

Ich hab ein gutes Händchen dafür.

Ich stehe da und schaue ihm zu.

Ich beobachte ihn, wie er wild gestikuliert, wie er lacht, mit den Mädels herumalbert.

Ich blühe auf.

Ich bin glücklich, weil er glücklich ist.

Er versprüht ein kleines Feuerwerk und verbindet die Menschen.

Er lässt mich nicht eine Minute aus dem Blickwinkel.

Er ist präsent. Immer.

Eine Eigenschaft, die ich noch nie bei einem Mann erlebt habe auf diese Weise.

Es ist herrlich, ihm zu zusehen.

Er ist sich selbst.

Er ist er.

Er ist Liebe.

Er ist Zuhause.

Ich bin von den Gefühlen überwältigt.

Ich habe so etwas noch nie erlebt.

Der Abend ist lustig, wir trinken Bier, essen unsere obligate St. Galler Bratwurst, wie nur wir St. Galler sie machen können. Schließlich haben wir den offiziellen Weltmeistertitel dafür. Ich fühle mich aufgehoben und geborgen, angekommen. Es wird seltsam leicht in mir. Alles ist plötzlich seltsam leicht und schön. Ich verstehe mich großartig mit Larissa. Ich liebe Benitos offene und liebevolle Art. Er kümmert sich darum, dass ich keine kalten Hände habe, umarmt mich, gibt mir warm, holt Bier und versprüht weiter seine Funken.

Das Match ist längst vorbei, St. Gallen hat leider verloren, und wir schäkern noch immer vor der AFG Arena. Mit einem guten Bier und funkelnden Augen blödeln wir herum, ich lerne viele neue Leute kennen. Es scheint, als ob alle Welt ihn kennt. Alle umarmen und küssen ihn, rufen ihm zu. Er ist herzlich, fröhlich, offen und versprüht einen einzigartigen Esprit. Ich bin noch immer fasziniert und glücklich, ihm zuzusehen. Und für jeden, aber wirklich für jeden ist klar, dass wir zusammengehören. Ungefragt binden mich die Leute in die Gespräche ein. Sie sprechen ihn an, von wegen »deine Freundin.« Es ist offensichtlich für alle klar. Wir versprühen eine »Wir-Energie«, so als würden wir zusammengehören. Es ist nach außen sichtbar, was nicht zu erklären ist. Ich genieße es, vor allem, weil Benito dies nicht einmal »richtigstellt.« Es gibt Dinge, die kann man nicht erklären, aber das wir schon so wirken, als wären wir zusammen, fühlt sich toll an. Ich nehme es zudem als eine Art Zeichen.

Irgendwann in der Nacht verabschiedet sich Larissa, sie muss nach Hause, morgen früh raus. Wir umarmen uns und tauschen Telefonnummern aus. Ich habe die Zeit vollständig vergessen. Benito fragt mich, ob ich noch bleibe. Ich bleibe natürlich noch, und wir machen uns zu Fuß auf den Heimweg. Wir lachen und unterhalten uns. Spazieren in der Nacht durch die endlosen Straßen der Stadt. Irgendwann fängt es an zu nieseln. Schließlich regnet es.

Ich dumme Gans mache mir Gedanken, ob meine Frisur wohl hält. Als ob er Gedanken lesen könnte, lächelt er mich an, hält mich an und nimmt mich in die Arme. Die Augen ganz nahe an meinen sagt er mir, dass er mich sowieso nicht ganz klar sieht. Er hätte die Brille vergessen und keine Linsen drin. Da sähe er sowieso nicht alles zu 100% klar. Ich muss lächeln. Was für ein Glück. Und er muss auch schmunzeln. Dann spazieren wir weiter.

Er erzählt mir von seiner letzten Beziehung. Dass es ihm im Moment nicht so gut gehe und wie sehr ihn seine Ex-Freundin verraten und verletzt habe. Er taucht in die tiefsten und intimsten Details ein und vertraut sie mir an. Er stockt und sieht mir zwischendurch tief in die Augen. Es tut ihm gut, darüber zu reden, aber er sagt mir, dass es nicht so einfach sei, darüber zu sprechen. Dass er noch nie mit jemandem darüber geredet habe. Ich höre ihm zu, lasse ihn reden. Er erzählt mir von vielen Nächten, in denen seine Ex-Freundin sich von ihm abgewendet hat und nichts mehr von ihm wissen wollte. Er hat lange gehofft und gekämpft, vergebens. Sie habe schließlich alles von sich gewiesen und ihn schließlich verlassen. Sie waren fünf Jahre zusammen gewesen.

Ich schweige und höre zu. Wir merken gar nicht, wie viel wir schon gelaufen sind. Wir sind ganz schön weit gekommen. Es regnet noch immer.

Irgendwann kommen wir an eine Verzweigung, an der es eine kleine Mauer gibt, dahinter stehen ein kleiner Tante-Emma-Laden und ein großer Parkplatz. Er lehnt sich gegen die Mauer und zieht mich zu sich. Er wird nachdenklich, sieht mich an.

»Weißt du, ich möchte nicht mehr alleine sein. Ich möchte mich wieder verlieben und alles gemeinsam mit meiner besten Freundin, meiner Partnerin und Geliebten machen. Sie soll die erste Geige in meinem Leben spielen und ich ihre. Ich will mich wieder so richtig verlieben und mit ihr verschmelzen, mit ihr wohnen, mit ihr mein Leben gestalten.«

Er wird still, schaut mich an. Plötzlich kullern Tränen über sein Gesicht.

»Ich vermisse die Liebe, ich vermisse die Beziehung, ich vermisse es, geliebt und aufgehoben zu sein. Ich vermisse es, der andere Teil einer Beziehung zu sein und gebraucht zu werden. Ich vermisse es, dass es einen anderen Teil gibt, der nach Hause kommt und mich sehen und erleben will.«

Ich bin nicht in der Lage, etwas zu sagen. Es ist, als würde er meine Worte benutzen, wie ich eine Beziehung beschreibe. Es ist, als würde ich in einen Spiegel schauen. Er öffnet das Tor zu seiner Seele und zeigt mir die tiefsten Kammern darin, lässt mich hineinblicken und zeigt mir, wie sehr er lieben und geben kann. Und ich spüre, dass es gleichzeitig der Spiegel meiner Seele ist, mit der ich zu verschmelzen scheine. Dieses Gefühl auch nur annähernd beschreiben zu wollen, würde alles kaputt machen. Ich bin tief ergriffen und fühle jede Zelle von ihm, fühle jedes Gefühl von ihm, stehe vor ihm, in seinen Armen und spüre seine Wärme, seine Geborgenheit, rieche ihn, fühle ihn und genieße. Ich genieße einfach nur.

Ich sauge dieses Gefühl auf, in jede einzelne Zelle. Und dann geschieht es, das, worauf ich schon so lange gewartet habe. Er beugt sich nach vorne, kommt immer näher, sieht mir dabei tief in die Augen, öffnet seine Lippen, küsst mich, seine Lippen auf meinen. Er küsst mich, tief und innig, und er gibt sich diesem Kuss so intensiv hin, dass ich fast den Boden unter den Füssen verliere. Ich spüre seine Lippen. Seine weichen Lippen, seine Zunge. Ich erwidere seinen Kuss. Ich spüre seine Nähe. Ich bin erfüllt von seiner Liebe, von seiner Geborgenheit. Seine Arme umgeben mich, füllen mich aus, erheben mich in mein inneres Zuhause. Ich bin glücklich. Ich bin so glücklich, wie ich es noch nie zuvor war. Das schönste Gefühl der Welt. Die schönste Nacht der Welt. Bitte lieber Gott, mach, dass das nie wieder aufhört. Ich möchte für immer so in der kalten Frühlingsnacht bei Regen in seinen Armen stehenbleiben. Das soll bitte nie vorbeigehen. NIE.

Der Sturz aus dem Paradies

Leider geht die Nacht dann schließlich doch vorbei. Ich bin noch immer erfüllt von den vielen tiefen Gefühlen und Erlebnissen, von seiner Nähe, von allem, was ich erlebt habe und sitze im Zug nach Hause. Ich blende völlig aus, dass es bereits 05:30 Uhr morgens ist und ich in gut einer Stunde im Büro sein sollte. Ich bin hellwach. Die Kälte des Zugs nehme ich nicht wahr. Auch nicht, dass ich so gut wie alleine in der Bahn sitze. Auf dem Heimweg kommt mir schließlich in den Sinn, ich könnte mich bei ihm bedanken für die schöne Nacht.

Ich verwerfe den Gedanken. Ich habe mir schon öfters anhören müssen, dass ich viel zu viel mache für einen Mann und damit auch öfters mal gerne jemanden überfordere. Also keine SMS und ein wenig Zeit vergehen lassen.

Ich schaue aus dem Fenster, lasse die Ortschaften an mir vorüberziehen.

Hänge meinen Gedanken nach.

Plötzlich piepst das Handy.

Eine SMS

Von Benito

Verblüfft blicke ich aufs Display.

»Hi Bella, ich danke dir für diese wunderschöne Nacht. Kiss – good night. Benito.«

Ein Mann, der so ist und von sich aus noch solche Nachrichten schreibt?

Ich kann mein Glück gar nicht fassen.

Es wird langsam Tag.

Ich sehe, wie die Sonne langsam an den Horizont hochkrackselt.

Zuhause duschen, umziehen, ab ins Büro.

Ich bin heute kaum zu gebrauchen im Büro.

Nein, ich bin nicht müde.

Ich bin aufgedreht.

Ich erlebe den Abend und die Nacht wieder und wieder in Gedanken.

Sehe die Bilder vor mir, sehe Benito vor mir.

Küsse ihn wieder.

Ein einziger Blick in mein Gesicht, und jeder weiß, wie glücklich ich bin.

Ich habe mich am Mittag mit Caroline verabredet.

Wir gehen gemeinsam essen.

Wir sind uns schon so vertraut, dass ich ihr alles erzähle.

Caroline ist begeistert und freut sich mit mir.

Ich erzähle ihr nicht nur alles, sondern wiederhole laufend die ganze Geschichte.

Caroline muss lachen.

Sie kommt nicht zu Wort, aber das ist heute auch nicht so wichtig.

Ich würde mich genauso mit ihr freuen, wie sie sich mit mir.

Abends ruft Benito an.

Schon wieder?

Von sich aus?

Wow.

Ich bilde mir ein, es könnte ernst sein, wenn ein Mann sich am nächsten Abend schon wieder meldet.

Oder interpretier ich da schon wieder Dinge in etwas hinein?

Es muss ja nichts bedeuten.

Oder vielleicht doch?

Es ist lange her, dass ich jemand auf ganz normalem Weg kennengelernt habe.

Da darf man doch ein wenig unsicher sein oder?

»Hi Bella – ich wollte nur kurz deine Stimme hören, geht es dir gut?«

Wie süß ist das denn bitteschön? Ich bin im Schmetterlingschaos ertrunken und fühle mich sauwohl dabei.

Ich ertränke alle Zweifel und genieße.

»Hi Benito, mir geht's gut – war schön mit dir gestern.«

»Ja, das war es. Das war es auch schon. Ich melde mich wieder, bin ein wenig im Zeitdruck. Aber jetzt hab ich ja deine Stimme gehört. Küsschen. Ciao, ciao.«

Ich bin sprachlos.

Schön.

Happy.

Auch in den nächsten drei Tagen haben wir regelmäßig Kontakt, tauschen Kurznachrichten aus, kurze Anrufe. Am Samstagnachmittag informiert er mich allerdings ein wenig zu kurzfristig, dass er den FC St. Gallen ans Auswärtsspiel nach Luzern begleitet. Ich kann so kurzfristig nicht ans Fußballspiel.

Während der ganzen Zugfahrt nach Luzern schreiben wir uns Nachrichten auf dem Handy, ich von Zuhause aus, er im Zug, inmitten der Fans. Während des Spiels ruft er mich öfters an, gibt mir den Spielstand durch. Es ist laut im Hintergrund, sodass ich ihn kaum verstehe. Er ist mit anderen Fans unterwegs, sie trinken ziemlich viel Bier und sind laut, grölen und feiern.

Ich merke später am Telefon, dass er angeheitert ist. Das ist nicht weiter schlimm, schließlich genieße ich an den Fußballspielen auch gerne mal ein Bierchen oder zwei.

Später dann lacht und schäkert er mit mir und sagt mir, er sei auf dem Heimweg von Luzern zurück in die Ostschweiz. Im Lärm verstehen wir uns irgendwie falsch, und ich meine, dass er mit Freunden nach Hause gehen will. Ich sage ihm, dass ich kein

Problem damit habe, wenn er mit jemand anderem nach Hause gehen möchte. Benito ist eingeschnappt. Ich verstehe die Welt nicht mehr. Offenbar muss er etwas Anderes verstanden haben. Anstatt zu klären, sagt er mir, es wäre besser, wenn wir uns heute nicht mehr sehen würden. Ich bin irritiert und vor den Kopf gestoßen. Aber ich sage nichts.

Ich rufe ihn später nochmals an. Ich will klären, was wir genau falsch verstanden haben.

Er ist gereizt und teilt mir mit, dass seine Ex-Freundin sehr eifersüchtig gewesen sei.

Er wolle keine solche Frau mehr an seiner Seite.

Ich bin immer noch irritiert.

Er lässt es mich kaum aufklären.

Er hört mir gar nicht zu.

Ich rede auf ihn ein.

Ich höre genauso wenig zu.

Er lässt dann doch zu, dass ich ihn in seiner Wohnung in St. Gallen noch besuchen komme.

Morgens um halb eins mache ich mich dann also auf den Weg nach St. Gallen, wo Benito wohnt. Ich bin unsicher. Die Stimmung zwischen uns schlägt in wenigen Minuten um, und ich erkenne ihn kaum mehr wieder. Ich verstehe gar nichts mehr.

In Gedanken sehe ich bereits die Welt in Trümmer liegen, alles vorbei.

Ich mache mir tausend Gedanken auf dem Weg zu ihm.

Ich fahre schneller als erlaubt.

Ich renne beinahe die Treppen hinauf und bin atemlos, als ich oben ankomme.

Ich klingle, er öffnet die Türe. Ich nehme ihn in den Arm, er gibt mir drei Küsschen auf die Wange, er bittet mich herein. Wir platzieren uns auf dem Sofa.

Das Ecksofa wird von Benito fast ganz eingenommen, ich setze mich wie ein ausgesperrtes Hühnchen in die Ecke. Die Energie zwischen uns ist eingefroren. Ich suche das Gespräch. Er erklärt mir, wie krankhaft eifersüchtig seine Ex-Freundin war. Es hat ihn sehr verunsichert, dass wir uns so falsch verstanden haben. Es ist, als ob er plötzlich eine Tarnkappe tragen würde. Es ist, als würde er mich nicht mehr an sich heranlassen. Ob das wirklich alles ist?

Er zeigt mir später auch Fotos von seiner Ex-Freundin, und ich muss zu meinem Bedauern feststellen, dass ich ihr sehr ähnlich sehe. Das hätte ein Vorteil sein können, aber in dieser Konstellation ist das höchst unglücklich. Wir können das Missverständnis zwar aufklären, aber irgendwie taut die Situation heute nicht mehr auf.

Ich spüre, wie er darauf wartet, dass ich näher komme, aber nach dem ganzen Missverständnis traue ich mich nicht. Ich will ums Verrecken nichts falsch machen und spüre, dass ich alles falsch mache, je mehr ich mir darüber Gedanken mache. Ich finde den Ausweg aus diesem Labyrinth nicht mehr. Ich merke, wie müde Benito ist, aber er will nicht, dass ich nach Hause gehe. Mit belanglosen Gesprächen halten wir bis morgens um 04:00 Uhr durch, und erst dann bittet er mich, nach Hause zu gehen. Ich sehe ihm an, wie kaputt er ist. Ich wäre viel lieber in seinen Armen eingeschlafen, aber eben …

Vieles ist geklärt, aber dennoch nicht ausgesprochen.

Traurig fahre ich nach Hause.

Ich weiß nicht, wo ich stehe und wie es jetzt weitergeht.

In den folgenden Wochen höre und sehe ich nichts von Benito.

Ich habe ein Déja-vu. Das kenne ich doch von irgendwoher?

Es ist seltsam. Es ist, als gäbe es noch einen anderen Benito.

Noch immer bin ich erfüllt von den großen Gefühlen nach dem Fußballmatch, aber dieser Samstagabend verunsichert mich sehr.

Ich tauche ein in noch mehr Traurigkeit.

Ich suhle mich regelrecht darin.

Ich vermisse Benito.

Nach so kurzer Zeit, aber er hat mich so erfüllt mit all seinen Energien.

Warum mache ich immer alles falsch?

Ein wenig Normalität täte gut.

Ein wenig normale Nächte würde vieles erleichtern.

Die letzten Wochen und Monate waren nervenaufreibend.

Ich brauche dringend Ferien.

Ich brauche Abstand.

Ich brauche Tapetenwechsel.

Wenn keine Ferien – dann wenigstens für ein verlängertes Wochenende.

Vielleicht würde ein wenig Abstand Klarheit bringen oder zumindest mich wieder auf den Boden der Tatsachen. Caroline versteht es, mich abzulenken. Stundenlange Gespräche in der Mittagspause und abends festigen unsere Freundschaft und helfen mir über diese Zeit hinweg. Ihr Mann, ein temperamentvoller Sizilianer, versteht nicht immer, wie Frauen so oft miteinander reden können.

»Irr abt doch son gesprocken oite Mittag. Warum mussa du so widder sprecke mita Annika. Is verrstehe dass nist.«

Ich nenne ihn nur Don Caballero, er heißt in Tat und Wahrheit Giovanni. Die beiden sind schon seit hundert Jahren verheiratet. Noch nie war sie ohne ihn weg. Umso mehr sorgt die Idee für Zündstoff, dass Caroline und ich für drei Tage alleine ins Südtirol fahren wollen. Nach langen und heißen Diskussionen kommt Giovanni schließlich auf die Idee, Caroline könnte neuerdings lesbisch sein und wolle ihn mit mir betrügen. Sie muss mit Engelszungen auf ihn einreden, um ihm klarzumachen, dass es mir nicht gut geht und sie endlich eine Freundin hat, für die sie genau jetzt in dieser Situation gerne da sein möchte. Ein Tapetenwechsel würde mir gut tun. Sie setzt sich richtig ins Zeug, damit ihr Mann der Reise zustimmt, wie sie mir erzählt. Ich habe beinahe ein schlechtes Gewissen deswegen.

Jubel Trubel Heiterkeit

Schließlich beruhigt sich Giovanni langsam wieder. Er sieht ein, dass der Trip ins Südtirol harmlos ist und lässt uns schließlich ziehen. Ich hole sie ab. Der Volvo ist bereit, Sommerreifen, Öl nachgefüllt, Wasser überprüft, Wagen aufgetankt, Trinkwasser bereitgestellt, Gepäck im Kofferraum. Alles bestens. Caroline wartet schon auf mich. Es ist 06:00 Uhr morgens. Wir verstauen ihre Sachen auch im Kofferraum, die Taschen auf die Rücksitze, Vordersitze einstellen, angurten und los geht's. Es ist schön warm im Volvo, wir stellen einen regionalen Lieblingssender am Radio ein.

Zoll passiert, österreichische Autobahn, Caroline schläft irgendwann neben mir ein. Der Volvo rollt friedlich und rund auf der Autobahn. Ich stelle ab und zu den Radiosender nach, je nach Gegend und genieße die Fahrt. Ich fahre für mein Leben gerne Auto und speziell ins Südtirol. Wir fahren auf gut Glück ins Südtirol. Ich war schon öfters in der Pension Kuglwirt in Vöran. Dort bin ich Stammkundin und werde mit Sicherheit ein Zimmer bekommen. Oder sie helfen uns, in der Nähe ein Zimmer zu finden. Die Dolomiten geben uns noch einen schönen Einblick in Berge und Schnee. Schließlich lassen wir den Reschen Pass hinter uns, und langsam verändert sich auch die Vegetation. Die ersten Palmen tauchen auf, der Blick ins Tal ist jedes Mal fantastisch.

Irgendwann später gähnt es neben mir, Caroline streckt sich, schaut mich groß an.

»Hab ich geschlafen?«

»Nein, ich hab dir Drogen gegeben.«

»Chchchch, Spaßvögelchen.«

»Ich weiß.«

»Können wir irgendwo Kaffee trinken? Nach deinen Drogen müsste ich dringend zur Toilette.«

»Aye aye Käpt'n, ich setze zur Landung an. Bitte gurten Sie sich an, stellen Sie das Rauchen ein und lehnen Sie sich zurück.«

In einem netten Kaffee auf dem Weg nach Bozen auf Höhe Castelrotto (Kastelruth) machen wir Halt, trinken gemütlich Kaffee, essen Brötchen und genießen die Ruhe, die Entspannung, anderes Wetter und lassen die Seele baumeln. Ich kann Benito nicht ganz vergessen, aber ganz gut zur Seite schieben. Es macht meine Seele, mein Herz und meine Lunge frei, hier ein wenig auszuspannen. Mit dem Tapetenwechsel tut es irgendwie nicht ganz so sehr weh. Und die Anwesenheit von Caroline macht es besser. Viel besser. Ich war schon länger nicht mehr wirklich in den Ferien. Die Ferien mit Karl, wenn wir denn mal zusammen verreist sind, waren immer mit Motorrad und Tagestouren verbunden, auf einer 750er ZXR Kawasaki. Ich trug den Kosenamen »Fröschlein«, weil ich als Sozi (Mitfahrer) auf dem Motorrad sitzen musste wie ein Frosch.

Caroline und ich hingegen sind mit dem Volvo nach Vöran unterwegs. Nach der netten kleinen Auszeit in Kastelruth passieren wir Bozen. Immer dasselbe Chaos in dieser Stadt. Ich bin froh, wenn wir das hinter uns haben.

Dann die Bergstraße Richtung Vöran. Wenn ich nicht wüsste, dass noch Dörfer kommen, würde ich hier wirklich das Gefühl bekommen, am Ende der Welt zu sein. Nach Hafling schließlich nach langer, langer, langer Fahrt kommt endlich das Dorf Vöran. Ich freue mich schon auf die vielen Katzen, die der Kuglwirt beherbergt. Jeden Morgen füttert der Herr des Hauses die Katzen persönlich und gibt ihnen frische Milch aus dem Stall. Und die Miezen bewachen den hauseigenen riesigen Biogarten und entfernen alle Mäuse oder Maulwürfe.

Wie immer werde ich von Margrith überschwänglich begrüßt. »Mei Maderl, bisch scho wieder schöner woarra, chumsch awegen a bissi wenig nocham Süditirrroal, des tat dir fei guat, wennz öfters do warsch. Ma siacht dir o, dasst an Härzkhummar hasch.«

Margrith umarmt mich herzlich und begrüßt auch Caroline stürmisch. Sie nimmt sie in die Arme und drückt sie an sich. Caroline weiß gar nicht, wie ihr geschieht.

Margrith sieht uns an:

»Hond ihr überhaupt scho was gessa? Schaut's euch doch amal an, wie die magaran Würstal vo Paris lauft's ihr doher? Kummt's eini, i mach ei amol a rechte Jaus'n. Do hasch an Zimmarschlissal Viarazwanzg, bringt's eira Sacha auf s Zimmar, dann kummt's danach runter zur Jaus'n.«

Caroline sieht mich betreten an, als ich ihr kurz übersetze, was Margrith soeben gesagt hat.

Ja, die liebe Margrith, sie meint es immer gut mit einem. Caroline und ich haben beide genügend Speckröllchen auf der Hüfte, aber in ihren Augen sind wir viel zu mager. Das ist erfrischend. Wir schnappen unsere Taschen, Koffer und was Frau so mit sich herumschleppt für drei Tage Auszeit (Schuhe, Kleider, Tampons, Föhn, Make-up, noch mehr Schuhe, noch mehr Kleider für alle Situationen: wandern, Abendessen, herumliegen, Sauna, lesen und und, und …) und folgen Margrith ins Haus. Gott sei Dank hat der Kuglwirt einen Lift, wir drücken den Lift-Knopf und fahren in die zweite Etage. Zimmer 24 ist das Zimmer, was ich meistens bekomme und so auch heute. Es ist hell und freundlich, netter Korkboden, helle und moderne sanitäre Räumlichkeiten, ein Doppelbett, Balkon, Einbauschrank, viele Lampen und eine Mini-Bar samt Fernseher und Fernbedienung. Es ist freundlich, luftig und gemütlich hier. Und es ist sauber. Man fühlt sich willkommen.

Wir haben nicht viel Zeit, uns einzurichten. Margrith wartet unten auf uns. Ich hab Hunger. Wir haben schon lange nichts Richtiges mehr gegessen. Mein Magen knurrt. Ich nehme Caroline den Kulturbeutel aus der Hand, den sie gerade auspackt und schleppe sie aus dem Zimmer. Wir gehen die Treppe runter, in die Küche, wo Margrith bereits mit der Schürze bewaffnet hinter dem Herd steht. Es kommt mir vor, als stünden hundert Töpfe da.

»Na, na, Maderl, geht's ihr fei brav in d'Stubn nei', i mach ei was Feins. S'Berterl soll ei an guadn Zweiglt aufmacha.«

Sie schiebt uns liebevoll aus der Küche und Berta nimmt uns in Empfang:

»Jo s'Annikerl, griess di – mei Maderl, sche dasa d'widar amol da bisch.«

Sie nimmt mich bei der Hand und zieht mich zum Weinregal.

»An guad'n Roatn brauchmer jetzt, des isch bessar als jede Medizin. Schauschst mol, was füran Roatn du mechscht trinkn.«

Wir entscheiden uns für einen Blauburgunder, der im Fass war. Berta beglückwünscht mich zu der Auswahl. Ich bin zwar kein Weinkenner, aber so eine Mini-Ahnung habe ich schon. Vor allem trinke ich gerne guten Wein und genieße dass in vollen Zügen. Wie sagt ein altes Sprichwort so schön: Das Leben ist zu kurz, um schlechten Wein zu trinken.

Fachmännisch öffnet Berta den Wein, riecht am Zapfen und schenkt den Wein in einen großen Burgunderkelch ein. Ich drehe das Glas, sodass ich sehe, wie der Wein von der Innenwand des Glases abtropft, rieche daran und würde am liebsten hineinschlüpfen. Ein herrliches Aroma. Ich probiere, hm ..., welche Gaumenfreude. Mit Freude schenkt uns Berta die Gläser halb voll und lässt uns alleine. Sie verschwindet in der Küche, um gleich darauf mit Margrith zurückzukommen, beladen mit einer

Jaus'n-Plattn, wie sie das nennen. Ein Gedicht an Südtiroler Spezialitäten. Vinschgauerl, mein Lieblingsbrot, frische Semmerl, Gurken liebevoll aufgeschnitten, an Radi (Rettich), getrocknete Tomaten, gefüllte Oliven, gegrillte Peperoni, eingelegte Artischocken und mein heiß geliebter Südtiroler Speck. Dazu Streichkäse, Leberwurstaufstrich und Butter. Alles liebevoll hergerichtet. Alleine das anzusehen ist ein Gedicht. Mir läuft das Wasser im Mund zusammen. Es riecht herrlich. Vielfältige und intensive Aromen machen sich breit. Dazu Pfeffer und Salz.

»Lasst's eich schmeckn.« Margrith tätschelt mir auf die Schulter und lässt uns alleine. Wir kommen kaum dazu, uns zu bedanken.

Ich lasse mich voll und ganz auf die Gaumenfreuden ein. Wir schnabulieren, trinken Wein, prosten uns zu, genießen die Aussicht und das feine Essen. Für einen Moment kann ich Benito vergessen. Für einen Moment kann ich vergessen, wie weh es tut und wie wenig ich verstehe, was vor sich gegangen ist. Vergessen auch die letzten Wochen mit allen Ereignissen.

Caroline hat die ganze Geschichte mitbekommen. Wir haben es immer wieder durchdiskutiert. Sie versteht die Welt genauso wenig wie ich. Vielleicht hängt er noch zu sehr in der alten Beziehung. Vielleicht habe ich ihn zu sehr an seine Ex-Freundin und einen alten Schmerz erinnert. Vielleicht ... jaja vielleicht. Es gibt so viele »Vielleicht's.« Vielleicht sollte ich aufhören, mir seinen Kopf zu zerbrechen. Für den Moment genieße ich es, dass ich weit weg von Zuhause bin, weit weg vom Bodensee, weit weg von St. Gallen, weit weg von Benito.

Wir essen lange und viel, die Weinflasche leeren wir vollständig, und wir haben einen Kleinen sitzen. Wir entschließen uns zu einem ausgedehnten Spaziergang. Ich zeige Caroline die Welt rund um den Kuglwirt. Ich zeige ihr die angrenzenden Wanderwege, die bunt getupften Kühe, all die wunderschönen Berge und die Sicht auf die Dolomiten. Vor dem Haus pflegt der Kuglwirt – wie bereits erwähnt – einen riesigen Garten, der selbst und ohne Gift bewirtschaftet wird.

»Do brauchma koa Gift, des kömmar alls mit di Kreiter macha und Katzn schau'n auch selbst zum Reachtan", höre ich Margrith in Gedanken sagen.

Das Essen hier ist einfach sensationell, alles immer frisch zubereitet, direkt vom Garten auf den Tisch.

Margrith und die alte Berta sind alte Kräuter-Hexen. Sie wissen genau, welches Kraut in den Salat gehört, damit die Verdauung angeregt wird. Sie wissen, was bei Verstauchung hilft oder bei Einschlafproblemen. Wenn ich hier esse, dann habe ich nie Schlafstörungen oder andere körperlichen Beschwerden, die man sonst vielleicht hat, wenn man üppig gegessen hat. Sie richten das Essen immer so her, dass die richtigen Kräuter und das richtige Gemüse zusammengestellt werden. Und es gibt Gäste, die hierher kommen, um sich von den Frauen beraten zu lassen. Sie haben es nicht selten hinbekommen, dass mit dem richtigen Kraut im richtigen Salat in der richtigen Kombination der Bluthochdruck gesenkt wurde oder die Schmerzen der vermeintlichen Arthritis plötzlich verschwanden. Ich habe von den Frauen hier viel gelernt und meine Hausapotheke entsprechend umgestellt. Da gibt es keine »zu Risiken und Nebenwirkungen fragen Sie …«, sondern nur reine Natur. Seither geht es mir viel besser, kaum krank, und wenn, dann ist dafür das richtige Kraut gewachsen und mit Sicherheit in meiner Hausapotheke zu finden.

Der Spaziergang an der frischen Luft mit Caroline tut gut. Wie es sich gehört, quasseln Caroline und ich über alles, nehmen die Situation mit Benito erneut tausendmal auseinander und erörtern sie von Anfang bis Schluss. Jeder Fußballtrainer wäre dankbar, er hätte so gute Strategen wie Frauen, wenn es um heikle Liebessituationen geht, die auseinanderzunehmen sind. Leider ist genau das eines der Hauptprobleme, das ich habe. Ich kann es nicht einfach annehmen und geschehen lassen. Es reicht ja nicht, dass ich mir meinen Kopf zerbreche, nein, ich zerbreche mir auch noch seinen.

Mein Handy ist aus. Absichtlich. Ich will damit eine große Geste ausdrücken. Ich bin nicht erreichbar – vor allem nicht für ihn. Die Realität sieht anders aus. Ich nehme das Handy immer wieder hervor, stelle es kurz an, ob auch jemand wirklich von meiner großen Geste etwas mitbekommen hat. Kein Mensch hat angerufen. Er schon gar nicht. Keine SMS. Gar nichts. Nichts mit der großen Geste. Vergebens. Ob ich es aus habe oder nicht, niemand merkt es, und es meldet sich auch keiner.

»Jetzt leg das Ding weg, wir sind hier zum Ausspannen und vor allem um den Kopf frei zu kriegen.«

Caroline nimmt mir das Handy aus der Hand, steckt es in die Hülle und legt es in meine Handtasche zurück.

»Lass es aus, bis wir wieder zu Hause sind. Das wird dir gut tun.«

Tief durchatmend nehme ich ihren Ratschlag an. Ich sehe plötzlich, wie Margrith uns winkt. Sie wedelt mit einer Leine, und so renne ich kurz hinunter zu ihr. Sie will mir den jungen Schäferhund Jessy mitgeben.

»Mei, des wiard der Kloanan guat tuan, wenz ihr sie mitnehmz.«

Ich begrüße den Vierbeiner, kraule sie hinter den (noch grünen) Ohren und nehme sie an die Leine. Die Dame ist noch sehr jung, ein Teenager quasi, mit lauter Flausen im Kopf.

Caroline ist Feuer und Flamme für die Kleine. Naja, klein ist Jessy nicht, sie ist schon fast ausgewachsen, aber halt unbändig und hat nur Blödsinn im Kopf. Margrith hat es nicht so mit der Hundeerziehung. Jessy geht mehr mit uns spazieren, als wir mit ihr. Der Vorteil ist, dass wir weiter nach oben kommen, als wir wollen. Sie bringt uns regelrecht aus der Puste. Sie zerrt an der Leine und reißt abwechslungsweise Caroline und mich den Berg hoch. Meine Oberschenkel fangen langsam an zu spannen, meine

Lunge macht bald einen Abgang. Puh, so intensiv gewandert bin ich schon lange nicht mehr. Was ein Hund alles Gutes an sich hätte. Ich muss mir das bei Gelegenheit überlegen.

Jessy ist aufgeweckt und lebendig. Während wir zu zweit oben auf dem Berg kurz vor dem Kollaps stehen, rennt sie um uns herum und wedelt fleißig mit dem Schwanz. Caroline bückt sich, hält sich die Seite und ich stütze mich auf einem Zaunpfahl ab, um erst einmal wieder richtig Luft zu holen, als Jessy plötzlich aus dem Halsband schlüpft und zack – weg ist sie. Wir sehen nur noch den Hundehintern, und alles Rufen und Pfeifen wird ignoriert von ihr.

Ich sehe ein paar Federn eines großen Vogels und eine schwanzwedelnde Jessy ins Gebüsch verschwinden.

Weg ist sie.

Aus unseren Augen.

Ich sehe nur noch, wie ein paar Blätter an dem Busch hin- und her wippen.

Von Jessy keine Spur mehr.

Oh.

Scheiße.

»Jessy!«

»Jessy, Hier. Komm Fuß!«

Tja, kennt die gute Dame die Kommandos überhaupt?

Wir schreien beide:

»Jessy! Jessy!«

Wir schreien lange.

Wir schreien laut.

Wir pfeifen auch immer wieder.

Wir wandern durchs Dickicht, in die Richtung, in die Jessy abgehauen ist.

Die Dornen reißen die Hosen auf und die darunterliegende Haut.

Das liebe ich ja.

Hund weg.

Wo zur Hölle ist die hin?

Die Gegend hier kenne ich nicht ganz so gut.

Was zur Hölle war das für ein Vogel?

Und warum zur Hölle hört dieser Hund nicht?

Und warum zum Geier habe ich mich auf so was eingelassen?

Naja, ich kann nichts dafür, dass Margrith seit hundert Jahren das gleiche Halsband für jeden ihrer Hunde hat.

Jessy ist einfach rausgeschlüpft.

Wir streifen weiter durch den Wald, schreiend nach Jessy.

Kein Hund weit und breit.

Kein Vogel weit und breit.

Nur zwei irregewordene Weiber mit einer Leine in der Hand, schreiend nach einem Hund. Wenn uns einer sieht…

»Jessy, Jessy, hierher!«, mein Echo.

»Jessy, Jessy, Jessy!«, das von Caroline.

So geht es weiter.

Ich habe vergessen, darauf zu achten, wo wir hingehen.

Ich kenne diese Ecke vom Südtirol nicht.

Ich sehe Caroline an.

Sie hat denselben Gedanken.

»Weißt du, wo wir sind?«

»Noch im Südtirol oder schon auf der Österreicher Seite?«

»Spaßvögelchen.«

»Jeep. Extrem.«

Gott sei Dank haben wir wenigstens den gleichen Galgenhumor.

Es dämmert langsam ein.

Und es dämmert mir auch langsam.

Vor mir macht sich ein Sumpfgebiet auf.

Ein Paradies für Wildtiere und Wildvögel.

Und mit ziemlicher Sicherheit auch für wilde Jessys.

Wir rufen weiter, immer noch die Leine baumelnd in der Hand.

»Jessy.« Caroline wird lauter.

»Jessy.« Ich noch lauter.

Wir hören es knistern, hören es krachen.

Mittlerweile wird es langsam immer dunkler.

Ich sehe vor mir, dass der Sumpf tiefer wird.

Es wird nass unter den Füssen.

Perfekt.

Kneippen im Vöraner Sumpf mitten in der Nacht war schon immer mein favorisiertes Ziel, auf der Suche nach einem Fellknäuel, das null Erziehung hat und offenbar auch schlechte Ohren.

Unsere Schuhe sinken in den Morast ein. Es wird beschwerlicher, sich fortzubewegen.

Das Wasser sickert durch das Leder.

Wo kommen wir da nur hin?

Finden wir den Kuglwirt je wieder?

Finden wir je wieder nach Hause?

Wir werden alle sterben.

Wenn ich dich zwischen die Finger kriege, du verfluchter Köter. Ich bin stinksauer.

Hoffentlich wird das nicht noch morastiger.

»Pssst, sei mal leise.« Ich halte inne.

»Wieso, atme ich zu laut oder was?«, fragt mich Caroline angriffslustig.

»Pssst jetzt. Ich hör da was.«

»Ich auch, die Wildnis von Vöran.«

»Quatsch, jetzt sei mal leise.«

Wir sind still. Wir horchen.

Ich komme mir ziemlich blöde vor.

Wir horchen weiter.

Und horchen.

Aber da.

Ein Winseln.

Jessy?

»Jessy!« Ich rufe laut und sofort kommt zur Antwort ein lautes Gebell zurück. Nichts von sauer, ich bin heilfroh, dass ein Hund zurückbellt und die Wahrscheinlichkeit groß ist, dass Jessy in der Nähe ist. Ich kann mir nicht vorstellen, dass gleich dutzendweise Hunde hier im Sumpf verloren gehen. Ich rufe weiter, Caroline ruft weiter. Jessy bellt zurück. Es ist definitiv Jessy. Dieses helle Bellen kriegt nur dieser Schäferhund hin. Scheiße, wo ist sie? Es wird immer dunkler um uns herum. Warum sollten wir für einen Nachmittagsspaziergang auch eine McGyver-Ausrüstung mitschleppen mit Seil und Taschenlampe, womöglich mit Notration und Überlebensschlafsack?

Stichwort McGyver. Ich bin der McGyver der Frauen, meine Handtasche habe ich dabei, da werde ich sicher was finden für diese Zwecke. Da soll nochmals einer was gegen die Handtaschen der Frauen sagen. Und so finde ich die Wunderkerzen vom letzten Weihnachtsfest, die ich für was für Fälle auch immer in der Handtasche verstaut und vergessen habe.

Mit dem seltsamen Licht der Wunderkerzen und weiteren morastigen Schritten kann ich Jessy langsam erkennen. Sie ist außer sich vor Angst und hängt irgendwo fest. Sie winselt und strampelt wie wild. So viel kann ich schon mal erkennen. Als wir in ihre Nähe kommen, rieche ich den fauligen Schlamm und halte Caroline zurück.

Da haben wir den Salat oder besser gesagt, den Morast. Jessy hängt fest. Ihre Hinterläufe sind im Morast eingesunken, und je mehr sie sich bewegt, desto tiefer sinkt sie. Super, ich habe gerade eine meiner besten Hosen an – offenbar nicht mehr lange. Anlassen und versauen oder ausziehen und mückenzerstochen nackten Arsches heldenhaft einen Hund retten? Ich entschließe mich für Letzteres.

Während Caroline sich kaum mehr erholt vor Lachen, mache ich mich übers Gebüsch in den Morast, im String, verziert mit Strass-Steinchen und höre schon das »ssssss« der fiesen Mücken hinter mir. Ja, wenn ich heute Morgen gewusst hätte, dass ich im Morast nach Hunden tauche, hätte ich andere Unterwäsche angezogen.

Im Moment kann ich wählen, entweder voll in die Sauce oder Hundi weg.

Die junge Hündin versteht nicht, warum ich ihr ständig sage, sie solle still halten. Ich beschließe, den Mund zu halten. Das beruhigt sie offenbar mehr. Caroline kann ich allerdings nicht beruhigen. Der Wein von heute Mittag und die String Tanga-Aktion im Morast sind leider so eskaliert, dass ich mich um ihren Lachanfall nun nicht auch noch kümmern kann.

Ich komme zu Jessy, Caroline reicht mir die Leine, und gemeinsam sinken Jessy und ich im Sumpf ein. Aber der Morast ist Gott sei Dank nicht ganz so tief. Ich hatte schon ein wenig Angst bekommen. Caroline kann mich mit der Hand rausziehen, und ich kann Jessy herausziehen. Aber Jessy und ich sehen aus wie nach einem Einsatz der amerikanischen Truppen im Sumpfgebiet von Vöran und riechen auch so. Jessy ist außer sich vor Freude und springt an mir hoch. Jetzt bin ich komplett zugesaut mit dem stinkigen Morast. Da ist jetzt auch nichts mehr mit Hose anziehen. Die versau ich sonst noch ganz. Es nützt auch nichts, mit Jessy zu schimpfen. Sie kapiert sowieso nicht, was sie angerichtet hat. Vermutlich ist die Erfahrung alleine genügend Lehrgeld. Für mich auch. Ich geh nie wieder Gassi mit einem Hund von Margrith. Ich bin heilfroh, dass ich den Hund wohlbehalten wiederhabe. Das hätte auch böse ins Auge gehen können. So wie ich das sehe, ist der Morast nur zwei bis drei Meter weiter hinten viel tiefer …

Wir machen uns auf den Heimweg.

Hoffentlich haut Jessy nicht wieder ab.

Aber ich vermute, dass sie völlig erschöpft ist.

Wir übrigens auch.

Caroline hat sich beruhigt.

Ich mich noch nicht.

Mit versauten Wanderschuhen, zerstochenen nackten und verschmierten Schlammbeinen im String Tanga und der noch einigermaßen sauberen Hose in der Hand machen wir uns auf den Heimweg, wo auch immer das sein mag. In der sternenklaren Nacht glitzert das eine oder andere Strass-Steinchen von meinem String Tanga im Licht des Mondes. Wie romantisch.

Nach vielen Wirrungen und Irrungen kommen wir schließlich beim Kuglwirten an. Ich bin fix und foxi, friere mittlerweile, und wir drei geben ein wirklich seltsames Bild ab. Und natürlich müssen genau zu diesem Zeitpunkt alle Gäste im Empfangsbereich zusammenstehen beim gemeinsamen Apéro, als ich in diesem Aufzug Margrith den Hund zurückbringe. Und natürlich kann sie es nicht auf sich beruhen lassen und mich dezent gehenlassen, sodass uns keiner bemerkt.

Nein, wild entsetzt muss sie kommentieren, dass auch der letzte Gast, aber auch wirklich der letzte, mich so in diesem Aufzug sehen muss. Gut, von dem Morast sieht nicht jeder sofort, dass ich keine Hose anhabe. Mein Tag ist perfekt, wirklich. Zu dem Zeitpunkt weiß ich noch nicht, dass auch Carolines Abend noch perfekter wird.

Es ist mir egal, wie spät es ist. Ich muss unbedingt noch in die Sauna oder ins Dampfbad. Caroline will »nur« unter die Dusche. Ich schnappe mir Badezeug und Bademantel und gehe, schmutzig wie ich bin, zur Sauna. Dort dusche ich mich erst einmal ausgiebig. Die Sachen kann ich Margrith zur Reinigung bringen. Ich bin total erschöpft, lasse das heiße Wasser auf mich niederprasseln. Der heutige Tag war wenigstens so gut, dass ich Benito vergessen konnte. Es soll ja alles für etwas gut sein. Ich vergesse alles rund um mich herum und genieße die Sauna, lege mich wieder hin, genieße zwischendurch die Dampfdusche, lege mich wieder hin, mummele mich ein und lasse einfach die Seele baumeln. Es vergehen Minuten, eine halbe Stunde und mehr.

»Pssst.«

Ich mache die Augen auf.

»Pssst.«

Ich sehe mich um.

Nichts.

»Pssst.«

Ich sehe mich wieder um.

Nichts.

»Pssst.«

Wieder nichts.

»Pssst, hier bin ich, du Pfeife.«

Ich sehe verschlafen durchs Fenster. Da steht eigentlich ein Baum.

Aber in dem Baum steht Caroline.

Irgendetwas stimmt hier nicht.

»Was tust du in dem Baum?«, frage ich sie.

»Ich verstecke mich.«

»Aha. – Gibt es einen Grund?«

»Ich bin nackt.«

Aha.

Klar.

Caroline steht nackt in einem Baum in Vöran vor dem Kuglwirten.

Logisch.

Warum frage ich auch?

Kommt ja immer wieder mal vor.

Ich lege mich wieder hin und schließe die Augen.

»Hallo?«

Caroline schreit flüsternd.

»Ja?« Ich setze mich wieder auf und sehe, dass Carolines Haare mit Shampoo eingeseift sind.

»Wäre es nicht einfacher, einfach in die Sauna zu kommen?«

»Ich will nicht in die Sauna.«

»Willst du nicht?«

»Nein.«

»Was machst du hier dann – nackt? Übrigens wäscht man sich nicht die Haare *in* der Sauna, sondern davor.«

»Ich will nicht saunen.«

»Du bist aber nackt vor einer Sauna, wäre einfacher, du kämst rein.«

»Wie denn?«

»Durch die Türe.«

»Nein, ich kann nicht, ich bin nackt.«

»Das ist der Sinn der Sauna.«

»Nein, ich bin hier draußen nackt.«

»Also, ich erklär dir gerne nochmals das Prinzip der Sauna. Nackig machen wir uns erst hier drin, nicht schon auf dem Flur oder gar draußen.«

»Kannst du mich jetzt bitte mal ernst nehmen?«

»Du stehst nackt mit Shampoo auf dem Kopf in einem Baum, wie soll ich dich da ernst nehmen?«

»Ich hab mich ausgesperrt.«

»Du hast dich ausgesperrt? Wie das?«

»Diese modernen Türschlösser.«

»Dann hol dir doch einen Schlüssel bei Margrith.«

»Ich bin doch nackt – und voller Shampoo.«

Stimmt, das könnte ein schlechtes Bild von Caroline machen, wenn sie splitterfasernackt, voller Shampoo, im Speisesaal auftaucht. Ich grinse bei der Vorstellung. Es reicht, dass ich schon einen schlechten Eindruck hinterlassen habe, im String Tanga.

»Ein wundervoller Tag heute, nicht?«, sage ich zu ihr.

»Hilfst du mir jetzt?« Caroline scheint genervt zu sein. Warum nur?

»Ich wäre versucht, dich da noch ein wenig stehenzulassen, vielleicht wachsen da noch Äpfelchen – shampoonierte.«

»Bäh, bäh, bäh.«

»Ist ja schon gut, ich geh hoch und hole Bademantel und Schlüssel.«

»Ja, aber beeil dich.«

Ich beeile mich, gehe hoch im Bademantel, ziehe mich im Zimmer schnell um, schnappe mir den anderen Bademantel und hüpfe hinunter. Von hinten sehe ich die nackte, shampoonierte Venus im Baum stehen.

»Nettes Ärschchen.«

Caroline erschreckt sich fast zu Tode.

Hände vor der Scham und vor der Brust.

Das Shampoo ist mittlerweile auf ihrem Kopf zu Beton erstarrt.

Heldenhaft rette ich auch sie aus dem Gebüsch.

Müssen denn heute alle irgendwo in einem Gebüsch enden?

Seufz.

Ein vollendeter Tag.

Caroline ist mit den Nerven fertig.

Ich auch.

Hoffentlich gibt's Wein oder Cocktails.

Oder beides.

Und viel davon.

Mei, ist der groß

Als wir es schließlich doch noch schaffen, wie zivilisierte Menschen, geduscht, vollständig angezogen und mit fertigen Frisuren, in den Gästesaal zu kommen, ist es gerade mal 21:00 Uhr. Und wie könnte es anders als an diesem perfekten Tag sein: Es sind alle da, tuscheln und zeigen mit dem Finger auf uns. Jeder, aber auch jeder hat mitgekriegt, was da mit Jessy gelaufen ist.

Zu allem Übel wurde Caroline bei ihrer Shampoo-Aktion auch noch gesehen.

Zwei Finnen lassen es sich nicht nehmen, ihr den Ablauf der Sauna noch einmal zu erklären.

Es hilft alles nichts, sie muss das über sich ergehen lassen.

Ich komme nicht umhin, auf den Stockzähnen zu schmunzeln.

Die beiden Herren nehmen die Sauna sehr ernst.

Caroline sieht mich hilflos an.

Ich ertränke indessen die Peinlichkeiten in viel blauem Zweigelt, mittlerweile ist mir egal, ob er im Fass war oder nicht. Hauptsache, ich muss mir die blöden Sprüche hier nicht nüchtern anhören. Wenn ich genügend Wein trinken würde, hätte ich vielleicht einen Filmriss und könnte mich morgen nicht mehr an Heute erinnern. Caroline tut mir ein wenig leid. Sie entkommt den finnischen Fängen nicht mehr, aber es gibt eine Zeit im Leben, da muss jeder heldenhaft sein und sich in die Schlacht stürzen. Caroline, opfere dich. Ich muss mich jetzt erst mal im Sumpf der Weinflaschen ertränken. Prost.

Jessy schläft derweilen friedlich auf der Matte unter dem Buffet. Ihre Nerven hätte ich gerne.

Am liebsten würde ich mich zu ihr verkriechen.

Ob da noch Platz ist?

Der Kuglwirt hat Gott sei Dank eine Bar.

Ich bin heute der beste Kunde. Und so wird die Flasche leerer und ich voller, bis Caroline und ich schließlich in unser Zimmer aufbrechen. Sie ist endlich erlöst von den Finnen, und ich tauche ein ins Land der Träume.

Irgendwann in der Nacht wache ich auf, versuche meine Lippen zu benetzen.

Durst.

Caroline schläft friedlich neben mir.

Ich kann ihren Atem hören.

Irgendwas raschelt hier.

Irgendwas tönt hier.

Ich setze mich auf.

Hier ist jemand.

Hab ich zu viel Wein intus?

Nein, hier ist jemand.

Ganz bestimmt.

Ich taste neben mich.

Caroline.

Wie es sich gehört.

Mit ihr habe ich gerechnet.

Aber da ist noch jemand.

Mit diesem Jemand ich nicht gerechnet.

Und der mit mir auch nicht.

Ich spüre einen Schatten über mir.

Alkoholisierter Atem.

Männliches Parfum.

Männliches Parfum?

Irgendwas ist hier falsch.

Meine Decke wird zurückgeschlagen.

Ich spüre ein Knie auf meinem Bett.

Was zur Hölle geht hier vor?
Ein Einbrecher?
Ein Überfall?
Ich mache Licht.
Ich erschrecke.
Ich schreie.
Er schreit.
Caroline schreit.
Einer der Finnen von heute kniet direkt vor mir.
Splitterfasernackt.
Hoch erhobenen Schwertes beziehungsweise hoch erhobenen Schwanzes.
»Caroline?«
Seine Frage.
Schwanzwedelnd quasi.
»Nix Caroline – ich gebe dir gleich Caroline.«
Ich stoße ihn aus dem Bett.
Caroline sieht sich nur seinen Schwanz an.
»Mann, ist der riesig.«
»Caroline, beherrsch dich.«
»Aaaaaaaaaaaaaaaah.«
Der Finne schreit.
Caroline schreit.
»Jetzt ist aber mal gut«, sage ich.
Dem Finnen steht er noch immer wie eine Eins.
»Ich glaub, du hast da was missverstanden", sage ich zum ihm.
Er sieht mich mit großen Augen an und noch größerem Schwanz.
Das Ding lenkt mich leicht ab.
Der ist aber auch groß. Scheiße Mann.
Ich schüttle den Kopf.
Konzentrier dich Mädchen.
Caroline stiert den erigierten Penis an.
Sie ist erstarrt und kann den Blick nicht abwenden.

Der Finne faselt was in Halbfinnisch und was in Halbdeutsch.

Ich verstehe nur *Caroline* und *Sauna*.

Noch immer steht er ihm wie eine Eins.

Caroline ist erstarrt.

Der Finne ist erstarrt.

Sein Schwanz ist erstarrt.

Die Türe geht auf.

Der Teufel steht in der Türe.

Nein, es ist Berta.

Mit Lockenwicklern.

Und Nudelholz.

Das Chaos ist perfekt.

»Wos macht dr Finne bei eich?«, will Berta wissen.

»Das frage ich mich allerdings auch«, gebe ich zu verstehen.

Berta schaut seinen erigierten Penis an.

Und auch sie kann ihren Blick nicht mehr abwenden.

»Der isch abar au groß«, höre ich Berta.

Drehen hier jetzt alle völlig durch? Sind hier alle schwanzgeil oder haben noch nie einen vernünftigen Penis gesehen?

Na, egal.

Hinter Berta erscheint Margrith. Sie ist kreidebleich.

»Woas is hier los? Mei, ist der groass«, will sie wissen und sieht sich den Penis sofort auch fast ehrfürchtig an.

Warum zur Hölle muss der auch ein solches Riesenteil haben?

Und warum zum Geier müssen alle gleich dort hinstarren?

Und warum zur Hölle sind nachts um drei alle bei uns im Zimmer?

Mit Nudelhölzern und steifen Schwänzen?

Ich hole ein Handtuch und werfe es dem Finnen über seine Riesenlatte.

Er sieht Caroline.

Irgendwas faselt er auf Finnisch.

Berta bugsiert ihn aus dem Zimmer.

Der Typ ist verheiratet.

Hat man Töne?

Offenbar zu viel getrunken.

Ja, ja, ich weiß, ich auch, aber ich schleiche mich nicht splitterfasernackt in fremde Zimmer und erschrecke unschuldige Schweizerinnen mit einem Riesendödel.

Caroline hat sich noch immer nicht erholt. Als alle wieder draußen sind, sitzt sie noch immer da und schaut ins Leere.

»Mädchen, hallo, geht's dir gut?«

Ich wedle mit der Hand vor ihren Augen.

Sie schüttelt den Kopf und blickt mir schließlich an.

Dann reißt sie die Augen auf.

»Hast du das Teil gesehen?«

»Herrgott, ja.«

»Boah.«

»Ja, boah, und jetzt schlaf.«

»Aber der war so groß. Wusstest du, dass es so große Schwänze gibt?«

»Ja, jetzt schlaf endlich.«

»Echt jetzt?«

»Ja.«

»Woher?«

»Schlaf jetzt um Himmels willen.«

Wir legen uns beide hin. Decken uns zu.

Machen das Licht aus. Es ist Ruhe.

Ich knipse das Licht wieder an.

Wir giggeln beide los und erholen uns kaum mehr.

»Hast du das Teil gesehen?«

»Ja.«

»Was wollte der von dir?«

»Der wollte nichts von mir, der wollte was von dir. Du hast ihn mit deiner Apfelaktion im Shampoo so angeheizt …«

Wir prusten los.

»RUHE!«, ertönt es von nebenan. Jemand klopft an die Wand gegenüber.

Drei Schneeflocken zuviel

Wir lachen trotzdem weiter.

Reden und quasseln, diesmal aber ein wenig leiser.

Irgendwann schlafen wir schließlich ein.

Was für eine Nacht.

Was für ein Tag.

Irgendwann gegen Morgen erwache ich mit einem Brummschädel.

Ich habe noch immer Durst. Oder schon wieder, oder immer noch.

Ich liege da, sehe zur Decke und überlege.

Dieses Grübeln, es ist wieder da.

Benito.

Ich habe das Handy immer noch aus.

Soll ich es einstellen?

Nein, besser nicht.

Wenn er sich doch nicht gemeldet hat?

Dann macht es mich traurig, dass da nichts auf meinem Handy steht.

So kann ich wenigstens hoffen, dass er sich gemeldet haben könnte.

Was für ein Schwachsinn.

Ich beuge mich runter zur Handtasche und krame mein Handy heraus.

Ich stelle es ein. Ein paar Minuten vergehen, dann fängt es an wie wild zu piepsen.

Psst, leise, halt, psst.

Scheiße, warum kann dieses Scheißding nicht leise sein.

Wo ist die Lautlostaste?

»Was 'n los?«, will Caroline wissen und blinzelt mich an.

»Schlaf weiter, ich spiel nur mit 'm Handy.«

»Ach so.«

Umdrehen, weg ist sie schon wieder im Land der Träume.

Dreiundzwanzig Nachrichten auf dem Handy.

Um Himmels willen.

Wer schreibt so viele Nachrichten.

Benito? Mit Sicherheit nicht.

Es sind Nachrichten dabei von meinen Eltern, von meinem Schefff (was will der am Wochenende von mir) und von …

Ich glaube es kaum, von Benito.

Um ehrlich zu sein, sind achtzehn Textnachrichten von Benito.

Hier die Inhalte:

SMS 1 Hi Bella, gehe zum Spiel. Bist du auch da?
SMS 2 In der AFG Arena.
SMS 3 Schade, dass du nicht hier bist.
SMS 4 Zelli hat einen guten Pass geschossen.
SMS 5 Boah, um ein Haar ein Tor gekriegt.
SMS 6 Zelli hat ein Tor geschossen. Hättest du sehen sollen.
SMS 7 Halbzeit durch. FC St. Gallen führt mit 1:0
SMS 8 Wo bist du? Kiss.
SMS 9 Scheiße. Tor gegen FC St. Gallen.
SMS 10 Zweites Tor gegen FC St. Gallen.
SMS 11 Spiel verloren, scheiße. Benito traurig.
SMS 12 Feiere das Leben.
SMS 13 Vermisse dich.
SMS 14 Feiere hier, auch ohne dich.
SMS 15 Scheiße, warum machen wir es nur so kompliziert.
SMS 16 Ich gehe jetzt ins Elba, vielleicht kommst du auch.
SMS 17 Warum meldest du dich nicht?
SMS 18 Ich will doch einfach nur geliebt werden.

Das hat er doch nicht nüchtern geschrieben.

Ich bin verwirrt.

Ist das alles ernst gemeint?

Warum war ich nicht zu Hause?

Ich will nach Hause?

Nein, ich will nicht nach Hause.

Ich brauche dringend frische Luft.

Ich stehe auf und tapse unbeholfen zum Fenster.

Ich öffne das Fenster.

Herrlich, frische Luft.

Das Leben scheint sehr kompliziert zu sein.

Benito scheint sehr kompliziert zu sein.

Oder bin ich kompliziert?

Es riecht richtig lecker da draußen, wie kurz vor Weihnachten?

So ruhig und einfach …

Moment mal … es riecht wie …

Es wird doch nicht.

Nein, das kann nicht sein, es ist April.

Ich mache die Balkontüre auf und sehe es.

Sehe die Misere.

Schock.

Es schneit.

Scheiße. Mein Volvo ist tiefergelegt und mehr als drei Schneeflocken aufeinander gestapelt verkraftet er nicht mit dem Spoiler. Dann ist nichts mehr mit Fahren. Außerdem hat der Wagen Sommerreifen montiert.

Wenn es hier oben schneit, dann bleibst du mit Sicherheit ca. zwei Wochen hier – abgeschnitten von der Umwelt.

Da kommt kein Räumfahrzeug hoch.

Pampa pur.

Ich gehe nackt auf den Balkon.

Es sind schon wesentlich mehr als drei Schneeflocken aufeinandergestapelt am Boden zu sehen.

Sofortiges Handeln ist angesagt.

»Caroline – aufstehen – sofort!«

Ich ziehe ihr die Decke weg.

»Was ist los?«

»Aufstehen, sag ich, sofort.«

Mein Ton wird schärfer.

Sie streckt sich.

Sie reckt sich.

Gähnt.

»Warum denn, ich denke wir wollten heute faulenzen.«

Und kuschelt sich wieder in die Decke.

»Nix faulenzen, aufstehen. Es ist dringend.«

»Was kann denn so dringend sein?«

»Es schneit.«

»Bitte was?«

»Es schneit.«

»Ja und jetzt. Ist es Killerschnee, oder was daran ist so gefährlich?«

»Nein, aber mein Auto ist zu tief und Stichwort Sommerreifen.«

»Na, dann bleiben wir halt etwas länger liegen. Bis am Abend ist der Schnee weg.«

»Carolinchen, Spaßvögelchen, wenn es hier schneit, schneit es so lange, dass du deinem Giovanni mehr als drei Wochen Abwesenheit erklären musst, mit oder ohne Finnen.«

Caroline ist plötzlich hellwach.

Ich glaube, wir waren noch nie so schnell angezogen und haben noch nie so schnell gepackt.

Nachdem ich die Taschen und alles andere ins Auto gebracht habe, muss ich Margrith wecken.

Peinlich.

Erst die Aktionen gestern Abend, dann noch die finnische Kerze in der Nacht und jetzt das.

Ich klopfe.

Keine Antwort.

Ich klopfe wieder.

Ich höre ein Bett quietschen.

Verdächtige Geräusche.

Ich klopfe wieder.

Ein leises Stöhnen.

Ich klopfe lauter.

Das Bett quietscht weiter.

Ich klopfe lauter.

Es stöhnt lauter.

»Margrith, wir müssen gehen.«

Stille.

Ich klopfe nochmals.

Schritte. Schlurfen.

Die Tür geht auf.

Margrith steht vor mir.

Zerzaust, mit einem Laken um die Hüften, Busen frei baumelnd.

»Wos isch na loas?«

»Margrith, es schneit, wir müssen los. Mein Auto kommt sonst nicht mehr weg hier.«

Sie schlurft zurück und gibt den Blick ins Zimmer frei.

Ich sehe nur einen riesigen Schwanz und denke mir: Mein Gott ist der groß, als mich auch schon der Finne anlächelt, breitbeinig auf dem Rücken liegend auf dem Bett von Margrith.

»Jo, i kimm glei«, nuschelt sie vor sich hin.

»Offensichtlich«, denke ich bei mir.

Die Türe schließt sich wieder.

Das Gestöhne geht weiter.

Die werden doch nicht.

Seufz.

Sie werden nicht, sie tun.

Margrith lässt mich erst mal eiskalt vor der Türe stehen.

Margrith nimmt das wörtlich mit dem »ich komme gleich.«

Nun gut, wenigstens den Spaß soll sie haben.

Caroline wartet mit verschränkten Armen vor der Rezeption.

»Kommt Margrith gleich?«

»Wie man's nimmt. Jep.«

»Hä?«

Caroline versteht nicht.

»Naja, sie kommt bestimmt gleich, und herunter kommt sie auch gleich.«

Caroline sieht mich verständnislos an.

Ich glaube, ich muss da was aufklären. »Du erinnerst dich an die finnische Kerze von letzter Nacht in unserem Bett?«

»Hä?«

»Na, der Riesenschwanz.«

»Oh ja, natürlich, wie könnte ich dieses Teil vergessen.«

»Offensichtlich brennen finnische Kerzen länger.«

»Hä? Was ist los? Kannst du mal in ganzen Sätzen mit mir sprechen?«

»In ganzen Sätzen. Deutsch und deutlich gesagt: er besorgt es der guten Margrith grad, von hier bis nach Finnland und zurück.«

»Oh.«

»Ja, oh.«

»Ich dachte, er wär verheiratet.«

»Ja, ist er auch, aber seine Frau ist nicht hier.«

»Ist Margrith nicht auch verheiratet?«

»Wer wird denn gleich so pedantisch sein.«

»Aha.« Caroline blinzelt mich an.

»Ihr Mann wird im Stall sein.«

»Aha.«

Caroline ist verwirrt. Ich bin es auch, um ehrlich zu sein. Aber irgendwie geht uns das Ganze nichts an. Ich schüttle den Kopf, um wieder klar zu werden.

Wenig später kommt eine zerzauste Margrith herunter und lächelt uns völlig selig an. Sie sieht aus, als hätte man ihr sämtliche Sorgen aus dem Hirn gevögelt. Wir können endlich die Abrechnung von der Übernachtung machen und nach Hause fahren. Ich hab nicht mal Zeit, die Katzen zu kraulen, die vor der Haustüre warten.

Der Volvo wirkt heute leicht unkoordiniert im Schnee, aber weniger wegen dem Auto selbst als mehr wegen dem Tuning. Ich fahre mit ihm wie auf rohen Eiern. Es liegt schon richtig viel Schnee. Ich sehe kaum die Hand vor Augen. Ich traue mich kaum vorwärts auf der Straße. Wir sind hier in den Bergen, mitten in der Pampa, mit einem viel zu tiefergelegten Auto, das auch noch Sommerreifen drauf hat. Mein armer, heiß geliebter Volvo. Dazu ist es zappen duster, und in dieser Einöde gibt es nicht einmal Straßenlaternen. Scheißwetter. Scheißschnee.

Ich muss mich voll konzentrieren, wir fahren im Schritttempo. Mehr geht nicht.

Wir benötigen für die Strecke nach Bozen fast vier Stunden.

Ich schwitze beinahe Blut. Normalerweise wäre die Strecke in eineinhalb Stunden zurückgelegt.

Es schneit weiter.

In Bozen wird es langsam ein wenig leichter zu fahren.

Der Schnee lässt nach.

Caroline ist angespannt.

Ich bin angespannt.

Erst als die Situation entspannter wird auf den Straßen, entspannen auch wir uns.

Wir haben kein Wort geredet.

Nicht mal das Radio haben wir an.

Wir waren auf die Straße konzentriert.

Erst jetzt fällt uns auf, wie konzentriert und regelrecht verkrampft wir waren.

Erst jetzt kommen mir die Nachrichten von Benito in den Sinn.

»Lies die doch mal bitte«, sage ich zu Caroline, nachdem ich ihr erzählt habe, dass er geschrieben hat und reiche ihr mein Handy.

Sie staunt nicht schlecht, als sie die alle liest.

»Mann, der Typ hat echt 'n Problem.«

»Ich weiß.«

»Und du wärst natürlich am liebsten gestern am Fußballspiel gewesen.«

»Nein, wie kommst du da drauf?« Ich grinse.

Bei den unseren Aktivitäten von gestern wäre es vielleicht auch besser gewesen, ich wäre in die AFG Arena gegangen.

Gut, dann wäre mir die Venus in Shampoo entgangen und auch die finnische Kerze.

Wir lachen.

Wir plappern und lachen.

Auf dem ganzen Heimweg.

Vom Südtirol bis in die Ostschweiz.

»Was tue ich jetzt mit Benito?«

»Hm ..., was würdest du denn gerne tun?«

»Es ist irgendwie so kompliziert. Seit dem letzten Mal hat er völlig dicht gemacht.«

»Scheint kein Einfacher zu sein, dein Benito.«

»Ist nicht mein Benito.«

»Ja, leider.«

»Ja, leider.«

Als wir zu Hause sind, weiß ich immer noch nicht, was ich machen soll. Ich lade Caroline bei ihr zuhause ab und fahre zu mir nach Hause.

Mein Handy piepst schon wieder.

Benito.

»Hi Bella, warum meldest du dich nicht?« Eine weitere Nachricht von Benito.

Ich überlege mir, ob ich ihn anrufen soll.

Was ist, wenn ich wieder was Falsches sage?

Was ist, wenn ...

Keine Ahnung, ich schreibe eine Nachricht via Handy.

»Hi, ich war im Südtirol. Bin soeben nach Hause gekommen.«

Das Handy klingelt. Benito ruft an.

Ich gehe sofort ran.

Seine Stimme bringt mich zum Beben.

»Hi.«

»Hi.«

»Alles klar bei dir?«

»Ja schon und bei dir?«

»Ja logo, habe lange geschlafen heute. Gestern haben wir bis in alle Nächte gefeiert. Wurde ziemlich spät oder früh oder wie man es nimmt.«

»Danke für deine Nachrichten, ich hatte das Handy aus.«

»Ok.«

»Wollen wir uns treffen?«

»Ach, weißt du, ich habe gerade viel um die Ohren.«

Ich bin enttäuscht. Was soll das jetzt wieder?

»Aha.« Eine bessere Antwort fällt mir nicht ein.

»Aber du kannst dich ja wieder melden.«

»Sicher.«

»Bye.«

»Bye.«

Seltsam. Er klingt seltsam. Irgendwie distanziert.

Es ist als würde jemand in ihm Tauziehen. Hin und Her.

Zuerst schreibt er mir so viele Nachrichten, und jetzt hat er plötzlich keine Zeit mehr?

Ich komme mir abgefertigt vor.

Ich komme mir klein vor.

Wahrscheinlich habe ich wieder das Falsche gesagt.

Keine Ahnung. Es geht mir nicht gut.

Das Wochenende war auch nicht das Wunder, auf das ich gehofft hatte. Ich finde mich in der Küche wieder und mache erst mal Datteln im Speck.

Die Tücken der Technik

Die Arbeitswelt hat mich wieder, ich arbeite von früh bis spät. Ich komme früher in die Firma. Ich gehe später nach Hause. Bloß nicht nachdenken.

Meine Nachrichten, die ich an Benito schreibe, bleiben unbeantwortet.

Ich versteh den Mann nicht.

Keine Reaktion.

Ich rufe zwischendurch an. Er geht nicht ran.

Habe ich mir das alles eingebildet?

Langsam nervt mich das Ganze auch. Psychopath, echt.

Die Kurzarbeit im Geschäft zieht sich durch den ganzen Monat Mai, der FC St. Gallen zieht es immer mehr zu Niederlagen hin. Ich war an ein bis zwei Fußballspielen, alleine, in der Hoffnung, Benito zu sehen. Nichts. Kein Benito weit und breit. Es ist, als hätte es ihn nie gegeben. Nur mein Herz sieht das anders.

Und so knie ich mich in die Zahlen der Kurzarbeit-Abrechnungen, schreibe Arbeitszeugnisse, bringe dem Schefff Kaffee. Die Umsatzzahlen gehen weiter nach unten, unsere Bedenken leider weiter nach oben. Ich muss dringend mit Caroline reden, irgendwann, wenn der richtige Zeitpunkt ist. In den letzten Tagen hatte ich die ganze Sache völlig vergessen mit der Rettungsaktion »öliger Zylinder.«

Es ist Mittwochmittag, ich bin mit Caroline am See.

Wir haben uns fürs Mittagessen verabredet.

Mittlerweile ist der Frühling auch am Bodensee angekommen.

Vögel zwitschern, die Sonne gewinnt langsam an Wärme.

Spazieren und quasseln.

Wir verstehen uns immer besser.

Mein Handy klingelt, eine unbekannte Nummer.

Ich gehe sofort ran.

»Hi, ich bin's Larissa, weißt du, noch wer ich bin?«

Larissa?

Es dauert einen Moment, bis es mir dämmert.

Larissa, Larissa ... Klar, die vom Fußballspiel.

»Hi Larissa, klar doch. Das freut mich, von dir zu hören.«

»Hast du zufällig Zeit und Lust auf Fußball heute Abend?«

»Ähm ...heute Abend?«

»Ja klar, St. Gallen spielt gegen Thun.«

Ich überlege.

Caroline gestikuliert wild mit ihren Händen im Hintergrund, sie will wissen, was los ist.

Ich deute ihr mit Händen und Füssen, dass Larissa mit mir zum Fußball will.

Sie gestikuliert zurück, dass ich hingehen soll.

»Ja, klar, wann und wo?«

»Ich hab die Tickets schon, wir treffen uns um 18:00 Uhr vor der Treppe beim Fansektor.«

»Alles klar, ich werde da sein.«

Ich bin nervös.

Kommt nur Larissa?

Kommt Benito auch?

Warum ruft sie gerade heute an?

Ja, ich weiß, ich überlege zu viel.

Ich mache mich, soweit ich kann, locker und gehe davon aus, dass Benito nicht kommt heute Abend.

Warum auch?

18:00 Uhr.

Larissa ist noch nicht da.

Ich mag es, wenn Menschen pünktlich sind.

Vor allem, wenn ich so unsicher herumstehe.

Ich warte.

18:05 Uhr

Larissa ist immer noch nicht da.

18:15 Uhr

Larissa weit weg.

Keine Nachricht, kein Anruf.

18:30 Uhr.

Eine lachende Larissa fliegt auf mich zu, zwei Bier in der Hand, fällt mir um den Hals.

Bier wird verschüttet.

Nicht aufregen, Annika.

Locker bleiben.

Kein Benito.

Naja.

Ich hatte es ja eigentlich gewusst.

Dass er nicht kommt.

Aber gehofft hatte ich es doch.

Larissa und ich platzieren uns bei den Fans im Fansektor, wie üblich.

Fußballspiel, ole ole ole.

Viel Lärm.

Bier.

Bratwurst.

Ole Ole Ole.

Tore.

Gegentore.

FC St. Gallen verliert – leider einmal mehr.

Zuerst wird geschimpft.

Dann erörtert und analysiert. Ich finde es immer wieder spannend, wie die unsportlichsten Typen mit einem Bier und einer Zigarette in der Hand alle auf dem Spielfeld verurteilen können.

Hm ... ja, ist klar.

Seit Jahren kurz vor dem Kollaps beim Treppensteigen, aber Fachmann beim Fußball.

Schon klar.

Es macht mich schon traurig, dass der FC St. Gallen schon wieder verloren hat.

Aber es macht mich auch traurig, dass ich Benito nicht gesehen habe.

»Bevor ich es vergesse ... ich soll dir liebe Grüße von Benito bestellen.«

Larissa ist neben mir wieder aufgetaucht. Sie war auf dem Klo.

Wir stehen vor der Arena, wo sich die Fans nach dem Spiel noch treffen.

Sie hat mit ihm über's Handy Nachrichten ausgetauscht. Sie haben offenbar eine Vereinbarung, dass sie sich jeweils die Resultate bekannt geben, wenn einer nicht zum Spiel kommen kann.

Ein Stich ins Herz.

»Ah, danke.«

Ich versuche, teilnahmslos zu wirken.

Sie soll das ja nicht mitbekommen.

Larissa ist nett. Wir verstehen uns gut.

Sie arbeitet in einem Lokal am anderen Ende der Stadt.

Sie ist zwar viel jünger als ich, aber sie hat Reife und Persönlichkeit.

Und sie ist lustig.

Wir verstehen uns gut.

Wir wollen uns öfters sehen.

Nachher gehen wir noch in die Stadt, zwitschern gemütlich einen Cocktail nach dem anderen.

Sie erzählt mir aus ihrem Leben.

Ich erzähle ihr aus meinem Leben.

Benito lasse ich weg.

Ein netter Abend geht vorbei.

Am kommenden Wochenende darauf spielt der FC St. Gallen wieder auswärts.

Irgendwann mitten in der Nacht klingelt mein Telefon.

Es ist Benito. Er ist betrunken.

»Hi Bella, alles klar bei dir?«, lallt er mir ins Telefon.

»Ja alles klar, schön, dass du anrufst.«

»Warum sollte ich dich nicht anrufen?«

»Du hattest keine Zeit.«

»Für dich habe ich doch immer Zeit, mein Schatz.«

Wenn mich einer sehen könnte – Fragezeichen im Gesicht.

»Ok – und geht's dir gut?

»Ja natürlich, ich bin in Zürich. Wir feiern, dass St. Gallen schon wieder verloren hat.«

»Bist du alleine?«

»Fängst du schon wieder damit an?«

Ich fasse es nicht.

Ich will nur höflich sein, schon ist er wieder eingeschnappt.

»Ruf mich in zehn Minuten wieder an, ich kann grad nicht«, sagt er mir, lacht mit anderen Leuten herum und beendet das Gespräch.

Was ist los?

Eigentlich sollte ich es doch merken.

Nein, freue mich, dass er angerufen hat.

Es kann tausend Gründe geben.

Er meint es doch nicht böse.

Ich rufe in zehn Minuten wieder an.

»Hi Benito, ich bin's.«

»Du schon wieder?«

»Du hast gesagt, dass ich anrufen soll.«

»Hab ich – klar mein Schatz, ruf mich in zehn Minuten wieder an, ich kann grad nicht.«

Das Spielchen treibt er eine gute Stunde mit mir.

Ich bin einfach zu gut erzogen.

Ich rufe ihn jedes Mal wieder an.

Er ist betrunken und nett.
Und er flirtet mit mir.
Vielleicht geht es ihm nicht gut.
»Meine Bella, was machen wir uns das alles so kompliziert, eigentlich möchte ich nur von dir geliebt werden.« Seine Aussage nach rund zehn verschiedenen Anrufen in dieser Nacht.
Ich bin sprachlos. Weiß er, was er da sagt?

Am nächsten Tag ist er noch immer betrunken. Wir haben seit Samstag (es ist Montagmorgen) dauernd telefoniert und Nachrichten hin- und hergeschickt.
Telefonieren.
Nachrichten
Und so weiter.
Einmal will er mich.
Einmal will er mich nicht.
Ich verstehe die Welt kaum noch.
Oft ist er nett und liebenswürdig.
Dann wie ein Dämon wieder beleidigend und arrogant.
Ich verstehe diesen Mann nicht.
Aber ich hoffe, dass sich irgendwann alles aufklärt und er sich ändert.
Könnte eine gespaltene Persönlichkeit sein oder einfach nur der Blues der vergangenen Monate. Vielleicht sollte ich die Finger von ihm lassen. Aber ich höre nicht auf die inneren Zweifel.

Ich weiß nicht, was ich davon halten soll.
Er ist bis am Montagmorgen immer noch in Zürich.
Immer noch unterwegs.
Und immer noch betrunken.
Es ist ein Auf und Ab an Zurückweisung, Liebeserklärung und Hin und Her.
Ich will es mir nicht wieder verscherzen mit ihm.
Ich lasse mir alles gefallen von ihm.

Ich will ihm gefallen.

Wenn er nur nicht wieder so verletzt ist und sich zurückzieht.

Wenn ich nur nicht wieder so etwas anstelle wie an jenem Abend.

Ich möchte ihn nicht verlieren.

Es nervt, wie er mich behandelt.

Aber vielleicht behandelt er mich nur heute so.

Vielleicht.

Vielleicht auch nicht.

Ich will ihn unbedingt – egal um welchen Preis.

Ich ignoriere mein Bauchgefühl, das mir sagt, dass ich das Ganze beenden soll.

Die nächsten Tage zeigen, dass er nicht mehr weiß, was er mir erzählt hat. Dann gibt es Momente, in denen ich klar merke, dass er weiß, was er mir gesagt hat, aber das unter dem Deckmantel des Alkohols klar verneint oder sich vielleicht sogar dumm stellt. Schließlich verstehen wir uns per E-Mail und per Nachrichten auf dem Handy immer wieder falsch, bis er genervt den Kontakt abbricht. Es scheint mir aber, als ob er die Grenzen sucht und mich dann anschließend abfertigt. Ich komme mir laufend so vor, als wären alle Fehler nur bei mir passiert.

Ich gehe alles in Gedanken wieder und wieder durch.

Die Tücken der Technik.

Es scheint, als *wolle* er alles falsch verstehen.

Als komme es ihm gerade recht.

Es ist ein Tauziehen der Gefühle.

Ich merke doch, dass ich ihm nicht egal bin.

Wie sagt man so schön: Betrunkene und kleine Kinder sagen die Wahrheit.

Und immer unter Alkohol verzapft er etwas von Liebe und Lieb haben?

Rede ich mir das nur schön?

Das konnte ich bei Karl schon sehr gut.

Die nächsten Wochen sind schlimm für mich.

Ich schreibe Benito mehrere Nachrichten übers Handy.

Keine Antwort.

Ich lasse ihn in Ruhe.

Keine Antwort.

Ich schreibe ihm E-Mails.

Keine Antwort.

Ich lasse ihn in Ruhe.

Keine Antwort.

Ich rufe ihn an.

Er nimmt den Anruf nicht entgegen.

Ich gebe auf.

Ich bin traurig.

Loslassen.

Vergessen.

Dann ruft Benito mich an.

Er will mit mir zum Fußball. Der FC St. Gallen spielt in Steinach.

Eine Ausnahme.

Es ist irgendein Freundschaftsspiel.

Ich habe den Fußball in den letzten Wochen komplett zur Seite gestellt.

Wir gehen gemeinsam hin, so haben wir es vereinbart.

Er holt mich mit seinem Cabriolet ab.

Ich weiß nicht, worüber ich mit ihm reden soll.

Die Atmosphäre ist eisig.

Wir schweigen oder reden nur belangloses Zeugs, bis Benito mir schließlich von seiner neuen Freundin erzählt. Sie wäre am St. Galler Open Air, und aus diesem Grund sei er heute alleine unterwegs.

Ich bin geschockt und wäre am liebsten sofort aus dem Auto gesprungen.

Eine Freundin?

Bin ich so daneben, dass ich mir alles eingebildet habe?

Ich bin sprachlos. Ich könnte kotzen – auf der Stelle.

Und ich bin auch so naiv, dass ich dachte, er wolle mich sehen, dabei ist er einfach alleine und braucht einen Lückenbüßer für das Spiel.

So dumm kann auch nur ich sein.

Ich bin nicht mehr in der Lage zu antworten.

Tausend Gedanken kreisen um mich.

Die Welt dreht sich.

Ich könnte im Strahl kotzen.

Er fragt mich, was denn los sei.

Zuerst kann ich nicht antworten. Dann …

Ich sage ihm, ich müsse wohl meine Einstellung zu ihm ändern.

Er sagt, ich müsse gar nichts ändern.

Ich verstehe die Welt jetzt komplett nicht mehr.

Ich will nach Hause.

Am liebsten würde ich auf der Stelle nach Hause laufen.

Am liebsten würde ich weglaufen.

Ich halte die Tränen zurück.

Benito ist eisig, herablassend und arrogant.

Wir gehen gemeinsam noch essen.

Er besteht darauf.

Zu unserem gemeinsamen Freund Michele, in die Pizzeria Fontana in Goldach.

Wir versuchen, die Stimmung aufzuheitern.

Beziehungsweise, ich versuche das.

Oder mich selbst, je nachdem.

Er bleibt weiter herablassend.

Er gibt mir das Gefühl, alles falsch zu machen.

Ich bin es, die alles falsch macht.

So fühlt es sich jedenfalls ab.

Als er mich später nach Hause fährt, frage ich ihn, ob er noch mit nach oben kommen wolle.

In meiner Verzweiflung mache ich ihm sogar Avancen und könnte mir sogleich wieder auf die Zunge beißen, noch bevor ich es fertig ausgesprochen hatte.

Er gibt mir zu verstehen, dass er das nicht wolle, er wisse, was sich gehöre und wohin er gehöre. Was bin ich doch für ein Trottel. Und so mache ich alles nur noch schlimmer und reite mich noch tiefer in den Sumpf der Gefühle.

Er gibt mir klar zu verstehen, dass ich zuerst einmal erwachsen werden solle. Schließlich seien wir nur gute Freunde, und ein solches Verhalten würde er nur von Teenagern kennen, die einen Star anhimmeln.

Wenn ich je seine Partnerin hätte werden wollen, hätte ich mich gefälligst auch so verhalten sollen. Ich wäre noch so naiv und jung.

Der hat gesessen.

Ich bin verzweifelt.

Wer macht denn schon alles richtig?

Ich bin am Boden zerstört.

Welche Strategie wäre wohl die Richtige gewesen?

Trotz der schönen Sonne ziehe ich mich in den nächsten Stunden zurück und weine.

Es zerreißt mich beinahe.

Ich weine das ganze Wochenende durch.

Ich tue mir auch noch leid.

Niemand ruft an.

Niemand hört meinen Schmerz.

Niemanden interessiert es, wie es mir geht.

Benito schon gar nicht.

Seine neue Freundin ist gut zwanzig Jahre jünger.

Ich war offenbar gerade verfügbar für das Fußballspiel.

Hatte gerade Zeit.

Lückenbüßer.

Was bin ich für ein Idiot?

Was meinte er mit: Ich solle mich auch wie eine Partnerin verhalten? Was meinte er damit, ich solle endlich erwachsen werden? Ich kann doch auch nicht aus meiner Haut.

Ich liebe diesen Arsch immer noch.

Kleenex.

Tränen.

Schmerz.

Höllischer Schmerz.

Es tut weh, und es tut weh.

Es hört nicht auf, weh zu tun.

Am Sonntagabend fahre ich ziellos in der Gegend herum und schreie einfach.

Ich schreie im Auto, damit ich den eigenen Schmerz nicht mehr höre.

Ich schreie und weine.

Der Schmerz ist doch lauter.

Ich schreie.

Es hilft nichts.

Mein Herz schreit lauter.

Ich schreie weiter, bis ich die Stimme verliere.

Die Beichte

Als ich am Montagmorgen zur Arbeit komme, fragt mich mein Schefff, ob jemand gestorben sei.

Ja, eigentlich schon.

Mein Leben.

Meine Würde.

Mein Stolz.

Mein Traum.

Mein Herz.

Mein Hirn.

Jeder Normalsterbliche hätte schon längst beendet, was ich mir antue.

Aber ich spüre, dass da was ist.

Ich bin doch nicht vollständig verblödet.

Ich merke schon, dass es nicht richtig ist.

Aber ich kann nicht anders.

»Jetzt holen Sie mir mal einen Kaffee, dann sprechen wir uns mal aus, ja?«

Mein Schefff ist ein Goldschatz, er weiß schon, wann ich jemanden zum Reden brauche.

Ich erzähle ihm aber nicht alles, er würde mich für verrückt erklären, wenn er das alles wüsste.

Ich erzähle ihm nur die Light-Version.

Das reicht schon.

Er meint, Benito hätte mich nicht verdient.

Ich hätte was Besseres verdient.

Der sei es nicht wert, ich solle den vergessen.

Wenn das so einfach ginge.

Er baut mich auf und erklärt mir, dass ein Mann sich von sich aus meldet, wenn er sich für eine Frau wirklich interessiert. Er erklärt mir auch, dass alles andere nur Ausreden seien. Es ist schwer zu glauben, aber in seinen Augen muss eine Frau einfach nur sie selbst sein. Egal, wie zickig sie ist und welche Falten sie hat, welchen Speck am Hintern oder wie kompliziert die Situation des Mannes sei – wenn ein Mann wirklich was von einer Frau wolle, dann finde er einen Weg, sich mit ihr zu treffen und ihr zu sagen, dass er sie liebe. Alles andere seien Kinkerlitzchen und Kindergartenkram. Es baut mich nicht auf, dass er sich das so einfach vorstellt. Das ist vielleicht in seiner Welt so, aber nicht in meiner.

Er muntert mich mit netten Geschichten aus seiner Familie auf. Als Spanier hat er natürlich überall Verwandte, verteilt auf dem Erdball, und haufenweise Geschichten dazu.

Ich höre ihm gerne zu. Es tut gut, ein wenig Familienalltagsgeschichten zu hören.

Er erzählt mir von seinen Söhnen und von seiner Mercedes, die schon wieder den Schweizer Meistertitel im Salsa Cubana geholt hat.

Ich sehe sein Leuchten in den Augen.

Er tanzt Wochenende für Wochenende bis morgens um vier Uhr durch die Discos und bringt mir liebe Grüße von den Auszubildenden mit am Montagmorgen, die er des Nachts in den Clubs getroffen hat.

Und ich?

Ich warte auf einen Möchtegern-Halb-Italiener, der nicht weiß, was er will.

Beziehungsweise, der mich nicht will.

Und ich will es offensichtlich nicht wahrhaben.

Leide an krankhafter Einbildung.

Ist es wirklich so, wie mein Schefff sagt?

Ist es so einfach?

Kann man eine Zicke wirklich lieben? Ich meine, muss man sich nicht bemühen um Liebe?

Hm …

Kopf-Kino.

Jetzt müssen wir aber erst einmal die Firma retten.

Genau zu richtigen Zeit klopft es, und Caroline steht vor der Türe.

Schefff und ich, wir sehen uns an.

»Caroline, setz dich, wir müssen mit dir reden.«

Sie sieht uns entgeistert an und setzt sich hin.

Caroline fühlt sich, als würde sie dem Henker vorgeführt werden.

»Wir brauchen deine Hilfe.«

»Ähm … ok, worum geht es?«, fragt sie vorsichtig.

»Wir müssen uns gegenseitig gegen unsere Chefs verschwören und unsere Arbeitsplätze retten.«

Caroline sieht aus, als ob ich sie gefragt hätte, ob sie mich heiraten wolle.

»Schau Caroline, ihr habt die Aufträge und keine Leute. Wir haben die Leute und keine Aufträge. Ergo, eins und eins gibt gute Umsatzzahlen und sichere Arbeitsplätze für beide Seiten.«

Caroline sieht mich immer noch an, als würde ich sie heiraten wollen.

Sie blinzelt endlich wieder.

Juhu, sie lebt noch.

Ein Lebenszeichen.

»Du bist zwar gut, aber du vergisst, dass Sennhauser und Liebermann nicht miteinander reden und sich gepflogen aus dem Weg gehen. Die Stimmung ist – um es nett auszudrücken – frostig bis eisig.«

»Ja, und genau hier kommen wir ins Spiel«, meint mein Schefff verschwörerisch.

»Wieso wir?«, will Caroline wissen.

Mein Schefff und ich lächeln uns verschwörerisch zu.

Wir weihen Caroline in unseren Plan ein.

Sie lächelt jetzt auch verschwörerisch.

Aktion »ölige Zylinder« geht weiter. Eintrag ins Logbuch: Wir haben eine weitere Verbündete gefunden und eingeweiht.

Dr. Liebermann ist Geschäftsführer, und aus welchen Gründen auch immer, kann er nicht mit Herrn Sennhauser von der Connally. Die Beiden scheinen sich regelrecht zu hassen.

Es lässt sich nicht immer vermeiden, dass die Beiden aufeinandertreffen. Schließlich sind beide Firmenbosse im selben Gebäude. Der Eine ist zudem noch der Vermieter des Anderen. Eisig, aber nett, gehen sie miteinander um.

Wie unsere Recherchen ergeben haben, lieben beide die Sportart Golf. Ergo suchen wir nach etwas, was mit Golf zu tun hat. Am 1. Juni findet ein großes Golf-Turnier statt, und zwar in einer Indoor-Anlage am Bodensee.

Und der Inhaber dieser Firma ist ein guter Freund von meinem Schefff.

Und dieser gute Freund wird die Beiden einladen.

Zur selben Zeit.

Die Teilnehmerteams sollen ausgelost werden.

Und der Inhaber wird die Lose so präparieren, dass die beiden Herren im gleichen Zweier-Team sind.

Golf verbindet.

Vor allem verbindet Golf, weil es so lange dauert.

Und niemand hört ihnen zu, grins.

Nur die Beiden alleine.

Die beiden Männer müssen miteinander sprechen.

Und keiner kann fliehen.

Eine brillante Idee.

Wir sehen die Arbeitsplätze schon als gerettet.

Das Golf-Event kann kommen.

Als Caroline wieder weg ist, erzählt mir mein Schefff, dass er sich diese Nacht verletzt hat.

Er erzählt mir von seinem Nachbarn.

Ein verrückter Kerl.

Ein Weltenbummler, der ständig neue Leute in seiner Wohnung beherbergt.

Hans-Dieter.

Ein Deutscher.

Einer von der verrückten Sorte.

Hans-Dieter wohnt in der obersten Etage im Haus, in dem auch mein Schefff wohnt. Eine riesige Maisonette Wohnung. Sieben Zimmer hat der Deutsche.

Diese Nacht hat er ihn um halb zwölf angerufen, er habe den Schlüssel für seine Wohnung für eine Kollegin hinterlegt, in einem der Blumentöpfe im Garten meines Schefff's.

Das Problem? Mein Schefff hat rund 220 Blumentöpfe auf der Veranda. Hans-Dieter konnte nun nicht mehr genau sagen, in welchem der 220 Blumentöpfe er den Schlüssel hinterlegt hat.

Mein Schefff hat gesucht wie ein Verrückter.

Im Dunkeln.

Lange.

Kein Licht auf der Veranda.

Gestolpert.

Dabei hat er sich die Zehen verletzt.

Mercedes hat eine Taschenlampe gefunden und ihm den Weg gewiesen.

Oder erleuchtet, wie man's nimmt.

Eine Mini-Taschenlampe für den Schlüsselbund.

Man kann sich vorstellen, wie sich das abgespielt hat.

Ich stelle mir die Bilder vor.

Gegen zwei Uhr morgens haben sie den Schlüssel dann gefunden.

Halberfroren.

Und ziemlich säuerlich.

Mit kaputten Zehen.

Ich hab mich halb totgelacht bei der Story.

Mein Schefff weniger.

Es tut gut, wieder zu lachen.

Neuerdings lässt Hans-Dieter eine Yoga-Tante in seiner Wohnung leben und Yoga machen.

Sie hat offenbar die ganze Wohnung umgebaut zum Fitness- und Yoga-Tempel.

Und mein Schefff trifft im Hausflur nun auf die wildesten Yogis, die sich in die oberste Etage aufmachen, um dort Yoga zu praktizieren.

Mein Schefff bringt mir Croissants zum Frühstück oder Süßigkeiten, wenn er vom Lunch wieder ins Büro kommt. Er meint es gut, heitert mich auf, lenkt mich ab. Er will unbedingt, dass es mir besser geht und deckt mich zu mit den üblichen Sprüchen, dass andere Mütter auch schöne Söhne hätten, dass ich froh sein soll, dass ich ihn nicht gekriegt hätte, wer weiß, wie das herausgekommen wäre, und wie toll es sei, dass ich jetzt noch frei sei für den perfekten Mann. Dennoch denke ich die ganze Zeit an Benito. Es ist wie verhext.

Ich kriege ihn nicht aus dem Kopf.

Ich muss ihn loslassen.

Er hat eine Freundin.

Das gehört sich nicht.

Weh tut es trotzdem.

Es vergehen Wochen.

Ich weine.

Ich denke weniger an ihn.

Ich weine weniger.

Er ist immer noch präsent, aber meine Ablenkungsmanöver werden immer besser.

Die Zeit vergeht.

Die Wunden heilen leider nicht, sie tun nur nicht mehr jeden Tag so schreiend weh.

Die Schreie werden leiser.

Die Wunden bleiben. Sie schreien kaum noch.

Aber sie schreien noch.

Vielleicht höre ich auch nicht mehr so hin.

Mit Larissa habe ich regelmäßigen Kontakt.

Wir tauschen uns viel über das Handy aus oder telefonieren.

Ich besuche sie öfters in dem Lokal, in dem sie arbeitet.

Benito erwähne ich nicht.

Bis sie mich eines Abends auf Benito anspricht.

»Sag mal Süße, Benito war gestern hier mit so 'ner Schnalle.«

Dolch – mitten ins Herz.

»Hm …«

Das ist das Einzige, was ich sage.

Larissa sieht mich fragend an.

»Was ›hm ..‹? Ich dachte, ihr seid zusammen?«

»Wer ich – und Benito? Wie kommst du auf so was?«

»Naja, das sieht doch ein Blinder, was los ist zwischen euch.«

»Tja, das siehst offenbar nur du so.«

»Come?« Larissa sieht mich fragend an.

»Ach, Larissa, es ist besser, wenn ich dir darüber nichts erzähle. Du bist mit Benito befreundet, es gehört sich nicht, wenn ich mich über ihn bei dir auslasse.«

Larissa hebt die Augenbrauen.

»Jetzt mach mal halblang, ja? Ich kenne Benito und mag ihn, aber *wir zwei* haben uns richtig angefreundet. Du meldest dich, kommst vorbei und, und, und … Außerdem will ich jetzt wissen, was los ist. Irgendwas stimmt doch hier nicht.«

Ich überlege lange.

Soll ich ihr wirklich alles erzählen?

Was genau soll ich ihr erzählen und wie viel davon?

Wir sind mittlerweile wirklich gut befreundet, und einem Freund sollte man wirklich alles erklären dürfen.

Und Benito meldet sich so gut wie nie bei Larissa, bestellt höchstens mal eine Pizza oder so, wie sie sagt.

Er ist ein Showman, so viel sollte ich kapiert haben.

Ein Blender.

Mehr nicht.

Heiße Luft.

Nichts dahinter.

Aber leider blende ich das noch immer aus oder will es nicht wahrhaben.

»Ich warte …« Larissa steht mit verschränkten Armen vor mir und tippelt ungeduldig mit dem rechten Fuß.

»Ok, also gut …« Ich setze an und erzähle Larissa alles. Leider gelingt es mir nicht, die Tränen wegzulassen, und Larissa ist geradezu schockiert.

»Er war gestern mit einer jungen Frau hier. Die passt überhaupt nicht zu ihm. Ich kann sie zudem nicht leiden. Nicht wegen dir, ich kann sie wirklich nicht leiden. Und sie passt auch nicht zu ihm. Sie hat null Ausstrahlung. Sie ist wie ein Kind, grauenvoll, wie sie sich aufführt. Und – hey, das ist ehrlich meine Meinung: Du gehörst an seine Seite. Ich weiß, dass er dich liebt. Ganz sicher Annika, ich bin mir so sicher.«

Ich wische mir die Tränen aus dem Gesicht.

Es tut gut, das zu hören. Ich will eigentlich nur das hören, was Larissa sagt. Und sie muss es doch eigentlich wissen, sie kennt ihn schließlich gut.

»Soll ich mit ihm reden?«, fragt mich Larissa.

»Soweit kommt's noch, dass du mit ihm redest, wir sind nicht mehr im Kindergarten.«

»Ja, aber du redest ja offenbar nicht mit ihm, und er nicht mit dir.«

»Ich kann nicht.«

»Natürlich kannst du, du musst um ihn kämpfen.«

»Nein, nicht nach der letzten Begegnung.«

»Aber du musst doch reden mit ihm.«

»Ich bin blockiert, wenn ich mit ihm rede.«

»Das verstehe ich nicht, du bist derart selbstsicher, hast alles im Griff, aber sobald er in der Nähe ist, ist alles blockiert.«

»Ja, genau, so ist das leider. Der Präsident der Vereinigten Staaten könnte vor mir stehen, da hab ich null Probleme, aber sobald er …« ich verstumme.

Larissa sieht mich an.

»Ich kann das nicht ganz verstehen. So, wie er dich angesehen hat, so wie er von dir spricht, so wie er mit dir umgeht. Der Fall ist eindeutig. Das kann doch nicht einfach von heute auf Morgen weg sein. Ich meine, er hat dich auf so spezielle Art angesehen, ich bin doch nicht blind. Allen anderen ist es doch auch aufgefallen. Jedem ist es aufgefallen.«

Was soll ich darauf sagen?

Er hat seine Freundin deswegen trotzdem immer noch.

Soll ja auch so sein.

Ich sollte es ihm doch gönnen, dass er glücklich ist.

Ist er glücklich?

Ich weiß es nicht.

Ich hoffe es und wünsche es ihm.

Auch wenn es mir das Herz bricht.

Irgendwie tut es mir gut, dass Larissa mir so zuspricht.

Ich weiß auch, dass sie mir nicht nach dem Mund redet, sondern ehrlich mit mir ist.

So gut kenne ich sie inzwischen schon.

Trotz allem bin ich verunsichert.

Irgendwie versteh ich die Welt jetzt noch weniger.

Vor allem, weil mir Larissa auch sagt, die junge Frau sei kindisch.

Benito hat mir eben genau das vorgeworfen.

Nach dem Gespräch verkrieche ich mich wieder zu Hause und grüble.

Ich weiß, ich sollte rausgehen, aber irgendwie krieg ich das nicht gebacken.

Ich habe überall Angst, dass ich auf ihn treffe, womöglich noch zusammen mit ihr.

Klar, die gesamte Ostschweiz wartet darauf, ihn mir auf den Hals zu hetzen.

Ich bleibe lieber zu Hause.

Und so fange ich an, die Wohnung rauf- und runterzuputzen, staple sämtliche Bücher neu, und wenn ich fertig bin, räume ich wieder um und sortiere alles neu.

Ich hatte selten eine so klinisch saubere Wohnung.

Es glänzt geradezu.

Das nenne ich Putzen im Innen und Außen.

Gründliche Reinigung.

Elektrisches Fieber

Ich fühle mich immer schlechter in meinem Zuhause, auch, weil die Wohnung einfach nicht meiner Erholung dient. Das regelmäßige wöchentliche Gestöhn nebenan macht es nicht einfacher. Ich höre jeden Nachbarn eins zu eins in meinen vier Wänden. Der Lärm, einfach alles ... Ich höre den Lärm über mir, ich höre den Lärm unter mir und eben dieses Gestöhne ... Ein wenig Erotik und Romantik würde auch mir wieder einmal gut tun.

Das Ehepaar über mir ist vor ein paar Wochen Eltern geworden.

Ein kleiner Junge.

Und natürlich hat sich dieser neue Mensch genau eine Dreimonatskolik ausgesucht, die er zwischen Mitternacht und drei Uhr früh lautstark mitteilt.

An Schlaf ist in dieser Zeit nicht zu denken.

Ich denke dafür an Anderes, an Benito zum Beispiel.

Das hilft mir aber auch nicht in den schlaflosen Nächten.

Das Kind schreit.

Ich freue mich ja für das Ehepaar.

Aber können die Dreimonatskoliken nicht kürzer sein, bitte?

Ich erschrecke, als ich in den Spiegel schaue und mich dunkle, schwarze Ringe unter den Augen anblinzeln.

An einem wunderschönen Sonntagmorgen denke ich mir, ich könnte ein wenig ausgedehnter frühstücken als sonst und erlaube mir, mit aufwendigem Kochen ein geniales Mahl hinzuzaubern. Alle Töpfe und Pfannen werden gebraucht, Pfannkuchen gebraten, Rösti mit Speck und Spiegeleiern, gekochte Eier, frische

Brötchen mit allem Drum und Dran. Ich weiß jetzt schon, dass ich nur einen Bruchteil davon esse, aber irgendwie ist das Kochen Therapie und Ablenkung.

Als ich schnell zur Toilette gehe und die Töpfe nur einen Augenblick aus den Augen lasse, ertönt ein Riesenknall durch die ganze Wohnung.

Ich sitze auf der Kloschüssel, als der Knall passiert.

Ich schaffe es gerade noch, die wichtigsten Grundarbeiten auf dem Klo fertig zu verrichten und düse schon in die Küche. Da sehe ich das Desaster. Eine Pfanne liegt am Boden, der Glaskeramikherd glüht, und er hat mitten durch die gesamte Oberfläche einen riesigen Riss.

Oh mein Gott.

Ich schaffe es gerade noch, den Herd auszumachen und die restlichen Töpfe wegzuziehen, bevor die ersten Flammen vor mir aufflackern. Ich werfe ein Tuch darüber und kann so Schlimmeres verhindern. Ich war gerade mal für zwei Minuten auf dem Klo und hatte für den Herd noch nicht einmal das Maximum eingestellt.

Ich telefoniere mit Caroline, die sich fast kaputt lacht und gleichzeitig Sorgen macht.

»Da sind wohl einige erhitzte Gemüter am Werke bei dir«, lacht sie. »Aber geht es dir gut", will sie anschließend wissen. Es ist keine Feststellung, es ist mehr eine Frage.

»Ich kann leider nicht kommen, Giovanni hat dem Essen seiner Schwester zugesagt, wir treffen uns dort«, erklärt mir Caroline. Es ist meistens so, wenn ich sie außerhalb der Arbeit anrufe, dann hat Caroline etwas vor. In wenigen Fällen, ja, da hat sie Zeit für mich, aber oft höre ich den Satz »Giovanni hat …«

Ich komme nicht auf die Idee, das zu hinterfragen.

Trotzdem komme ich mir irgendwie »weggestellt« vor.

So, als wenn man mich hervornehmen könnte, wenn man mich braucht.

Wie ein Staubsauger.

Karl konnte das ebenfalls gut.

Abends und am Wochenende sehe ich Caroline so gut wie nie.

Ich brauche ein wenig Zeit, um mich zu erholen und betrachte das Desaster in der Küche. Dann gehe ich duschen, jetzt ein wenig Wasser einfach nur über mich herunterkullern lassen. Ich bin mir bewusst, dass ich einen sehr guten Schutzengel hatte. Als ich nach der Dusche dann am Lavabo stehe und den Wasserhahn hin und her schwenke, gibt es den nächsten Knall, und Wasser spritzt mir entgegen.

Scheiße, was ist mit dieser Wohnung los?

Geht alles zu Bruch?

Was soll ich nur tun?

Es hört nicht mehr auf, ich halte die Hand auf den einen Strahl, um ihn zu bändigen, dann spritzt es aus dem zweiten. Dann versuche ich, mit der einen Hand, den einen Strahl zuzuhalten und mit der zweiten den anderen. Irgendwie fehlen mir Hände, es geht ein dritter Strahl auf, ich bin von unten bis oben nass, und das Wasser verteilt sich über die Wände, hinauf zur Decke und natürlich hinab auf den Boden.

Was tut man in einer solchen Situation?

Ich fange an zu schreien.

Wenn es so weitergeht, ist bald die ganze Wohnung unter Wasser.

Soll doch so ringhörig sein in dem Haus, dann sollten sie doch mein Schreien jetzt auch hören.

Das Wasser spritzt in immer größeren Mengen aus dem Loch, wo vorher der Wasserhahn war, direkt in mein Gesicht, auf das Badetuch, dass ich umgebunden habe und auf den Boden.

Ich schreie weiter um Hilfe.

Hört mich denn keiner?

Ich kann nicht weg, sonst fließt noch mehr Wasser in den Raum.

Alles wird nass.

Alles ist nass.

Überall Wasser.

Das Wasser ist kalt.

Ich sehe aus wie ein begossener Pudel.

Scheiße, der ganze Boden ist voll, und es rinnt weiter.

Der Boden füllt sich langsam, das Wasser verlässt das Badezimmer, schleichend, aber immer weiter.

Niemand kommt.

Das Badetuch löst sich und fällt runter.

Ich bemerke es gar nicht.

Völlig nackt stehe ich da, pitschnass und versuche verzweifelt, zu retten, was zu retten ist.

Ich schreie weiter und versuche, den Schaden in Grenzen zu halten.

Das Wasser ist unaufhaltsam.

Meine Füße stehen im Wasser. Was, wenn ich jetzt loslassen würde?

Ach scheiß drauf, es ist ohnehin nicht aufzuhalten.

Der Haupthahn.

Ich muss den Haupthahn zudrehen.

Ich schreie um Hilfe.

Es klingelt an der Türe.

»Ja, nur hereinkommen«, schreie ich der Haustüre entgegen.

Rudi steht kurz darauf vor mir und schaut mich spitzbübisch an.

Ich merke erst jetzt, dass ich nichts anhabe. Mira steht in der Türe, sie schaut mich schockiert an.

»Ja, ich weiß, ich hab nichts an – Mensch, scheiße, ihr könnt nachher wieder glotzen. Jetzt helft mir bitte, bevor das ganze Haus unter Wasser steht.«

Rudi gibt sich endlich einen Ruck und rennt die Treppe hinunter. Er brummelt was von Haupthahn, und Mira sieht mich noch immer wie versteinert an.

»Vielleicht wäre es hilfreich, wenn du mir was zum Anziehen holen würdest.«

Sie dreht sich um und geht zurück in ihre Wohnung. Wenig später kommt sie mit einer Riesenunterhose zurück und mit einem seltsamen T-Shirt.

»Ich hab dir was von mir mitgebracht.«

Die Unterhose könnte ich glatt beim nächsten Campingurlaub als Sonnenschirm benutzen. Das T-Shirt möchte ich gar nicht kommentieren. Besser als nackt. Ich bin ja sowieso gleich wieder völlig durchnässt. Das Wasser spritzt weiter, Gott sei Dank habe ich keine Teppiche.

Endlich. Ruhe.

Das Wasser hat aufgehört zu fließen.

Ich wate im Wasser durchs Badezimmer.

Mira macht sich auf mein Anraten hin auf den Weg, um die Nachbarn zu informieren, damit die wissen, was los ist.

Ich bin völlig erschöpft.

Als sie wieder da ist, sieht sie sich um.

Dann ...

Mira steht neben mir und schaut sich das Badezimmer an, welches komplett verwüstet aussieht.

Sie wirkt, als wäre sie beleidigt.

»Was ist los, Mira, ich kann dafür nichts.«

»Dafür nichts ...«

»Aber wofür denn?« Ich erzähle ihr erst einmal, was mit dem Herd passiert ist, und dass das Alles ein wenig viel auf einmal heute ist. Dennoch ist sie noch immer eingeschnappt, und ich weiß nicht, was los ist.

»Mira, was ist los?«

»Erst das auf dem Balkon, und jetzt das. Du lässt keine Gelegenheit aus, meinen Rudi anzuflirten und ihn heiß zu machen. Du solltest dich was schämen, könntest doch Männer in deinem Alter haben. Warum willst du meinen Rudi?«

Sie verschränkt die Arme und zieht eine beleidigte Miene.

Halt.

Ich dachte eigentlich, gerade wäre ich die arme Sau.

Jetzt ist es Mira?

Warum?

Hä?

Balkon?

Heiß machen?

Ich verstehe nur Bahnhof.

Keine Ahnung, was Mira meint.

Ich stehe völlig durchnässt in einer überfluteten Wohnung mit einem explodierten Herd in einem beschissenen T-Shirt, einer übergroßen Unterhose und weiß nicht wirklich, was jetzt genau das Problem von Mira sein könnte.

Sie redet immer vom Balkon, und dass Rudi seither nur noch Augen für mich hätte.

Hä?

Was ist mit dem Balkon? Worum geht es hier eigentlich?

Rudi hechtet die Treppe hoch und lächelt mich an.

»Danke dir, Rudi.«

»Ist sehr gerne geschehen, schöne Frau.«

Er lächelt mich mit seinen gelben Zähnen und seiner Zahnlücke an.

Gott, ist der Mann hässlich.

Sorry, tut mir Leid, ich sollte dankbar sein für seine Hilfe und nicht noch herummäkeln an ihm.

Mira ist noch immer beleidigt.

Und kocht gleich über.

»Was zur Hölle geht hier eigentlich vor, Mira, was ist los?«

»Frag doch Rudi.«

»OK, dann Rudi, was ist hier eigentlich los?«

Dabei wende ich mich an ihn und sehe ihn fordernd an.

»Ich weiß jetzt nicht genau, was du meinst, aber deine Aktion auf dem Balkon, also weißt du, das ist schon echt heiß. So was macht auch einen alten Mann wie mich an.«

Fragezeichen.

Was für eine Aktion auf dem Balkon?

»Ähm Rudi, ich weiß jetzt nicht genau, was du meinst, was für eine Aktion auf dem Balkon?«

»Ach, komm doch Annika, du wolltest uns Männer doch absichtlich ein wenig reizen. Es ist dir wirklich gelungen.«

Wenn ich wüsste womit, vielleicht.

Aber ich weiß nicht, worum es geht und habe auch keine Idee dazu.

Außerdem kann ich mich an keinen Mann im Hause erinnern, der meine Aufmerksamkeit so auf sich gezogen hätte, dass ich ihn hätte heiß machen wollen.

Offenbar muss Rudi was gesehen oder erlebt haben, wovon er glaubt, dass es mit mir zu tun hat, und es muss auf meinem Balkon stattgefunden haben.

Habe ich meinen Haus-Schlüssel jemand anderem verliehen?

War jemand auf meinem Balkon?

Vor allem, was ist auf meinem Balkon passiert?

Hm …

Ich überlege …

Keine Ahnung …

Ich hab wirklich keine Ahnung.

»Du weißt schon, rrrrrrrrrrrrrrrrrrrrrrrrrrrrrrrrr …«, macht Rudi, rollt das »R« wie eine Schmusekatze und funkelt mit den Augen.

Und grinst dabei ziemlich anzüglich.

Ich möchte mir das gar nicht weiter vorstellen.

»Nein, Rudi, ich weiß nicht, rrrrrrrrrrrrrrrrrrrr.« Ich ahme ihn nach.

»Komm schon, das hast du doch mit Absicht gemacht.«

»Was zur Hölle soll ich gemacht haben, ich muss ja erst einmal wissen, was ich gemacht haben soll, geschweige denn noch mit Absicht.«

»Na, die Aktion mit dem Vibrator auf dem Balkon im Dunkeln. Das hat mich vielleicht scharf gemacht.«

Bitte?

Vibrator?

Ich?

Wann?

»Rudi, wovon zur Hölle redest du?«

Ich sehe ihn fragend an.

»Na, das rrrrrrrrrrrrrrrrrrrrrrrrrrrrrrrr am Abend auf dem Balkon. (dabei ahmt er den Ton eines elektronischen Geräts nach). Scharf, die Vorstellung, dass du es dir selbst machst auf dem Balkon.«

Ich bin sprachlos.

Fassungslos.

Ich befriedige mich auf meinem Balkon?

Wusste ich gar nicht.

Er weiß es.

Offenbar.

Plötzlich geht mir ein Licht auf.

Um Himmels willen, darf man sich nicht mal mehr die Zähne mit der elektrischen Zahnbürste auf dem Balkon putzen?

Ich seufze und lache dann los.

Schließlich erkläre ich ihm das.

Er will es mir nicht glauben.

»Nein Süße, das klingt anders, außerdem putzt sich niemand so lange die Zähne.«

Doch ... Annika schon. Manchmal habe ich Angst, dass die Zähne vom langen Zähneputzen abfallen.

Ich erkläre ihm, dass ich jeden Abend die Zähne rund fünfzehn Minuten putze, anschließend mit Zahnseide und danach noch mit Zahnwasser nachreinige.

Ich habe früher geraucht.

Ich finde gelbe Zähne derart unappetitlich.

Mira entspannt sich langsam, als ich ihm das alles im Detail erkläre. Rudi ist enttäuscht.

Er hätte gerne die ultimative Sex-Story gehabt.

Kopf-Kino, um Himmels willen, igitt.

Was für ein Tag. Man könnte ihn sarkastisch gesehen glatt als Glückstag abstreichen. Der Vermieter hat natürlich keine Freude und will mich für das Geschehene haftbar machen. Gott sei Dank sagt aber der Sanitär-Fachmann, dass die Leitungen uralt sind und vom Vermieter nicht ordnungsgemäß gewartet wurden. Glück gehabt.

Ich habe langsam die Schnauze voll von dieser Wohnung. Die heutigen Ereignisse sind deutliche Zeichen, dass ich umziehen sollte. Gott sei Dank ist der Wasserschaden überschaubar, keine weiteren Schäden. Eine größere Putzaktion und eine Notaktion vom Sanitär-Fachmann, ansonsten hält sich der Schaden in Grenzen. Aber den Herd, den muss ich selbst bezahlen beziehungsweise meine Versicherung. Hier ist nicht definierbar, was passiert ist. Keiner weiß, warum der Herd explodiert ist. Vielleicht habe ich wirklich zu vieles in den letzten Wochen geschluckt. Dann ist anstelle von mir der Herd explodiert.

Es wird Zeit für eine neue Wohnung. Ich kauf mir bei Gelegenheit 'ne Zeitung mit Anzeigen drin.

Noch einmal telefoniere ich mit Caroline. Sie ist schockiert. »Was ist nur los bei dir?«, sagt sie mir.

»Ja, es ist sehr seltsam, was hier alles abläuft.«

»Oh Gott Süße, ich mach mir Sorgen, sei vorsichtig in dieser Wohnung. Besser du kommst da schnellst möglichst raus.«

Ich komme gar nicht mehr dazu, zu antworten. Mein Handy macht nur noch tut, tut, tut.

Anfangs denke ich, es sei nur eine Funkstörung, aber nach wenigen Minuten muss ich feststellen, dass auch mein Handy einen

Abgang macht. Egal wie ich darauf herumdrücke, mein Handy ist anschließend tot.

Aber der Tag wird noch perfekter. Schließlich möchte ich schmutziges Geschirr in die Maschine einräumen. Nach wenigen Minuten sprudelt Schaum aus der Maschine und fängt an, diesen in der Küche auf dem Boden zu verteilen. Die Maschine läuft über, und ich bin schon wieder beim Putzen, das Geschirr ist voller Schaum, und ich muss schließlich alles mit der Hand abwaschen. Hoffentlich klappt wenigstens das. Langsam aber sicher habe ich bei jedem Handgriff Angst, dass mir wieder was um die Ohren fliegt oder Ventile herausspringen, oder dass ich anschließend womöglich noch einen Stromstoß bekomme.

Wieso Caroline keine Zeit findet, nach dem Rechten bei mir zu schauen, weiß ich nicht. Ich habe keine Erfahrungswerte mit engen Freunden. Aber ein ungutes Gefühl schleicht sich ein. Ich ignoriere das flaue Gefühl in der Magengegend. Als ich Caroline im Büro noch erzähle, dass auch die Geschirrspülmaschine verrückt gespielt hatte, kriegt sie sich kaum mehr ein vor Lachen. Ihr Lachen tut mir gut, ich kann auch wieder ein wenig lachen. Allerdings wundere ich mich schon, warum Caroline nicht bei mir zu Hause aufgetaucht ist, wo es so brenzlig war. Macht man das nicht unter Freunden? Ich wäre auf jeden Fall sofort ins Auto gesessen und hätte nachgesehen, was da los ist. Vor allem, nachdem das Handy 'nen Abgang gemacht hatte. Ich ignoriere das schale Bauchgefühl, das sich einschleicht, und sage nichts.

Golfen für Anfänger

Der 1. Juni ist angebrochen, und es regnet draußen in Strömen. Das Golf-Turnier findet – Gott sei Dank – drinnen statt, in einer großen Golf-Indoor-Anlage am Bodensee. Wir haben beide Unternehmen angemeldet, will heißen, die Inhaber der Unternehmen. Und fast alle Teams werden per Los zusammengestellt. Heißt, es werden offiziell alle Teams per Los zusammengestellt, aber wir wissen, dass ein Zweierteam nicht ganz freiwillig zusammengelost wird. Wir haben das so arrangiert. Hier geht es um einen guten Zweck. Und da darf man auch mal schummeln.

Ich stehe fasziniert in dieser Halle der Indoor-Anlage und schaue dem Treiben zu. Eine neue Welt für mich, die Welt des Golfs.

Dr. Liebermann steht mit seiner Frau am Eingang der Halle, braun karierte Hosen, braun karierte Kappe, weißes Polo-Shirt und braun gebrannt.

Dazu weiße Socken.

Ich stöhne innerlich auf.

Weiße Socken.

Nicht auch noch weiße Socken.

Seine Frau lehnt sich an den Caddie Cart, der ebenfalls im gleichen braun-karierten Muster eingefasst wurde wie die Hosen und die Kappe, die Herr Liebermann trägt. Woher bekommt man nur solche Stoffe, und wie zum Geier fasst man einen Caddie Cart so ein?

Fasziniert bin ich auch von Frau Liebermann, wie perfekt ihr Haar sitzt. Sie muss wahrscheinlich jeden Tag zum Friseur gehen oder noch besser, sie hat einen Friseur, der morgens zu ihr nach Hause kommt. Das hätte ich auch gerne. Ein perfektes Blond, inszeniert mit Haarlack, sodass kein Härchen selbstständig auf die Idee käme, sich unvorteilhaft zu platzieren. Ihr braun gebranntes Lächeln und die roten Lippen harmonieren mit der hellblonden Frisur. Auch das Make-up sitzt so perfekt, dass nichts, aber auch gar nichts, dieses Make-up verunstalten könnte. Ich staune, wie perfekt sie aussieht und sich so edel in Szene setzt, sodass ich Angst habe, sie könnte einen Stock verschluckt haben. Sie wirkt zwar sympathisch, aber extrem beherrscht und steif.

»Ah, unsere Frau Berger.« Herr Dr. Liebermann hat mich entdeckt und winkt mich zu sich. Er ist plötzlich so fröhlich, was mich beinahe erschreckt. Er ist sonst so, so, so ..., halt auch so beherrscht wie seine Frau, so sachlich, so unnahbar und in meinen Augen manchmal regelrecht eiskalt. Aber heute hebt er die Arme und öffnet sie, als wollte er mich in die Arme schließen.

»Siehst du, liebe Marie-Elisabeth, das ist unsere liebe Frau Berger, die Assistentin aus dem Personalbüro.«

Er nimmt mich zur Seite und schiebt mich in die Richtung seiner Frau.

»Ach Göttchen, was für ein bezauberndes Kindchen, wo haben Sie nur diese ungewöhnliche Tasche her. Verzeihen Sie, aber sie ist ja an Hässlichkeit kaum mehr zu überbieten. Nichts für ungut Liebes, was haben Sie nur mit Ihrem Haar gemacht.«

Sie streicht mir übers Haar, was ich ja extrem liebe. Ich ziehe meinen Kopf leicht irritiert von ihr weg, und sie schaut mich strahlend an.

»Herrje, Marie-Elisabeth, musst du immer so direkt sein. Die gute Frau Berger bekommt einen Schock, wenn du mit deinem Perfektionismus jemanden gleich überfährst.«

Herr Dr. Liebermann tätschelt seiner Frau liebevoll auf die Wange.

»Sie meint es ja nicht böse, sie weiß einfach manchmal nicht, wann es genug ist.«

»Liebes Bisschen, das wollte ich doch nicht, ach Frau Berger, was tut mir das leid. Ich bin einfach ein altes Mädchen aus gutem Hause, das nicht gelernt hat, sein Mündchen zu halten. Verzeihen Sie mir.«

Ich bin dermaßen fasziniert von diesem Schlagabtausch, dass ich gar nicht realisiert habe, dass ich eigentlich beleidigt sein müsste. Die Beiden sind wie die romantische Ausgabe der zwei Alten aus der Muppet-Show. Ich sehe hin und her, staune und sehe mich in eine andere Welt versetzt.

Während Frau Liebermann sich um Kopf und Kragen redet in einer Mischung, sich bei mir zu entschuldigen und weiter an mir zu herumzumäkeln, muss ich doch schmunzeln. Gott sei Dank nehme ich sie nicht wirklich ernst. Ich glaube, sogar ihre Nägel lässt sie sich täglich machen. Das ist an Perfektion nicht mehr zu überbieten. So perfekt sein zu müssen, scheint allerdings ganz schön anstrengend sein. Da kommt mir mein Schefff in den Sinn. Eine Frau sollte so sein, wie sie eben ist.

Herr und Frau Liebermann geraten abermals in Wallung, und ich gleich auch.

Mein Schefff naht, und zwar in einem Look, der mich laut auflachen lässt.

Er sieht aus wie die Junior-Ausgabe von Dr. Liebermann, aber bitte alles in rot-gelb-kariert, wie sich das für einen echten Spanier gehört.

Seine Landesfarben.

Dazu trägt er passende Socken in den Landesfarben seiner Heimat, was mich eher an eine Vorstellung im Zirkus erinnert als an einen Auftritt in der Golf-Welt.

Sein Outfit schreit mich regelrecht an. Vor allem die Dreiviertelhosen und die übermäßig behaarten Beine sind der letzte Schrei.

»Hallo zusammen!« Er kommt keuchend auf uns zu und trägt in einer Golftasche gefühlte tausend Golfschläger mit sich. Er ist schon ganz rot im Gesicht und bekommt kaum mehr Luft. Also, ein würdiger Auftritt sieht irgendwie anders aus. Als Frau Liebermann ihm die Hand reicht, lässt er doch tatsächlich den Golf-Bag fallen und macht beinahe einen Hofknicks vor ihr.

»Frau Dr. Liebermann, wie schön. Endlich sehen wir uns mal wieder«, flötet er.

Um Gottes willen ..., ansonsten ist er ein Bild und ein Macho von einem Spanier, aber wenn es um sogenannte Autoritäten geht ... Frau Dr. Liebermann – sag mal, geht's noch? Sie hat den Doktor nicht gemacht. Man kann es auch übertreiben mit der Unterwürfigkeit. Die Beiden flöten sich gegenseitig entgegen, wie toll sie sich finden und wie schön es doch ist, dass sie sich wiedersehen. Und was haben sie für eine tolle Frisur und wie schön sind doch ihre Schuhe ...

Ich hebe die Augenbrauen und atme tief durch. Herr, lass Hirn oder Steine regnen, egal was, aber bitte triff. Dieses Gesülze ist ja kaum zum Aushalten.

Ich bin nur als Zuschauerin gekommen, und mein Schefff eigentlich auch. Aber ich werde eines Besseren belehrt.

»Ach Frau Berger, meine gute Seele, ich habe ganz vergessen, Ihnen zu sagen, dass Sie auch zum Golfen antreten. Unser Herr Weiersmüller von der Verkaufsabteilung ist krank geworden, und da hab ich Sie kurzerhand zum Golfen angemeldet.«

Mein Schefff lächelt mir ins Gesicht, und ich fühle mich wie vom Donner gerührt. Ich soll Golf spielen? Ich hab nicht die leiseste Ahnung von dieser Sportart. Nicht mal im Fernsehen sehe ich mir das an. Höchstens, um einzuschlafen. Und genauso interessant finde ich es auch.

»Schefff, muss das sein? Ich bin echt nicht geboren für so was«, will ich ihm klarmachen. Aber er winkt ab.

»Das ist nicht so schwer, glauben Sie mir. Sie haben für so was Talent, das sehe ich.«

Woran? Ich frage ich in Gedanken, woran er das sehen will. Aber offenbar weiß er, was er tut. Nur mein Outfit lässt für einen solchen Anlass stark zu wünschen übrig. Die Schuhe haben schon bessere Tage gesehen, und meine Bluse spannt um den Busen herum schon ganz schön. Die vielen Datteln im Speckmantel. Und Chips sind wohl auch daran schuld. Die Hose zwickt, und ich fühle mich mit jedem Schritt unwohler. Als wir zum Anmeldekomitee schreiten, fühle ich mich, als würde ich zur Schlachtbank geführt.

Als wir beim Tisch des Anmeldekomitees angelangt sind, trifft mich beinahe der Schlag. Benito steht rund zehn Meter von mir entfernt mit einer älteren Dame, die ein Abbild von Frau Liebermann sein könnte, nur viel sympathischer und weicher. Ich hätte bitte gerne ein Loch, in das ich versinken kann. Oder noch besser, bitte lasst mich auf der Stelle sterben. Ausgerechnet hier muss ich ihm begegnen und dann auch noch in einem solchen Outfit. Er trägt ein lässiges, modernes Golf-Outfit und trägt einen La-Martina-Pulli über der Schulter, plaudert mit der älteren Frau und lacht immer wieder laut auf. In der rechten Hand stützt er sich auf einen Golfschläger, und ich hoffe und bete, dass er mich nicht sieht.

Leider werden meine Gebete nicht erhört. Er dreht sich in meine Richtung, und … er sieht mich natürlich.

»Annika!«, höre ich ihn rufen. Ich möchte sterben – jetzt und auf der Stelle.

»Annika – Weltklasse-Frau, das ist ja herrlich, dich hier zu sehen.«

Er kommt mit großen Schritten auf mich zu, breitet seine Arme aus und umarmt mich innig. Weltklasse-Frau? Umarmung? Ich bin mir nicht sicher, ob ich jedes Mal denselben Mann getroffen habe bisher. Vielleicht hat er einen Zwillingsbruder oder eine gespaltene Persönlichkeit.

»Hallo schöne Frau, hey Annika, Mensch, das ist eine Freude, was machst du hier?«

Er hält mich noch immer fest und gibt mir drei dicke Küsse auf die Wangen.

Irgendwie hab ich grad 'nen Filmriss.

»Naja, ich ähm …, also, hallo Benito.« Ich merke, wie auf Knopfdruck wieder alle Schmetterlinge wach sind und ich diesem Mann hoffnungslos verfallen bin. Gott, riecht der herrlich. Und seine Stimme … Herrgott Mädchen, reiß dich zusammen, höre ich mich innerlich sagen.

Benito führt sich auf, als wäre nie etwas gewesen. Eigentlich ist ja irgendwie auch nie etwas gewesen. Und doch war so viel …

Mein Schefff holt mich wieder auf den Boden der Tatsachen zurück und erinnert mich daran, dass er die Anmeldung von Herrn Weiersmüller auf mich übertragen hat. Ich blinzle und schaue ihn an. Dann drückt er mir auch schon einen Kugelschreiber in die Hand. Ich soll den Antrag signieren. Benito ist entzückt, dass ich mitspiele. Er will wissen, woher ich denn Golf spielen kann.

Tja, wo habe ich nur gelernt, so schnell Golf zu spielen?

Zu allem Übel stellt er mir die ältere Dame auch noch als seine Mutter vor, die er über alles liebt und die seit Jahren erfolgreich Golf spielt. Er spiele laufend mit seiner Mutter Golf und erklärt mir mit vielen Fachbegriffen, was er alles kann und so weiter. Irgendwas von Handicap schwafelt er, und ich habe keine Ahnung, dass das keine bleibende Krankheit, sondern ein Maß ist, anzuzeigen, wie gut man Golf spielt.

Ich fühle mich wie ein Trottel, um ehrlich zu sein. Ich wusste nicht, dass man reif für einen Platz sein muss, um irgendwelche harten Bälle in Löcher zu bugsieren mit gefühlten tausend verschiedenen Golfschlägern, die für mich genauso aussehen wie ein Hockey-Schläger. Aber offenbar gibt es dazu ganze Kurse, die belegt werden können. Warum habe ich mich nie mit Golf befasst? Zu gern hätte ich Benito heute zur Abwechslung mal beeindruckt. Es sieht wohl eher danach aus, als dass ich mich bis auf die Knochen blamieren werde.

Als ich meinem Schefff Benito und seine Mutter vorstelle, reagiert er ein wenig skeptisch und zwinkert mir zu. Hinter dem Rücken von Benito fragt er mich später, ob das *der* Benito wäre, was ich kopfnickend bejahe. Er meint verschwörerisch, er könne riechen, dass der Mann in Vollpfosten sei. Ich will natürlich davon nichts hören. Erklären kann er mir das nicht, aber wiederholt immer wieder, ich solle ihm vertrauen. Ich werde nachdenklich. Mein Schefff hat mich bisher immer ehrlich und erfolgreich beraten.

Ich bin so nervös, dass ich den Golfschläger kaum halten kann, geschweige denn, was Vernünftiges treffe, was im Zusammenhang mit dem Golfsport steht. Ich verstehe auch das ganze Spiel nicht, und so nimmt das Elend seinen Lauf. Mein Schefff versucht mir zu helfen, wo er kann, verdreht aber immer mehr die Augen und seufzt bedeutungsschwanger. Da ich mitten im Spiel bin, bekomme ich nicht mit, was rundherum läuft. Und so bekomme ich auch nicht mit, dass die beiden Hauptakteure unserer Unternehmungen mit der Auslosung der Teams gar nicht zufrieden sind. Ich bekomme auch nicht mit, wie die beiden bei jedem Loch dem Anderen erklären, was er falsch macht und dass man dies besser so machen würde und so weiter und so fort. Ich bekomme auch nicht mit, dass die Streitereien bereits beim vierten Loch eskalieren und der Erste den Golfschläger zu Boden wirft. Beide haben sich so hochgeschaukelt, dass weder Frau noch Anwesende sie hätten beruhigen können. Als Dr. Liebermann die Contenance verliert und wutschnaubend den Platz verlässt, wird das Team kurzerhand disqualifiziert. Ich erfahre das erst am Schluss, nachdem ich mich abmühe, Blut schwitze und mich der kompletten Lächerlichkeit preisgegeben habe. Wir sind die Schlechtesten vom Turnier, mein Schefff und ich, aber immerhin, wir sind nicht disqualifiziert. Wir sind allerdings frustriert, dass unser Plan nicht aufgegangen ist.

Der Tag stand von Anfang an unter einem schlechten Stern, denn Caroline hatte am morgen früh angerufen, sie läge krank zu Hause im Bett. Irgendwie scheint es, als würde heute alles schief laufen.

Wie kann ich nur halbwegs annehmen, dass ich an diesem Sport Freude haben könnte? Und was hat Benito an dem Sport gefressen? Ich versteh die ganzen Regeln nicht und kam mir heute vor wie ein Volltrottel. Wenigstens schaffe ich es nach dem Spiel, mich umgehend aus dem Staub zu machen, sodass ich Benito und seiner Mutter nicht noch einmal begegnen muss. Mir ist die ganze Sache peinlich, und ehrlich gesagt, weiß ich im Moment nicht, wie ich mich fühlen soll. Irgendwie sind da Gefühle für diesen Typen, und irgendwie kotzt mich dieser Mann mit seinem Verhalten dermaßen an.

Die Worte von meinem Schefff gehen mir auch nicht aus dem Sinn. Er hat ein gutes Händchen im Umgang mit Menschen. Aber wenn er so überzeugt ist, dass Benito quasi nach Ärger riecht, dann sollte ich doch wohl Augen und Ohren offen halten.

Sommerregen

Am nächsten Montag muss ich mir viel Spott und Hohn anhören, weil ich auf dem Golfplatz versagt habe, und weil unsere Idee, die beiden Chefs zusammenzuführen, wie eine Seifenblase geplatzt ist. Mein Schefff gerät in Sachen Kurzarbeit immer mehr unter Druck, und so stehen bald die ersten Kündigungen ins Haus. Termine, um mit den Mitarbeitern zu reden, sind bereits vereinbart. Er macht mir klar, dass wir nur noch rund zwei Wochen hätten, etwas zu unternehmen. Dann müssten wir die Kündigungen definitiv aussprechen. Bis dahin versucht er alles, das aufzuschieben. Und er läuft zur Höchstform auf. Termine verschieben, absagen, umdisponieren, Ausreden erfinden et cetera. Auf Ideen wie die Sache mit dem Golfturnier würde er sich so schnell nicht mehr einlassen. Er ist zwar nicht sauer auf mich, aber entspannt geht er dennoch nicht mit mir um. An Benito lässt er zudem kein gutes Haar, wenn wir den auf ein privates Thema wie dieses zu sprechen kommen. Ich fühle mich indessen alleingelassen, mit allem. Ich fühle mich weder in der Firma noch Zuhause wirklich wohl. Und auch Caroline macht sich rarer als vorher. Oft ist es Giovanni, den sie vorschiebt. Ob es stimmt, weiß ich nicht.

Der Sommer rückt immer näher, und so wird es draußen wärmer, aber leider regnet es auch sehr häufig. Ein wirklicher Sommer zeichnet sich nicht ab im Moment. Mir fällt ein, dass ich den Beziehungsstatus bei Facebook noch immer nicht geändert habe. Da steht noch immer, ich sei in einer Beziehung mit Karl Wertmeier. Eines Abends mache ich mich also an den PC, logge mich in Facebook ein und ändere den Beziehungsstatus. Sofort erhalte ich diverse Kommentare. Was mich allerdings fast mehr erschreckt sind die vielen »Likes«, die ich erhalte. Genervt logge ich mich aus.

Von all den Plänen, mein Leben zu verändern, habe ich noch gar nichts umgesetzt. Und wenn ich schon am PC sitze, dann könnte ich endlich anfangen, mir eine neue Wohnung zu suchen. Also klappere ich sämtliche Online-Portale ab, die Immobilien ausschreiben. Es macht mir großen Spaß, die Ausschreibungen zu studieren. Vor allem die Bilder der Wohnungen und Häuser faszinieren mich. Ich gerate ins Träumen. Die Fotos erleichtern einem die erste Auswahl. Das spart Zeit, so weiß ich, welche Wohnungen mir auf Anhieb nicht gefallen und wo ich mir eine Besichtigung sparen kann. So suche ich mir Wohnungen aus dem Internet heraus und schreibe die ersten E-Mails, telefoniere am nächsten Tag und vereinbare fünf Termine für Wohnungen, die ich mir gerne ansehen möchte.

Die erste Wohnung befindet sich in St. Gallen selbst, Altbau, mitten in der Stadt. Eine Furz-Idee von mir. So schön es wäre, in der Stadt zu wohnen, so nervig laut ist es auch, und das nicht nur im Sommer. Außerdem müsste ich mein Auto fast außerhalb parken, und dazu hab ich wenig Lust. Was ist bei einem Großeinkauf? Nein, vielen Dank.

Bei der zweiten Wohnung, die sich in Rorschach am Bodensee befindet, ist der Balkon zu klein, und die Nebenkosten sind hoch, also auch nichts.

Als ich die dritte Wohnung besichtige, habe ich ein Déjà vu meiner jetzigen Wohnung und sage dankend ab. Es bleibt also noch die vierte und fünfte Wohnung, die ich rausgesucht hatte, und beide befinden sich in Arbon, also im gleichen Städtchen, wo ich bereits wohne.

Beide Wohnungen sind bezaubernd süß, aber leider viel zu dunkel und zu hellhörig. Auch diese beiden Wohnungen sind nichts, aber der Immobilienmakler, der mir die fünfte Wohnung gezeigt hat, der wäre ganz süß gewesen. Aber er hatte nur Augen für die Wohnung und nicht für mich.

Nach den Besichtigungen muss ich mir ehrlich eingestehen, dass ich gar nicht weiß, was ich will und die Wohnungen anzusehen mehr ein Alibi war. Es war wichtig, das durchzuziehen. Dann hab ich einen Anhaltspunkt, was ich nicht will. Ich beschließe, mir eine Liste anzuschaffen. Darin will ich aufschreiben, was ich will. Das ist doch ein Anfang.

Es wird Juli, und Caroline und ich haben uns am See verabredet für einen Absacker am Abend.

Es war schwer, einen Termin mit ihr zu finden.

Wir fahren an den See und treffen uns dort in der Tiki-Bar in Goldach. Es ist eine mobile Bar, die nur im Sommer direkt am See aufgebaut wird. Es ist sehr gemütlich dort und lässt einen so fühlen, als wäre man im Urlaub.

Wir haben den letzten Tisch direkt am Wasser erwischt und setzen uns hin.

Kerzenlicht, das Rauschen des Sees, eine leichte Brise …

Es ist herrlich. Und es regnet einmal nicht, welch ein Wunder.

Die Luft ist noch warm vom Tag, und es riecht herrlich nach Sommer.

»Sag mal, wo fährst du in die Ferien hin?«, will Caroline wissen.

Ich und Ferien.

»Hm ..., keine Ahnung. Ich bleibe wohl hier – wie immer.«

»Das klingt nach Frust?«

»Kann man so sagen, ich war seit Jahren nicht in den Ferien.«

»Dann wird's aber Zeit, dass du mal wieder in den Urlaub fährst.«

»Mit wem denn bloß?«

»Ich kann leider nicht, ich fahre mit meinem Mann nach Italien. Die Familie, du weißt …«

An das Thema Urlaub hatte ich noch gar nicht gedacht. Aber es scheinen langweilige Ferienzeit zu werden. War ja klar, dass Caroline nicht da ist. Wir haben zur gleichen Zeit Ferien, die letzte Juli-Woche und die erste August-Woche. Plötzlich tippt mich jemand von hinten auf die Schulter, und als ich mich umdrehe, steht Benito vor mir. Er lacht mich an und umarmt mich, als wenn es kein Morgen mehr gäbe. Ich bin ziemlich irritiert und stelle Caroline also auch Benito vor und umgekehrt. Sie sieht mich verständnislos an.

»Was für eine Überraschung, Annika, hey, das ist ja schön, dich hier zu sehen«, entgegnet Benito. Ich schaue ihn nur an.

»Was ist los, Annika? Hat's dir die Sprache verschlagen?«

Ja, irgendwie schon.

»Naja, ich hab dich schon lange nicht mehr gesehen«, sage ich zu ihm.

»Ja, das beim Golfen ist ziemlich unglücklich gelaufen. Ihr wart plötzlich weg. Ich hätte noch so gerne mit dir ein wenig gequasselt. Meine Mutter war ganz begeistert von dir.«

Benito spricht mit Händen und Füssen, strahlt mich an und setzt sich ungefragt zu uns. »Ach ja«, ist das Einzige, was ich verdattert sage.

Er legt den Arm um mich und erzählt Caroline, wie toll ich bin. Sie sieht mich fragend an. Ich zucke nur mit den Schultern. Er holt sich einen Weißwein und plappert munter weiter. Caroline unternimmt mehrmals den Versuch, nach Hause aufzubrechen, als er sie immer wieder davon abbringt. Wie ein Kind, das man bei etwas Verbotenem erwischt hat, setzt sie sich brav wieder hin und hört Benito weiter zu.

Er erzählt uns von den Golf-Erfolgen, die seine Mutter laufend feiert, über die teuren Wagen, die sein Stiefvater besitzt und,

und, und. Es mag ja faszinierend sein, was er zu erzählen hat, nur … wir wollen es eigentlich nicht hören. Caroline versucht zu entspannen und lehnt sich zurück. Höflich wie sie ist, hört sie ihm zu und nickt, sagt da und dort ein »ja« oder »hm«. Plötzlich fängt es an, nach Verbranntem zu stinken. Noch bevor wir richtig realisieren, worum es geht, steht Carolines Haarpracht in Flammen.

Benito reagiert blitzschnell, schnappt sich den Weinkühler samt Eiswürfeln drin und begießt Caroline damit. Wasser und Eiswürfel ergießen sich über Caroline. Abgesehen davon, dass der Brand sofort gelöscht ist und nun alle in der Tiki-Bar mitbekommen haben, dass Caroline buchstäblich in Flammen steht, sieht sie aus wie ein begossener Pudel. Schlimmer noch ist der Schock, den sie vom Eiswasser bekommen hat. Sie macht ein Gesicht, als hätte sie einen Geist gesehen und ist in die Schnapp-Atmung gefallen. Das dezente Make-up, das sie aufgetragen hat, entfernt sich in einem fließenden Film über das Gesicht Richtung Hals. Die übrig gebliebenen Haare hängen nass und schlaff herunter.

»Herrje, ich brauch, glaub ich, erst mal einen Schnaps", meint sie. Sie sieht mich erschreckt an, komplett durchnässt. Und genau in diesem Moment erhebt sich ein Mann vom Nachbartisch, das Handy in der Hand, auf Caroline zielend: »Geil, danke, ich hab schon drei Likes auf Facebook für das Video, innerhalb von weniger als einer Minute, Wahnsinn. Das Video ist der Brüller.«

Er will weggehen, aber entschließt sich anders und dreht sich noch einmal zu Caroline: »Die Haare wachsen ja schnell wieder nach«, sagt er und geht einfach weg.

Caroline hebt die nassen Arme und sieht ihn erschrocken an. Ich glaube, sie will was sagen. Sie bleibt stumm.

»Danke Benito, das war Rettung in letzter Minute.« Schließlich habe ich die Sprache wiedergefunden. Benito und ich, wir begutachten die Haare von Caroline … Sie hat wunderschöne lange blonde Haare, oder vielmehr, sie hatte wunderschöne lange Haare. Ich zupfe vorsichtig an den Haaren, als auch schon das nächste Büschel ausfällt. Der Schaden ist ziemlich heftig. Am Hinterkopf sind die Haare angesengt, und ich muss Caroline beichten, dass sie die Haare doch um einiges schneiden muss, damit man das Ding auf ihrem Kopf wieder Frisur nennen kann. Sie hat Tränen in den Augen, ist aber doch froh, dass nicht mehr verbrannt ist als ihre Haare. Sie ist mit einem blauen Auge davongekommen. Und sie kann sie immerhin zu einem Bob schneiden lassen. Es hätte schlimmer kommen können.

So steht Caroline im Mittelpunkt mit ihrer buchstäblich heißen Frisur, und es wird dunkel, die ersten Mücken schwirren um uns herum. Einzelne Kerzen brennen auf den Tisch, dekoriert in Glaskübeln. Trotz des Schocks rund um Caroline normalisiert sich die Situation langsam. Sie will ihre Kleider nicht wechseln und in nassen Sachen sitzenbleiben. Nachdem es langsam aber sicher Sommer sei, würde das schnell trocknen. Sie sieht noch immer aus wie ein begossener Pudel. Benito unterhält Caroline bestens, die Beiden verstehen sich brillant. Ich beobachte das Ganze und weiß irgendwie nicht, was ich von der Sache halten soll. Irgendwie sind Gefühle da für ihn, und irgendwie könnte ich ihm eine runterhauen. Er ist irgendwie ein Arsch. Aber ein attraktives. Seufz. Was macht Frau da?

Mein Ego gibt auch nicht gerne zu, dass ich ihn abschreiben müsste. Ich hätte irgendwie gerne meine Chance gehabt mit ihm. Benito flirtet immer wieder mit mir, aber ich habe ihn schon ein wenig durchschaut. So richtig festlegen will er sich nicht, und das nächste Mal krieg ich wieder vorgesetzt, dass er eine Neue hat, wie das letzte Mal. Schmerz und Neugierde, was soll ich nur tun?

Der Abend wird länger und lustiger. Caroline trinkt wenig Alkohol, sie muss noch fahren. Ich eigentlich auch, aber nicht mehr so weit wie sie. Aber der Abend wird immer feuchtfröhlicher, Benito wird immer vertrauter mit mir, rückt näher an mich heran und schäkert mit mir. Ich erfahre auch, dass er wieder Single ist. Schließlich ist es völlig dunkel, die Tiki-Bar macht dicht, und wir stolpern in Richtung Parkplatz.

»So kannste aber nicht mehr fahren, Liebes«, meint Caroline und nimmt mir die Schlüssel aus der Hand. Ohne große Worte bugsiert sie mich ins Auto und lässt Benito stehen. Als er protestieren will, lächelt sie ihn an: »Annika nimmt dich sicher mit nach Hause«, und hält ihm die Türe auf. Ich nehme ihn mit nach Hause? Eine interessante Idee.

Ich werde gar nicht gefragt, Benito und Caroline blödeln im Auto herum, sie fährt Richtung Arbon. Ich sitze auf dem Rücksitz und habe irgendwie das Gefühl, dass es mich gar nicht gibt. Als wir bei mir zu Hause angekommen sind, steigt Benito wie selbstverständlich aus und hakt sich bei mir unter, säuselt mir was ins Ohr, und ich komme gerade noch dazu, Caroline zu winken. Da biegt sie schon um die Ecke und aus meinem Blickfeld. Mich fragt keiner, und schon wieder scheine ich nächtlichen Besuch zu haben, den ich nicht zwingend selbst eingeladen habe.

Er hat heute Abend ganz schön angegeben, wie viele Frauen ihm zu Füssen liegen, welche Affären er hatte, und wie toll er doch ist. Irgendwie erinnert mich seine großkotzige Art an den Maserati-Typen. Eigentlich hätte er ein Lehrgeld verdient, denke ich so bei mir. Warum eigentlich nicht? Er bekommt ja jede Frau, und alle liegen ihm zu Füßen … Ich habe heute herausgehört, dass er es – wie bei mir – mit der Wahrheit nicht immer so genau genommen hat, und ich hab die Schnauze voll, mich zum Deppen zu machen. Es war ein schöner Abend, aber mit jedem Schritt, den ich neben ihm herlaufe, dämmert es mir langsam. Der Typ kriegt selbst nichts gebacken, und ich war verliebt in die Idee dieses Exemplars.

Irgendwie gefällt mir die Idee, ihm eine Lektion zu erteilen. Er ist in Arbon, weit weg von seinem Zuhause, und weit weg von seinem Auto. Ich bin ja sonst eigentlich nicht so, aber was sein muss, muss sein. Passend dazu säuselt er mir in die Ohren, dass er für uns Frauen das letzte Geld »aufgeworfen« hat, damit er uns heute Abend verwöhnen kann.

Ich verwöhne dich auch gleich, wart's ab.

Wir sind inzwischen in meiner Wohnung angekommen. Schuhe aus, Jacke aufhängen, Tasche hinstellen, Benito verschwindet in der Zwischenzeit auf der Toilette. Wenig später taucht er im Wohnzimmer auf, streift sich das Hemd über den Kopf: »Es ist doch ok, wenn ich bei dir übernachte, oder?«

Ich sehe ihn an und sagte nichts. Benito ignoriert, dass ich keine Zustimmung gebe und plappert weiter: »Wenn du ehrlich bist, wünschst du dir schon lange, dass ich bei dir schlafe oder soll ich lieber sagen *mit* dir?«

Dabei lacht er selbstgefällig und setzt sich rittlings auf meinen Schoss. Der Typ hat echt ein gesundes Selbstvertrauen. In mir reift ein teuflischer Plan. Sämtliche Schmetterlinge haben sich in ein Kamikaze-Kommando verwandelt.

Ich steh auf und nehme ihn bei der Hand, ziehe ihn ins Schlafzimmer und werfe ihn aufs Bett. Er hebt erstaunt die Augenbrauen. Die Vorstellung gefällt ihm. Ich rede gar nicht erst groß mit ihm, ziehe ihn aus und streife mein Shirt über den Kopf. Benito atmet schwer, ich lächle böse in mich hinein. Dann nehme ich seine Hände in meine und führe sie hinter meinen Rücken, lasse ihn den BH öffnen und lege seine Hände dann wieder aufs Bett. Ich ziehe den BH ganz aus und spiele mit meinen Bürsten. Benito leckt sich die Lippen und will zupacken, aber ich wehre ihn sanft ab. Ich beginne, mein Becken auf ihm zu kreisen, so, dass er mich überall spürt, aber die Textilien noch zwischen uns sind. Ich höre, wie er immer schwerer atmet. Dann stütze ich meine Arme neben seinem Gesicht ab und beuge mich nach vorne, sodass er meine beiden Brüste genau vor der Nase hat, lasse sie baumeln und genieße, dass Benito kaum mehr atmen kann. Ich spüre überdeutlich, wie bereit Benito ist. Also gehe ich aufs Ganze und mache mich sofort an seinem besten Freund zu schaffen. Und der gute Benito – er ist sprachlos, aber ich lasse ihn gar nicht die Führung übernehmen. Ich bin es, die den Ton angibt, in allen Positionen, in allen Lagen.

Wenig später bin auch ich vollständig nackt, und ich lasse ihm auch hier nicht die Chance, mich zu verwöhnen oder mich »zu führen.« Ich nehme ihn mir und reite ihn, als müsste ich einen jungen Hengst zureiten. Er kommt kaum nach mit den Bewegungen, er kann sich kaum mehr zurückhalten, ich bin schon beinahe grob zu ihm. Als er schließlich nach einer unfassbar geilen, schnellen und intensiven Nummer »kommt«, steige ich auch schon ab von ihm, stehe auf und sammle alle seine Kleider zusammen.

Benito liegt noch auf dem Rücken und sieht mich fragend an. Das alles dauert wenige Sekunden, und ich schubse ihn unsanft vom Bett, packe ihn an der Hand und drücke ihn zur Türe. Der Überraschungseffekt ist auf meiner Seite, Benito hält es für einen Teil des Liebesspiels, als ich auch schon die Haustüre öffne, ihm seine Sachen in die Hand drücke, ihn aus der Türe Richtung bugsiere. Dann schlage ich ihm die Haustüre vor der Nase zu und schließe ab. Benito realisiert erst jetzt, dass er gerade einen Orgasmus hatte und nackt im Flur steht, weit weg von seinem Zuhause und weit weg von meiner warmen, heimeligen Wohnung. Er will diskutieren, stammelt und stottert, bittet mich, dass er doch noch reinkommen dürfe. Ich antworte nicht mehr, sondern genieße hinter der Türe.

Es scheint ihm langsam zu dämmern, dass er weder Auto hat noch Geld für ein Taxi. Als er an die Türe hämmern will, öffnet sich die Türe von gegenüber. Benito wird unfreundlich zur Ruhe gemacht, und wenn er sich nicht augenblicklich anziehen würde, würden die Nachbarn auch die Polizei holen.

Ich habe kein schlechtes Gewissen. Nein, im Gegenteil, ich fühle mich bestens, so als wäre eine gewisse Ordnung wieder hergestellt. Das muss gefeiert werden. Ich öffne meinen Wohnzimmerschrank und entnehme eine Flasche Jack Daniels. Jetzt brauche ich ein Glas zum Entspannen und um mit mir selbst anzustoßen. Ich setze mich hin, lehne mich zurück und lächle süffisant. Ich wusste gar nicht, dass böse sein so viel Spaß machen kann. Von weit her höre ich Benito draußen fluchen. Ich lächle weiter in mich hinein. Die Zeiten sind vorbei, in denen ich mich verarschen lasse.

Ich stehe auf und gehe zum Balkon. Ich habe kein Licht an und stehe im Dunkeln, sehe zu, wie Benito sich davon macht, im Laufen noch einen Schuh anziehen will. Er knöpft sich die Hose im Gehen zu. Ich kann ihn noch immer fluchen hören, aber das ändert sich, als es zu regnen anfängt. Im prasselnden Regen geht seine Stimme unter. Besser könnte das Timing für so einen Sommerregen gar nicht sein.

I do it my way

Am nächsten Morgen klingelt es und klingelt es. Es klingelt, und es klingelt noch weiter, es klingelt, und es klingelt. Annika, aufstehen … Scheiße, hab ich Kopfweh. Was ist denn passiert? Wo bin ich? Augen zusammenpressen, Kopfschütteln. Ich glaube, ich bin zu Hause im Bett. Wo kommt das Klingeln her? Scheiße, es ist schon halb acht. Ich muss zur Arbeit … Wer klingelt da wie ein Idiot?

Ich kämpfe mich aus dem Bett und schlurfe langsam zur Haustüre, ziehe mir noch ein Shirt an und schaue durch den Spion und sehe einen völlig aufgelösten Francisco vor der Türe.

Was will Francisco hier?

Ich hatte ihn kurz erwähnt eingangs des Buches, er ist ein gemeinsamer Freund meines Schefffs und mir.

Ich öffne zerzaust die Türe, als er mir auch gleich um den Hals fällt: »Amore, kannst du mir Deejay abnehmen für heute? Es ist ein echter Notfall.«

Neben ihm steht sein schwarzer Groenendael-Rüde, der mich treu ansieht.

Ich bin noch gar nicht wach.

Was ist los?

»Annika, ich hab' nen echten Notfall. Ich bitte dich sonst nie um etwas, aber heute flehe ich dich um deine Hilfe an. Ich kann Deejay heute nicht mitnehmen, der Hundesitter ist ausgefallen. Sie ist heute Morgen schwer gestürzt und musste ins Krankenhaus, und ich habe heute einen wichtigen Geschäftstermin, muss doch meine Firma verkaufen. Du weißt, ich steige nachher wieder in meine alte Firma ein. Biiiiiiittttttte, kann ich Deejay bei dir lassen?«

Er sieht mich mit großen Dackelaugen an.

»Wie stellst du dir das vor, ich muss doch auch zur Arbeit.«

»Bitte Annika, du kannst ihn doch im Einzelbüro unter den Tisch nehmen, das merkt keiner, und ich verspreche dir, ich rufe Magnifico höchstpersönlich vom Wagen aus an und erkläre ihm alles – ich liebe dich, te quiero, danke, gracias.« Bevor ich überhaupt irgendetwas sagen kann, fällt mir Francisco um den Hals, drückt mir die Leine und den Futterbeutel in die Hand und saust auch schon die Treppe runter.

Weg ist er.

Ich bin immer noch nicht wach, sehe den Hund verdutzt an, und der Hund sieht mit treuen Augen zu mir herauf.

Hab ich jetzt soeben einen Hund aufs Auge gedrückt bekommen?

Versteht mich nicht falsch, ich liebe Hunde, und ich liebe vor allem Deejay. Aber mit zur Arbeit nehmen?

Ob das gut geht?

Ich muss den Hund irgendwie in die Firma schmuggeln.

»Komm erst mal rein, Deejay«, sage ich zu ihm. Jetzt ist das Kind schon in den Brunnen gefallen, also erst mal Kaffee trinken angesagt.

Während der Rüde in der Küche liegt und gepflegt faulenzt, hetze ich unter die Dusche und mache mich startklar für den Tag.

Erstaunlicherweise ist Deejay heute Morgen extrem kooperativ und lässt sich gut in den Volvo verfrachten. Also mache ich mich auf in die Firma, samt Hund im Gepäck. Ich bin früh unterwegs. Vielleicht schaffe ich es, den Hund ins Haus zu schmuggeln, ohne dass uns jemand sieht. Als wir zwei auf den Parkplatz fahren, sind kaum Autos da. Ich lasse Deejay aus dem Kofferraum, und wir gehen erst mal noch ein wenig am See entlang, damit er noch sein Geschäftchen machen könnte, wenn er denn müsste. Ich weiß nicht mal, ob Francisco schon mit ihm joggen war, wie er das sonst immer macht. Da aber kein Bein gehoben wird, muss ich davon ausgehen, dass das bereits erledigt wurde. Ich drehe zur Sicherheit noch eine Runde.

Auf dem Weg zurück zum Parkplatz sehe ich den Chef der Logistikabteilung, der den Hund mit großen Augen mustert. Ich sage kein Wort, ich gehe einfach an ihm vorbei. Der Typ ist neugieriger als jedes alte Waschweib. Ich frage mich, ob ich regulär oder gleich fristlos gekündigt werde, wenn unser Big Boss mich sieht. Ich räuspere mich. Durchatmen und jetzt keine Panik schieben. Dr. Liebermann wird mich hochkantig rauswerfen, wenn er das erfährt. Francisco, ich bringe dich bei Gelegenheit um.

Ich also in die Firma rein auf jedem erdenklichen Schleichweg, Deejay hinter mir her, immer wieder mal stehenbleibend, weil er irgendwelche interessanten Gerüche wahrnimmt.

»Nicht jetzt, Süßer, nicht jetzt.« Ich zerre an seiner Leine und schleife den Hund beinahe in die obere Etage, wo mein Büro ist. Als ich endlich in meinem Büro angekommen bin, mache ich sofort die Türe zu, laufe zum Pult und gebe Deejay den Befehl, unter meinem Pult Platz zu machen. Als meine Türe aufgeht, bekomme ich beinahe einen Herzinfarkt. Caroline steht mit neuer Frisur vor mir.

»So schlimm?«, fragt sie mich und zupft unsicher an ihren Haaren herum.

»Was?«, frage ich sie und verstehe nicht.

»Ich weiß schon, dass es anders ist, aber ist es so schlimm?«

Ich verstehe immer noch nicht. Als Caroline sich dreht und mir ihre Haare zeigt, kapiere ich.

»Nein, nein, nicht die Frisur«, erkläre ich ihr unbeholfen.

»Warum hast du mich dann so erschrocken angesehen?«, will sie wissen.

Ich winke sie zu mir und zeige unter den Tisch. Caroline schleicht sich heran und sieht neugierig darunter.

»Oh mein Gott, der ist ja süß«, höre ich sie rufen. Sie gerät in Verzückung und ruft ihn.

»Hör auf mit dem Scheiß, der soll da liegenbleiben, unser Dr. Liebermann wirft mich hochkantig raus, wenn er erfährt, dass hier ein Hund ist.«

»Ach, das ist nicht erlaubt bei euch? Ich dachte, du hättest das abgesprochen. Warum ist er denn hier? Gehört der dir?« Caroline redet ununterbrochen und ist hin und weg.

»Jetzt komm aber mal wieder runter, schau mir in die Augen. Nein, das ist ein Notfall, ich musste ihn nehmen, und Dr. Liebermann heißt das bestimmt nicht gut. Mein Schefff sollte aber informiert sein, aber da bin ich mir auch nicht so sicher. Herrje, ich komme noch in Teufels Küche. Hör endlich auf, den Hund ständig zu dir zu rufen. Du machst ihn noch ganz konfus.«

»Aber, das ist doch ein so schöner Hund«, entgegnet mir Caroline.

»Das nützt mir nichts.« Ich wirke ziemlich gestresst.

»Jetzt komm aber mal runter, Liebes. So schlimm wird es wohl nicht sein, der hier (sie zeigt auf den Hund) wickelt wohl jeden um den Finger.«

Caroline sieht mir eindringlich in die Augen: »Außerdem mit einer so unentspannten Haltung ziehst du dir den Scheiß höchstens noch rein. Haste sicher auch schon gehört – die selbsterfüllende Prophezeiung.«

Klugscheißer.

Ich seufze, ja sie hat ja recht.

Jetzt ist er eh schon hier, was soll ich da noch groß machen.

Deejay interessiert sich nicht für meine Probleme. Er putzt sich seine Vordertatze und beehrt uns ab und zu mit einem treuherzigen Blick.

Wir quatschen noch eine Weile über belangloses Zeugs, bis uns beiden einfällt, dass wir noch über gestern Abend reden wollten.

Ich sage ihr, dass ich sie anfangs hätte verfluchen können, als sie auf die glorreiche Idee kam, Benito bei mir abzuladen, aber dann … Ich erzähle ihr von meiner Aktion und vor allem von meiner Rauswurf-Aktion.

Sie sieht mich an: »Das ist nicht wirklich nett, Annika.«

Ich bin baff. »Nein ehrlich, der war wirklich nett.«

Caroline wirkt enttäuscht.

So viel zum Thema Freunde.

Ich versuche, vom Thema abzulenken und komme auf die Frisur zu sprechen, als sie mir auch schon lang und breit erklärt, welchen Ärger sie zuhause mit Giovanni hatte. Nicht nur, weil sie mit verbrannten Haaren nach Hause gekommen sei, sondern weil auf Facebook das Video rauf- und runtergespielt wurde.

Und auf dem Video ist natürlich Benito zu sehen, der sie betüdelt, was wieder eine halbe Staatsaffäre zu Hause bei Caroline ausgelöst hat.

Als ich darauf etwas entgegnen möchte, werde ich von einem lauten Pfeifen unterbrochen, das mir vom Flur her entgegenschreit. Mein Schefff ist im Anmarsch.

Caroline macht sich durch die zweite Türe des Büros aus dem Staub. Die vordere Türe fliegt auf, Deejay steht auf und knurrt, mein Schefff will weiterpfeifen und erschreckt. Seiner Reaktion zufolge weiß er anscheinend noch nichts von der Aktion Hund. Er sieht mich mit großen Augen an:

»Seit wann haben Sie einen Hund? Francisco würde der sehr gefallen, er hat einen Ähnlichen.«

»Guten Morgen Schefff, hat Francisco Sie nicht angerufen?«

»Nein, warum sollte er?«

»Weil das hier sein Hund ist – erkennen Sie Deejay nicht?«

Schefff kommt näher, schaut unter das Pult, Deejay knurrt weiter.

»Naja, jetzt wo Sie's sagen, wir haben es nicht so miteinander …, aber warum ist er hier?«

Ich erkläre ihm, was Francisco mir zwischen Tür und Angel erklärt hat, und dass er mir versprochen hatte, den Schefff anzurufen und ihn aufzuklären. Mein Schefff reagiert nicht so cool und meint, das sei keine gute Idee. Das könnte richtigen Ärger geben, und da könnte er mir nur bedingt helfen. Hunde seien verboten im Hause. Wenn das jeder machen wollte. Ja, Spaßvogel, was soll ich da sagen? Francisco hat mir versprochen … ach Scheiße, was tu ich nun?

»Nun gut, der Hund ist nun mal hier, schauen Sie, dass das so ruhig wie möglich abläuft.«

Mein Schefff verkriecht sich in sein Büro und knallt die Türe hinter sich zu.

Ich könnte heulen, fühle mich grauenvoll und versuche, Francisco telefonisch zu erreichen.

Leider ohne Erfolg.

Seit der Golf-Aktion ist mein Schefff irgendwie seltsam.

Gott sei Dank ist dieser Hund einigermaßen gut erzogen, und schläft bald über meinen Füssen ein. Es geht auch gut, wenn Leute ein- und ausgehen. Das sind heute nicht viele, aber immerhin, Deejay hebt vielleicht mal kurz den Kopf, mehr auch nicht.

Ich erreiche Francisco immer noch nicht auf seinem Handy. Wohl ist mir nicht bei der Sache. Um 10:00 Uhr steht mein Schefff vor mir, Notebook in der Hand und sieht mich auffordernd an. »Kommen Sie?«

Ich sehe ihn fragend an und sehe mich ein wenig aus der Fassung: »Wohin?«

»Na, zur Betriebsratssitzung, Sie sind doch vorbereitet, oder?«

Ach du Scheiße, vor lauter Aufregung habe ich weder Kalender überprüft, noch realisiert, dass heute ein wichtiger Termin eingetragen ist, bei dem ich Protokoll führen sollte.

»Schefff, ich kann doch nicht mitkommen, der Hund …«

»Daran hätten Sie früher denken müssen und das mit Francisco regeln sollen.«

Er versteht auch nach erneutem Erklären nicht, dass ich eigentlich gar nichts dafür kann. Es gibt kein Ausweichen, ich muss mit. Was mache ich nur mit dem Hund?

Ob er alleine im Büro bleibt? Scheiße, wenn das nur gut geht.

Ich packe also meine sieben Sachen, weise den Hund an zu bleiben und renne meinem Schefff hinterher, während ich verzweifelt versuche, das Notizbuch nicht zu verlieren. Er klärt mich auf dem Weg ins Sitzungszimmer nochmals auf, worum es geht. Mein Herz rast. In Gedanken bin ich im Büro und …

Die Sitzung beginnt. Der Betriebsratsvorsitzende, Herr Zöllig, ein langatmiger Typ, der bei allen Sätzen extrem ausholt und Vieles mehrmals erklärt, raubt mir den letzten Nerv. Ich sehe es auch meinem Schefff an, dass es ihm ähnlich geht wie mir. Ich bin nämlich genervt. Diese Sitzungen dauern rund zwei bis drei Stunden, der Inhalt könnte allerdings in einer Viertelstunde abgehandelt werden. Aber Herr Zöllig hört sich selbst gerne reden, schmückt die Sätze aus, wiederholt fast alles, und labert, labert, labert. Gähn … ich schlafe beinahe ein. Nur alle paar Minuten habe ich etwas zu schreiben. De Rest kann ich unter Gelabber verbuchen.

Ich muss an Deejay denken.

10:30 Uhr, 11:00 Uhr, 11:30 Uhr, 11:50 Uhr, mein Schefff interveniert und bittet Herrn Zöllig, sich kurz zu fassen, da er einen dringenden Termin über die Mittagspause habe (grins, ja, mit seinem Sofa), und beschleunigt so die Sitzung, die locker nochmals eine Stunde hätte dauern können in den Augen von Herrn Zöllig, dem es übrigens völlig schnuppe ist, ob Mittagszeit ist oder nicht. Um 12:05 Uhr kommen wir endlich aus dem Meeting-Raum, und ich fliege buchstäblich zurück ins Büro.

Als ich dort ankomme, fällt mir beinahe das Herz in die Hose. Die Türe ist offen. Oh, oh … das bedeutet nichts Gutes. Das ist gar nicht gut. Ich renne regelrecht zu meinem Platz und sehe unter den Tisch. Kein Hund, kein Deejay. Jetzt verlier ich nicht nur meinen Job, Francisco bringt mich um, wenn seinem Hund etwas zugestoßen ist. Mein Schefff geht gar nicht auf mich ein, lässt mich stehen und meint, den Köter müsste ich selbst suchen. Ich verstehe gar nicht, was mit ihm los ist. Er scheint noch immer sehr gestresst zu sein wegen der wirtschaftlichen Lage oder wegen der Aktion in der Indoor-Golfanlage. Sonst ist mein Schefff nicht so drauf. Also rufe ich Caroline an und bitte sie um Mithilfe. Sie macht sich auf und kommt zu mir. Ich erkläre ihr die Situation, worauf wir uns, mit Handy bewaffnet, in diesem riesigen Gebäude aufmachen, einen Hund zu suchen und dabei möglichst unauffällig wirken möchten.

Wo könnte er nur hingerannt sein? Mir ist flau im Magen. Mittagspause hin oder her, mir ist der Appetit vergangen. Rufen kann ich ihn nicht, weil niemand wissen soll, dass ich einen Hund mitgebracht habe, der laut meinem Boss verboten wäre im Haus. Ich probier's mit Beten, während ich herumrenne.

Telepathie?

Ich renne die Treppen rauf, ich renne die Treppen runter, gehe in alle Ecken und Nischen, öffne alle Türen und Tore, vergewissere mich überall, ob irgendwo ein schwarzer, großer Hund sein könnte, der hier eigentlich nicht sein dürfte. Caroline und ich verständigen uns regelmäßig via Handy, auch sie sucht die Nadel im Heuhaufen. Deejay ist wie vom Erdboden verschluckt. Das hatten wir doch schon einmal, dass Caroline und ich einen Hund suchen. Nur, dass das nicht zur Gewohnheit wird.

Die ganze Mittagspause geht drauf für die Hundesuche, und ich könnte einfach nur noch heulen.

Francisco ist weiterhin unerreichbar.

Kurz vor 13:00 Uhr treffe ich mich mit Caroline auf der obersten Etage, hier ist ganz selten jemand, hier oben sind nur leer stehende Büros.

Wir sind beide außer Atem und sehen uns fragend an.

»Was könnten wir denn noch tun?«, will Caroline wissen.

»Ich weiß es ehrlich nicht«, meine Antwort.

Wir wollen gerade die hintere Treppe nach unten gehen, als wir zwei Männerstimmen hören:

»Ja, er ist wunderschön, da muss ich Ihnen recht geben. Wir werden den Besitzer sicher bald ausfindig machen. Bis dahin genießen wir den wunderschönen Kerl einfach. Ein herrliches Tier, nicht?«

Eine andere Stimme: »Ja, mein Lieber, in der Tat, wenn ich gewusst hätte, dass Sie auch ein solcher Hundenarr sind, ach, ich habe Ihnen unrecht getan. Hundenarren können nur gute Menschen sein. Haben Sie denn auch einen Vierbeiner daheim?«

Die andere Stimme wieder: »Ja, wir haben einen Golden Retriever und einen Jack Russell. Eine sehr interessante Mischung, kann ich Ihnen sagen.«

Gelächter.

Caroline und ich sehen uns verdutzt an. Das klingt doch wie …

Aber das sind doch …

Wir gehen auf die halb offene Türe zu und sehen ein Bild, welches uns die Sprache raubt. Herr Dr. Liebermann und Herr Sennhauser, beide wie zwei kleine Jungs auf dem Boden sitzend, kraulen Deejay und fachsimpeln gemeinsam. Ich bin so verdutzt, dass ich husten muss. Die beiden Herren sehen sofort zu uns herüber, und auch Deejay blickt auf.

»Oh, Entschuldigung, die Herren.«

»Suchen Sie was, liebe Frau Berger?«, will Herr Dr. Liebermann wissen.

»Ja, ähm, Herr Dr. Liebermann, eigentlich suche ich Deejay«, und zeige auf den Schäferhund.

»Ach, das ist Ihrer? Das wusste ich ja gar nicht.«

»Nein, er gehört mir nicht, es war sozusagen ein Notfall heute Morgen.«

»Der Kerl ist ja wunderschön und so wohlerzogen. Wäre klasse gewesen, wenn es Ihrer wäre, dann hätten wir ihn öfters im Hause.«

Herr Dr. Liebermann kichert wie ein kleiner Junge und Herr Sennhauser stimmt mit ein. Caroline und ich sehen uns unsicher an.

Herr Dr. Liebermann wendet sich wieder zu mir:

»Wussten Sie, dass Herr Sennhauser ein großer Hundenarr ist, er hat sogar zwei Hunde daheim. Wir haben ja nur eine deutsche Dogge. Die kleine Rabaukin macht ganz schön Arbeit. Aber ich sage Ihnen, Herr Sennhauser, ich kann nicht schlafen, wenn Pauline nicht mit uns im Bett schläft.«

Dabei nimmt er sein Portemonnaie hervor und zeigt Herrn Sennhauser Fotos von Pauline und will sie auch uns zeigen.

Herr Sennhauser lässt sich nicht lange bitten, auch er holt sein Handy hervor und zeigt und stolz die Bilder seiner zwei Hunde.

»Hätten Sie denn nichts dagegen, wenn ich einen Hund zur Arbeit mitbrächte?«, wollte ich die Gunst der Stunde nutzen.

Herr Dr. Liebermann antwortet: »Also mich stört das nicht, wäre doch perfekt für ein Personalbüro. Ich würde das gut finden. Warum, suchen Sie noch einen Hund?«

Hm, wenn ich ehrlich bin, hätte ich schon gerne Tiere, aber eben … Mit der neuen Perspektive könnte man sich das überlegen. Ich schmunzle: »Ja, warum eigentlich nicht?«

Herr Dr. Liebermann und Herr Sennhauser machen auch nach 13:30 Uhr keine Anstalten, in ihr Büro zurückzugehen, als es mir langsam mulmig wird. Ich sollte doch zurück an meinen Platz. Und ich würde Deejay grundsätzlich gerne mitnehmen.

»Herr Dr. Liebermann, könnte ich dann mal den Hund zurückhaben, ich sollte arbeiten gehen. Sie wissen, wir haben im Moment eine nicht so tolle Situation«, wage ich einen Versuch.

Herr Sennhauser will wissen, was denn los sei, denn er würde viel lieber noch weiter mit Deejay schmusen.

Und ich kläre Herrn Sennhauser auf, dass es um die Firma Kempter Metallbau GmbH nicht so gut steht, wir Kurzarbeit fahren müssen und nun die ersten Kündigungen ausgesprochen worden seien. Ich sehe Dr. Liebermann an und hoffe auf seine Bestätigung. Er nickt mir aufmunternd zu.

»Ach und jetzt mussten Sie schon Leute kündigen?«, fragt Herr Sennhauser nach, und Herr Dr. Liebermann nickt, während er betroffen seufzt.

»Naja, so ganz stimmt das nicht«, entgegne ich, »wir sollten die Kündigungen zwar aussprechen – haben es aber bisher noch nicht getan. Mein Schefff und ich hatten die Hoffnung ...« ich sehe zu Boden, als hätte man mich beim Stehlen erwischt.

»Sie haben sich meiner Anweisung widersetzt?«, will Herr Dr. Liebermann wissen. Er sieht mich fassungslos an, als Herr Sennhauser das Wort ergreift:

»Aber mein lieber Herr Doktor, jetzt warten Sie mal, ich denke, ich hätte da eine Lösung. Haben Sie jetzt am Nachmittag schon einen Termin? Wenn nein, dann setzen wir uns zusammen. Wir ertrinken in Arbeit, vor allem, seit wir den Auftrag aus den arabischen Emiraten gefasst haben, und wir haben viel zu wenig Fachkräfte bei uns, während Sie die hätten. Und mit einem sauberen Einarbeitungsprogramm könnten wir in kurzer Zeit und effizient arbeiten. So könnten wir doch Synergien nutzen.«

Er legt Dr. Liebermann seine Hand auf den rechten Arm und sieht ihn lächelnd an. Herr Dr. Liebermann sieht mich an, dann wieder Herrn Sennhauser. Er fängt an, breit zu grinsen: «Frau Berger, Frau Berger, das haben Sie geschickt eingefädelt, Sie sind ein Schlitzohr, Sie. Das haben Sie doch von langer Hand geplant.«

Dabei habe ich gar nichts getan. Das war alles das Werk von Deejay.

Die beiden Herren werden sich handelseinig und ich bin dankbar, dass ich wenigstens den Hund mitnehmen kann. Caroline und ich sind glücklich und machen uns auf den Weg zurück an den Arbeitsplatz. Ich hatte mein Handy auf lautlos und habe nicht gesehen, dass mein Schefff mich circa dreißig Mal angerufen hat. Ich sause sofort die vielen Treppen hinunter ins Büro.

Caroline und ich besprechen uns für einen Moment.

»Wow, ich find's ziemlich cool«, sage ich.

Caroline nickt nur.

»Wer hätte das gedacht«, erwähnt sie wenig später.

Sie tätschelt Deejay sanft den Kopf.

»Gutes Hundi«, lacht sie.

»Brav«, ich streichle Deejay.

Ihm gefällt die Aufregung.

Endlich mal was los.

Als ich ins Büro komme, sieht mich mein Schefff mit großen Augen an.

»Wie haben Sie das nur geschafft?«, will er wissen. »Herr Dr. Liebermann hat mich gerade angerufen und mir mitgeteilt, dass niemand gekündigt wird. Ich solle mich bei Ihnen bedanken, meinte er. Könnten Sie mich bitte mal aufklären?« Er sieht mich gespannt an.

»Ja, könnte ich – will ich aber nicht – haha«, ich lache ihn frech an und lasse ihn noch ein wenig schmoren: »Komm Deejay, wir holen erst mal Kaffee.« Ich drehe ihm den Rücken zu und verschwinde mit dem Rüden.

»Aber Sie wollten den Hund doch verstecken. Wenn das der Boss sieht.«

»Nö, ist mir egal, Deejay kommt jetzt mit«, ist meine Antwort. Und ich muss schmunzeln. Als wir später in trauter Runde zusammensitzen und Kaffee trinken, erzähle ich meinem Schefff von der ganzen Aktion. Er meint nur lachend: »Ja, Frau Berger,

Sie machen's eben auf Ihre Weise, wie Frank Sinatra so schön sagte: ›I do it my way.‹«

Die Golf-Aktion vergessen, Deejay und ich, wir sind die Helden des Tages.

Schnell spricht sich herum, dass es keine Kündigungen geben wird.

Und das Ganze dank einem schwarzen Hund.

Nein, nicht irgendeiner.

Deejay.

Guter Junge.

Francisco konnte ich den ganzen Tag nicht erreichen. Aber als ich am Abend mit Deejay aus dem Haus gehe, bin ich schon recht stolz und mache mit dem Rüden einen langen Spaziergang. Er bekommt auch ein paar Leckerlis mehr als sonst. Wenn er schon rund sechs Leuten den Job gerettet hat, ist das doch wohl das Mindeste oder? Gut gemacht, Junge.

Umzug auf Italienisch

Francisco hört mir gebannt zu, als ich ihm von der Rettungsaktion erzähle. Er ist gerührt und überrascht, bedankt sich tausendmal und erzählt mir im Gegenzug davon, dass er sein Unternehmen nicht verkauft hat, sondern es in das Neue integrieren wird. Es habe darum so lange gedauert und entschuldigt sich, dass er so lange nicht erreichbar gewesen sei. Aber so schlimm könne es nicht gewesen sein, wenn Deejay mal eben an einem Tag sechs Leuten den Job rette.

Die Zusammenarbeit mit Connally entpuppt sich als ein Segen für alle Beteiligten. Nicht nur, dass Jobs gerettet werden können, die beteiligten Personen blühen regelrecht auf in der Zusammenarbeit, bringen neue Konzepte, viele Ideen, Verbesserungen und Sparmaßnahmen auf den Tisch, die innovativ für die Kunden umgesetzt werden können und zu einer neuen Mitarbeiterzufriedenheit beitragen. Es sprudelt regelrecht in den gemeinsamen Sitzungen, und alt eingesessene, scheinbar verbitterte Menschen, lächeln, bringen sich ein, kommen früher, gehen später, lachen gemeinsam in der Pause oder helfen plötzlich dem längst verhassten Arbeitskollegen von der anderen Abteilung.

Die Wohnungssuche plätschert so vor sich hin, ein paar wenige Wohnungen sehe ich mir noch an, aber was wirklich Gutes ist nicht dabei. Caroline teilt mir eines Morgens mit, dass sie im Urlaub doch nicht wegfahren möchte. Dafür hätten sie was Anderes vor, und sie fragt mich, ob ich ihr helfen könnte. Als ich wissen will, worum es geht, teilt sie mir mit, sie hätte ihr Traumhäuschen gefunden und könnte überraschend schnell dort einziehen. Sie würden die Ferien dazu nutzen und müssten alles ein wenig überstürzt organisieren und durchführen.

Natürlich freue ich mich für Caroline, aber es gibt mir auch einen Stich ins Herz, denn Caroline hat immer weniger Zeit für mich. Ich anerbiete mich, ihr beim Umzug zu helfen. Die gemeinsamen Mittagszeiten werden in den letzten Wochen knapper. Caroline hat immer wieder etwas Anderes vor, und wir sehen uns immer seltener.

Ich hoffe, dass wir beim Umzug wieder ein wenig quatschen können. Ich ärgere mich insgeheim ein wenig darüber, dass Caroline immer weniger Zeit hat. Wenn ich sie darauf anspreche, reagiert sie gereizt. Ich könne nicht nachvollziehen, wie es sei, verheiratet zu sein oder Ähnliches. Sie meint es sicher gut, denke ich mir, aber solche Aussagen sind etwa so, als würde man mir ein Messer in den Magen rammen und dann hin und herdrehen.

Aber vielleicht hat sie ja recht, ich weiß wirklich nicht wie es ist, verheiratet zu sein. Trotzdem verstehe ich nicht, warum wir vorher so viel Zeit hatten, uns mittags zu sehen und das jetzt kaum mehr geht. Abends hatten wir auch einige Telefongespräche, wobei wir uns nur wenig gesehen hatten. Es war von Anfang an ein Problem.

Abende und Wochenenden gehörten Giovanni. Sie hatte mir mehrfach erklärt, dass Giovanni kaum dulde, dass sie etwas alleine unternehme. Probleme hatte Giovanni auch, wenn wir uns per Kurznachrichten austauschten, weil er nicht sehen konnte, worum es ging. Telefongespräche hieß er auch nicht gut, da er nicht alles verstand, was wir sprachen.

Schließlich schaffen wir es doch noch, uns zu treffen. Es geht hauptsächlich um den Umzug, den sie mir in allen Details erklärt.

»Eines muss ich dir aber noch sagen«, warnt sie mich vor: »Du darfst dich einfach nicht über die Jungs wundern. Die sind ein wenig anders.«

»Wie, die Jungs sind anders?«, will ich wissen.

»Na, anders halt«, erklärt sie mir: »Du wirst schon sehen.«

Damit lässt sie das Thema einfach mal stehen.

Der Freitag vor den Ferien rückt näher, und diese Woche ist echt ätzend. Immer vor Ferien steht so viel Arbeit an, dass ich am letzten Arbeitstag fix und fertig bin.

Caroline und ich haben uns für einen Absacker nach Feierabend verabredet, zur Feier des Tages.

Bedingung von mir war, dass sie mich nicht wieder mit einem Typen nach Hause fährt.

Und ich merke, dass dem Treffen mal wieder großer Ärger mit Giovanni vorausgegangen ist.

Wir setzen uns an den See und genießen ein Glas Wein.

Caroline zählt mir auf, was sie schon alles gemacht hat und was noch aussteht.

Nächste Woche wollen wir anfangen, so gegen Ende der Woche.

Sie wird vieles einpacken, ins Auto tragen, ins neue Haus tragen und und und.

Was halt so alles zu einem Umzug gehört.

Neue Vorhänge.

Adressänderungen.

Möbeltransport.

Und und und …

Der Abend vergeht, und ich realisiere erst zuhause, dass ich Ferien habe.

Juhu.

Ich will mich in den Ferien dem Faulenzen widmen, meine Eltern mal wieder besuchen und nur Dinge tun, auf die ich Lust habe.

Erst mal am Samstag ausschlafen. Das habe ich sehr vermisst. Also erst mal rumdösen und schlafen, bis es Samstag so gegen 10:00 Uhr ist. Danach Kaffee trinken, Herrgott, meine Nachbarn sind schon wieder so laut. Und schon ist es wieder vorbei mit der Ruhe und der Entspannung. Die Nachbarn über mir streiten schon wieder, es ist laut und sehr unangenehm. Ich muss einfach endlich etwas machen. Ich starte den PC, schlurfe im Jogginganzug in die Küche, um mir nochmals einen Kaffee zu machen und setze mich dann an den PC, checke meine E-Mails und dann die Wohnungen im Internet. Wieder nichts dabei.

Draußen ist schönes Wetter, ich mag mich nicht ärgern. Also mache ich mich nach der Dusche erst mal auf zum Tante-Emma-Laden um die Ecke, um dort einzukaufen. Der Rest des Tages ist mit Bücherlesen, Sonne auf die Haut scheinen lassen, Sekt trinken und Faulenzen verplant. Ich genieße es in vollen Zügen. So müssen Ferien sein. Ich wäre zwar noch gerne weggefahren, aber hier am Bodensee ist ja eigentlich immer Ferienstimmung.

Die nächste Nacht wird einmal mehr laut und unfreundlich. Die Nachbarn über mir scheinen eine größere Krise zu haben. Es gibt wieder Streit, es wird laut und unschön. Dazwischen quengelt das Kind. Ich liege die halbe Nacht wach, anstatt, dass ich raufgehe und ihnen sage, sie sollen leiser sein.

Am Morgen fühle ich mich wie vom Laster überfahren und sehe kaum aus den Augen. Selbst die beinahe eiskalte Dusche hilft nicht, um wach zu werden. Entsprechend gereizt bin ich, als ich zu meinen Eltern fahre. Es ist gegen zehn Uhr, und ich freue mich schon auf das Mittagessen.

Als ich bei meinen Eltern bin, umschwirrt meine Mutter mich wie die Motten das Licht.

»Möchtest du einen Kaffee?«

»Nein, Mama, vielen Dank. Ich hatte schon einen Kaffee.«

»Aber du könntest doch noch einen trinken mit mir.«

»Mama, ich mag nicht noch einen Kaffee.«

»Nie trinkst du Kaffee mit mir.«

»Das könnte daran liegen, dass ich euren Kaffee nicht mag, sorry.«

»Was ist daran falsch? Wir haben eine der teuersten Maschinen und kaufen teuren Bohnenkaffee.«

»Mama, ich mag keinen Bohnenkaffee, ich mag nun mal Nespresso-Kaffee.«

»Aber die Kapseln sind so teuer. Das können wir uns nicht leisten.«

»Aber die teure Maschine mit dem teuren Bohnenkaffee, die könnt ihr euch leisten?«

»Das ist nicht dasselbe.«

»Warum nicht?«

»Das rechnet sich anders.«

Ich weiß zwar nicht, wie sich das anders rechnet. Aber ich mag mich nicht mit meiner Mutter streiten. Ich habe sie lange nicht gesehen und will wissen, wie es ihnen geht.

Meine Mutter wirkt beleidigt.

»Na dann trinkst du halt keinen Kaffee bei uns.«

»Aber du hast doch so leckeren Tee, so einen würde ich gerne trinken.« Meine Mutter strahlt. Und so schnell ist sie wieder versöhnt.

Wir reden ein wenig, sie erzählt mir den neusten Senioren-Tratsch und zeigt mir, was sie alles in den letzten Wochen gestrickt hat.

Meine Mutter ist Queen of Stricken.

Ich kenne niemanden, der so viel strickt und vor allem so schön.

Sie zeigt mir die neusten Werke.

Der Besuch bei meinen Eltern war eine schöne Auszeit, ich sollte sie wieder öfters besuchen.

In den nächsten Tagen mache ich diverse Besorgungen, erledige Botengänge und besuche alte Freunde. Nichts Spezielles, aber auch nichts Aufregendes. Die erste Ferienwoche plätschert so vor sich hin. Entspannen kann ich mich auch nicht wirklich. Irgendwie bin ich innerlich unruhig, so habe ich mir meine Ferien auch nicht vorgestellt. Von Caroline höre und sehe ich nichts. Gut, sie hat viel um die Ohren, um einen Umzug vorzubereiten, aber so ganz glücklich bin ich nicht mit meiner Erklärung, warum sie sich nicht meldet. So vergehen die Tage …

Caroline und ich treffen uns schon am Mittwoch, räumen Geschirr in Kartons, nehmen Bilder von der Wand, füllen beide Autos mit Kleinkram und fahren zum neuen Haus. Ein nettes süßes Häuschen in der Nähe von Romanshorn, am Waldrand, idyllisch ruhig und mit einem großen Garten.

Der Donnerstag bricht an, und wir wollen heute die Möbel transportieren, aufbauen und einräumen. Als ich ankomme, ist halb Italien vor dem Haus versammelt. Wie aus dem Paten-Film entsprungen, lerne ich Vinzenco, Aldo, Antonio, Alberto, Francesco, Leonardo, Alessandro, Nino und Tiziano kennen, und natürlich ist auch Giovanni, Carolines Mann, mit von der Partie. Ich fühle mich wie in den Ferien, in all dem lauten Italo Geplapper. Es ist sieben Uhr morgens, und die Jungs machen einen Lärm als würde ein Sommernachtsfest stattfinden. Ich schaue Caroline erstaunt an und wundere mich, dass sich hier kein Nachbar beschwert. Dabei schnellen die Worte der Südländer von einem zum anderen wie ein Duell. Es klingt, als würden sie sich gleich verhauen. Als ich Caroline frage, worum es geht, meinen sie, sie würden nur Smalltalk machen. Nur Smalltalk? Es klingt, als würden sie so streiten, dass sie sich in den nächsten Minuten umbringen? Ich will gar nicht wissen, wie das klingt, wenn sie wirklich Streit haben. Giovanni ist federführend und weist den Einen in die Ecke, den Anderen in jene Ecke. Es wird mit Händen und Füssen gesprochen. Jedes Wort klingt wie Pizza mit Schinken und Tiramisu zum Nachtisch.

Caroline und ich, wir gehen in die Küche und kümmern uns um den Kleinkram. Es ist noch nicht einmal Mittag, da haben Caroline und ich wirklich allen Kleinkram aus der alten Wohnung raus und ins »neue« Haus gebracht. Als wir in die alte Wohnung zurückkehren und alle, wirklich noch alle Möbel am gleichen Ort stehen wie vorher. Es wurde noch nichts auch nur einen Millimeter verschoben oder voneinander geschraubt. Von den Jungs keine Spur. Caroline seufzt tief und setzt sich auf einen Teil des Sofas: »Siehst du, das meinte ich. Reden viel, aber wirklich was tun?«

»Wo sind die denn?«, will ich wissen.

»Bestimmt draußen.«

Wir müssen nur dem Lärm nachgehen.

Als wir nach draußen gehen, ist es tatsächlich so, dass ein anderer Italiener mit seinem Ferrari vorgefahren ist und die ganze Mannschaft kommentiert lauthals den Wagen, seine Lackierung, seinen Motor, die Pferdestärken.

Auch hier scheinen sie »nur« zu diskutieren. Für mich klingt es wie Krieg.

Als Caroline fragt, was los ist, erklärt Giovanni ihr unfreundlich, dass der Typ im Ferrari ein guter alter Freund aus Catanzaro ist, wo sie alle herkommen. Er hätte extra den weiten Weg hierhergemacht, um ihnen seinen Ferrari zu zeigen.

»Und ein Handy hat er nicht, dass er vorher anrufen könnte? Giovanni, wir sind mitten im Umzug.«

»Was maggast du so Stressa, issa nogg so viela Zeit fur die magge Umzug.«

Caroline ist sauer. Giovanni gibt ihr mit einer Handbewegung zu verstehen, dass sie schweigen soll.

»Annika, seit Wochen weiß er, dass wir umziehen. Laufend ist das Treffen mit Vincenzo wichtiger, dann muss er Albertos Neugeborenes besuchen, anschließend trifft er sich mit Leonardo, weil er ein Problem mit seiner Frau hat … Keine Spur von Hilfe. Langsam hab ich echt keine Nerven mehr.«

Wutentbrannt dreht sie sich um und stolziert davon. Ich tänzle etwas unsicher hinter ihr her.

»Und was passiert jetzt? Die Möbel werden aber schon noch heute an den neuen Ort gebracht oder?«, will ich wissen.

»Das weiß nur der Himmel, Annika. Es ist echt zum Kotzen. Manchmal bin ich es so leid.«

»Ach Caroline, komm, wir machen, was wir können, dann schauen wir weiter.«

»Siehst du, dass meine ich. Mit dir komme ich in zwei Tagen weiter als mit allen Italienern zusammen in einer Woche.«

»Sind alle Italiener so?«

»Nein, sind sie nicht, aber diese Familie hier schon, seufz. Ich liebe meinen Mann. Aber wenn du mit einer solchen Truppe Männer nicht einmal in einer Stunde weiterkommst, was soll ich da denken? Es nervt vor allem. Ich habe in weiser Voraussicht großzügig geplant, weil ich ein wenig befürchtet habe, dass es so endet.«

»Na, komm schon Caroline, das eine oder andere kriegen wir auch gebacken. Wir haben doch Frauenpower.«

»Stimmt, also lass uns anpacken.«

Und so fangen wir an, Kleinmöbel in die Autos zu schleppen und verladen sie. Caroline geht vor der Abfahrt noch zu Giovanni und erklärt ihm auf Italienisch und ziemlich lautstark, dass sie endlich in die Gänge kommen sollen und informiert ihn auch vor all seinen Kollegen und Brüdern, dass sämtliche amourösen Aktivitäten gestrichen sind, wenn diese Möbel nicht binnen drei Stunden am neuen Ort eintreffen. Giovanni ist sichtlich getroffen, fühlt sich beleidigt in seinem italienischen Stolz, lenkt aber ein. Mit Sexentzug zu drohen hat gewirkt. Seine Kumpels und Brüder lachen ihn natürlich aus und schimpfen mit Caroline, aber die ist so sauer, dass sie selbst diese Jungs zum Schweigen bringt. Ich bin beeindruckt. Das hätte es doch mal bei der finnischen Kerze gebraucht. Ich muss lachen, wenn ich an die Situation zurückdenke. Mei, ist der groß.

Wir fahren also zum neuen Wohnort und entladen dort erneut die Autos.

Wir kommen ganz schön ins Schwitzen.

Und ich schaffe es sogar, den Volvo zu beladen, ohne Angst zu bekommen, es könnte Kratzer geben.

Ich habe allerdings auch Zusatzdecken über die Kuppe des Kofferraums gelegt, damit sicher nichts passieren kann.

Das Haus ist zwar alt, aber ganz schön groß.

Und so laufen wir Treppen hoch, Treppen runter, zum Auto raus, in die Küche rein, zum Auto raus, ins Schlafzimmer nach oben, zum Auto raus, in den Garten, zum Auto raus, ins Bad und so weiter. Morgen habe ich bestimmt Muskelkater.

Mir tut jetzt schon alles weh.

Ich sollte bei Gelegenheit das Thema Sport wieder einmal ins Auge fassen.

Keuch.

Am nächsten Morgen entsinne ich mich ans Gestern. Als ich mich verabschiedet hatte, waren die Möbel immer noch nicht an dem Ort, wo sie sein sollten, die neuen Möbel waren noch immer nicht ausgepackt, und Caroline war einem Nervenzusammenbruch nahe. Ich bewundere sie, wie hält sie es nur mit dem Mann aus.

Irgendwann am Abend hat sie mich dann entlassen und gemeint, sie würde schon klarkommen. Also bin ich nach Hause gegangen und bin ganz schön fertig vom vielen Treppensteigen und Möbelrücken. An Ausschlafen ist allerdings nicht zu denken, das Handy klingelt schon am frühen Morgen.

»Porca miseria, Annika, schläfst du noch?« Caroline ist am anderen Ende, sie ist auf hundertachtzig.

»Die kriegen nichts gebacken, sag ich dir, so ein Durcheinander, ich krieg die Krise«, schimpft sie lauthals.

»Caroline, guten Morgen erst mal«, räume ich ein.

»Sorry, klar, guten Morgen«, die Antwort von Caroline.

»Hättest du heute vielleicht noch einmal Zeit Lust, mir zu helfen", die Frage von Caroline.

»Naja, von Lust kann keine Rede sein, aber ich helfe dir, klar, gib mir eine halbe Stunde, dann düse ich zu dir«, meine Antwort.

Caroline ist beruhigt und einverstanden.

Ich hüpfe unter die Dusche und mache mich dann auf dem schnellsten Weg zu Caroline.

Als ich dort ankomme, trifft mich beinahe der Schlag.

Giovanni sitzt mit seinen Kumpels draußen in der Sonne, alle rauchen Zigaretten und trinken Kaffee.

Jeder von ihnen ist herausgeputzt wie für eine Hochzeit, und nach der Lautstärke nach urteilen zu müssen, findet auch eine solche statt.

Alle plappern fleißig vor sich hin, im Minutentakt schreit einer nach Kaffee, und Caroline macht ihnen brav Kaffee.

Ich glaub, ich bin im falschen Film.

»Sag mal, geht's noch?«, will ich von Caroline wissen, »Die sollen ihren Hintern selbst hochkriegen, wenn sie Kaffee wollen.«

»Annika, das verstehst du nicht«, antwortet sie mir.

»Wie, das verstehe ich nicht, was gibt es da zu verstehen? Du bist doch keine Magd.«

Mir fällt erst heute Morgen auf, wie sehr sich Caroline von Giovanni und seinen Landsleuten wie eine Magd behandeln lässt. Offenbar war der gestrige lautstarke Auftritt eine absolute Ausnahme. Caroline benimmt sich völlig anders. So kenne ich sie gar nicht.

»So und jetzt mal Klartext. Caroline und ich schuften hier seit zwei Tagen, und ihr seid hier seelenruhig am Siesta machen? Sag mal, hört ihr den Schuss noch?«

Ich kann nicht anders.

Jetzt ist es genug.

Das kann es doch nicht sein.

Ich bin wütend, und Giovanni soll endlich seinen Hintern in Bewegung setzen.

Giovanni kommt auf mich zu: »Dassa issst genau, was ich a meinä, du bisst keine unanständige Frau, nix gut für meine Frau, schleckter Einflussa, sie kommt auf komische Ideen, wenn du hast gesproggen mit sie, darum ich denke, es isst bessa, wenn du gehst nach Casa. Du bisst nix mehr willkomma hier, issa besser, du kommss nichta mähr widär hier. Mache Flöhe in Kopf von meina Frau.«

Ich hole tief Luft und will gerade antworten, aber ich komme nicht dazu.

»Nein Annika, nicht.«

Caroline nimmt mich am Arm und will mich wegziehen.

Giovanni steht auf und schreit Caroline auf Italienisch an.

So viel verstehe ich auch noch, als dass ich merke, dass es um mich geht.

»Nein, ich lasse mir von dir nichts sagen«, schreie ich Giovanni an, der wiederum weiter auf Caroline einschreit.

Caroline versucht, mich zu beruhigen.

Sie versucht, Giovanni zu beruhigen.

Ich habe mir geschworen, mir nicht mehr auf der Nase herumtanzen zulassen.

Und das kann nicht sein, dass Caroline den ganzen Umzug deichselt, und der faule Italo nichts tut?

Nein, das akzeptiere ich nicht.

Ein Wort gibt das Andere.

Ich schreie Giovanni auf Deutsch an.

Er schreit mich auf Italienisch an.

Caroline vergräbt ihre Hände hinter dem Kopf, als Giovanni schließlich ausholt und droht, mir eine Ohrfeige zu geben.

Ich sehe ihn feindselig an.

»Wage es nicht«, sage ich in drohendem Ton zu ihm.

Caroline schlägt die Hände vor dem Gesicht zusammen und ergreift Partei für ihren Ehemann.

»Ich glaube, es ist besser, wenn du jetzt gehst«, sagt sie zu mir.

Mir fällt ihr feindseliger Ton auf.

Ich sehe sie fassungslos an.

So ist das also?

Nun gut, dann ist es wohl wirklich besser, ich gehe.

Ich sage kein Wort.

Hier ist jedes weitere Wort zu viel.

Ich drehe mich um und steige in den Volvo.

Ich bin wütend auf mich selbst.

Offenbar ziehe ich ständig Menschen an, die nur an sich selbst interessiert sind.

Ich hätte es vorher schon merken sollen.

Ich war nur gut genug für Caroline, wenn sie sonst niemanden hatte.

Wie kann man nur so dumm sein.

Einsichten eines Casanovas

Und so schleichen sich die letzten Ferientage ein, die ich versuche, zu genießen.

Aber irgendwie lässt mich der Streit mit Caroline nicht in Ruhe.

Ich versuche, sie per WhatsApp zu erreichen, aber sie beantwortet keine meiner Nachrichten.

Auf die Bitte, mich zurückzurufen, erhalte ich keine Antwort und auch keinen Anruf.

Ich beschließe, mir die Ferien nicht versauen zu lassen.

Ich stinksauer auf Caroline.

Selbst wenn zwei Freundinnen einmal streiten sollten, kann man sich doch zurückmelden und sich aussprechen.

Und der Entscheid, dass ich mir nicht mehr alles gefallen lasse, tut gut.

Der Entscheid wäre schon viel früher nötig gewesen.

Mit wenig Regen und viel Sonnenschein genieße ich den Bodensee, lasse mir die Sonne ein wenig auf den Bauch scheinen und übe mich im Nichtstun.

Die Füße im Wasser, den Kopf an der Sonne, Ohrstöpsel im Ohr mit der Musik von Rumble Fish, einer Band hier aus der Gegend, genieße ich *dolce far niente*.

Wenigstens die letzten Tage bringen Erholung und Ruhe.

Und ich liebe den Sommer über alles.

Von mir aus könnte es immer über 25 Grad haben.

Sonnenschein.

Der Geruch des Bodensees.

Grillduft in der Luft.

Herrlich.

Der Bodensee ist im Sommer wie ein Platz im Süden. Da fahren Skater in Badehosen am Quai entlang und die Promenade wird von den Badegästen erobert, weil in den Badeanstalten kein Platz mehr ist.

Einige Alt-Hippies versammeln sich am Ufer und singen »Hare krishna« bis in die lauwarme Nacht.

Die unterschiedlichsten Düfte machen sich breit, leckere Grillgerüche und Lagerfeuer vermischen sich mit Parfum und Sonnenölen.

Wenn es ganz heiß ist, dass sich kaum mehr jemand rührt, zirpen die Grillen in den verbrannten Rasen, und da und dort am Horizont das Brummen eines Flugzeugmotors.

Nach so viel Regen – wer hätte da gedacht, dass es noch so schön heiß wird.

Ich mag das Gefühl von Sonne auf meiner Haut.

Dieses Gefühl, wenn man nach einem Tag in der Sonne das leichte Ziehen der Haut spürt.

Die Wärme, die man aufgenommen hat.

Der 1. August rückt näher und damit der Geburtstag der Schweiz.

Die letzten Jahre habe ich den meist mit Verona und Domenico verbracht, und was tue ich dieses Jahr?

Caroline meldet sich nach wie vor nicht, und so stelle ich mich darauf ein, dass ich am 1. August alleine bin.

Bepackt mit Chips und Prosecco mache ich es mir im Bikini bequem auf dem kleinen Balkon, blende Lärm und Nachbarn aus und lese in einem guten Buch. Grillgeruch zieht von unten herauf, mir knurrt der Magen, und ich nippe an meinem Glas Prosecco.

Handy neben mir, wenigstens erhalte ich viele Nachrichten zum Jahrestag der Schweiz, ein reger Nachrichtenverkehr, wenigstens für mein Handy.

Mein Schefff meldet sich auch per Handy, ebenso meine Eltern und einige Freunde.

Zu meiner großen Verwunderung erhalte ich allgemeine Glückwünsche von Verona.

Das Kind müsste mittlerweile längst da sein.

Sie hat mir nicht mal mitgeteilt, wann die Geburt war.

Vielleicht braucht sie einen billigen Babysitter – nicht mit mir.

Nein, vielen Dank.

Ich habe beschlossen, meine Zeit mit Menschen zu verbringen, die mich ehrlich mögen und denen ich auch wichtig bin.

Und weil ich mir im Moment alleine am wichtigsten bin, genieße ich das Nichtstun mit mir alleine.

Ich höre die Nachbarskinder unten spielen, die Frau diskutiert mit ihrem Mann über die Art des Grillens, und offenbar stellen sich Besucher ein bei ihnen zur Feier am Abend.

Die Sonne brennt auf meine Haut, ich hänge meinem Kopf-Kino nach.

Von Samy hab ich nichts mehr gehört, ebenso wenig von Jason, aber Karl meldet sich via Handy aus Antwerpen. Er ist mal wieder mit seinem LKW unterwegs, vermisst mich und wünscht mir einen schönen 1. August. Ich muss lächeln, gewisse Dinge ändern sich eben doch nicht. Gut, bin ich standhaft geblieben. Ich sende ihm eine Nachricht zurück, dass ich ihm eine gute Fahrt wünsche. Ich beantworte noch ein paar weitere Nachrichten und lege dann das Handy zur Seite. Mein Buch ist ganz schön spannend.

Die Abenddämmerung liegt nun über dem Bodensee, die Grillgerüche der Nachbarn vermischen sich, ich bin ein wenig benebelt von dem Sekt und genieße die Geräusche, das Plappern, und die ersten Feuerwerkskörper werden gezündet.

Irgendwann nicke ich auf dem Balkon ein und erwache erst nach 22:00 Uhr, als das große Feuerwerk losgeht.

Da ein »Aaaahh«, dort ein »Oooohh«, aber wenn ich ehrlich bin, geht mir die Knallerei ziemlich auf den Geist.

Ein wirklich schönes Feuerwerk ist nicht zu sehen, dafür da mal ein Heuler, dort mal eine einzelne Rakete.

Das ist dann auch alles.

Es geht gegen Mitternacht zu, die Knallerei wird immer noch nicht weniger, und ich verlege meinen Sitzplatz von draußen nach drinnen vor den Fernseher.

Irgendwie hab ich genug vom 1. August.

Nach Mitternacht wird es nicht weniger leise, es ist zu schönes Wetter draußen, noch über 20 Grad, und es ist gemütlich für die Leute, die Nacht zu genießen. Ich konzentriere mich auf den Film, es läuft grad »Sex in the City II«, und ich amüsiere mich über die Hormonstörungen von Samantha, als ich plötzlich Gitarrenklänge höre von draußen und ein lautes »o sole mio« angestimmt wird. Die Nachbarn klatschen, und ein völlig betrunkener Mann johlt inbrünstig das bekannte Lied. Ich muss grinsen, ich wusste nicht, dass meine Nachbarn auch singen und Gitarre spielen, als ich während des Liedes plötzlich glaube, meinen Namen gehört zu haben. Ich horche hin, da höre ich definitiv meinen Namen.

Ich ziehe mir eine Jacke über, ich bin immer noch im Bikini, und stelle mich auf den Balkon. Im Halbdunkeln versuche ich, zu eruieren, woher die Singerei kommt, als ich unter meinem Balkon bei den Nachbarn einen Mann mit grau melierten Haaren erkenne, der mit Gitarre und ordentlichem Alkoholpegel zu mir herauf singt. Meine Augen gewöhnen sich langsam an die Dunkelheit, und ich schaue weiter gespannt nach unten. Wenn mich nicht alle Sinne täuschen, sieht das aus wie …? Benito?

»Benito, bist du das?«, frage ich in die Dämmerung hinein.

»O sole mio, mi Amor, isch liebe disch Annika, kannse mal runterkommen? Isch bin nich so gut unterwegs heute, es iss so hoch zu dir rauf.« Benito ist völlig betrunken. Er legt die Gitarre zur Seite und will an der 1. August-Girlande der Nachbarn zu mir hochklettern. Die Nachbarin kann ihn gerade noch daran hindern.

»Mach, dass du vom Acker kommst, was willst du hier?«, rufe ich ihm zu.

»Isch habe jetzt herausgefunnnen, dass isch disch liebe, das hat mir die Aktion geseigt, mit der du mich …« Er schluckt, spuckt was in den Garten und fährt lallend fort: »Also weissu, isch wurde noch nie, noch nie, wurde ich, von einer Frau so – ach ich sage dir – carramba sag ich dir, ich wurde noch nie ... aber noch gar nie ... Du biss aber auch ein Vollweib, bissu.«

Benito taumelt, die Nachbarin stützt ihn.

Er kann sich kaum auf den Beinen halten, fängt wieder an zu singen, und ich schreie ihm zu, dass er endlich still sein und verschwinden soll.

»Jetzt kommt halt runter«, meint die Nachbarin, »sonst singt der Gute noch ewig.«

Dabei kann ich im Halbdunkeln sehen, wie sie die Augen verdreht.

Zwei Frauen, die bei meinem Nachbarn zu Besuch sind, finden es ja so süß, dass er mir extra ein Ständchen bringt.

Na und ich erst ...

Ich höre noch, wie sie darüber diskutieren, wie toll der Typ doch aussieht.

Ja, ja, ja …

Also mache ich mich auf, renne durch die Wohnung, die Treppe runter, verstauche mir beinahe das Gelenk und trete draußen barfuß auf ein Kinderspielzeug, welches sich wunderbar in meine Fußsohle bohrt.

Ich renne mehr hinkend als rennend zu Benito und zerre ihn am Hemdsärmel von den Nachbarn weg.

Er will mich umarmen, ich weise ihn weg.

»Sag mal, sind bei dir jetzt sämtliche Sicherungen durchgebrannt? Erst behandelst du mich wie den letzten Dreck, dann erteile ich dir eine Lektion, und ausgerechnet heute musst du auf die glorreiche Idee kommen, besoffen vor meinem Balkon zu stehen und zu singen? Sag mal, geht's noch?«

Benito sieht mich verlegen an, schaut zu Boden wie ein begossener Pudel und blickt mich dann mit herzerweichendem Augenaufschlag an: »Also, ja, äh. Ich weiß, ich bin ein Idiot.«

»Das kannst du laut sagen – vorher wolltest du auch nichts von mir, jetzt, wo ich nicht mehr will, da kommste angekrochen. Herrgott, du stinkst wie eine ganze Brauerei.«

»Ach, du willsss mich nicht mehr? Dassis aber schade«, lallt er nachdenklich.

»Ich dachte, ich dachte, dass ich da was wieder gut machen kann«, ergänzt er.

Ich seufze.

Lieber Gott, was ist nur los in meinem Leben, dass ich das nicht hinkriege mit einem ansatzweise vernünftigen Kerl?

Zwei, die mich erst wollen, weil ich sie nicht mehr will, einer der mich heiraten will, obwohl er nie heiraten wollte und einer, der nach dem Strippen die Liebe seines Lebens in mir fand und Typen, die mich in der Bar blöd anmachen, auch wenn ich ihnen oberdeutlich sage, dass ich nichts von ihnen will. Irgendwie scheine ich was Falsches auszustrahlen.

»Nimmse mich wieder mit hoch, so carramba wie letztes Mal?«

Benito öffnet bereits seinen Hosenschlitz und will die Hose runterlassen. Ich nehme den Hosenbund relativ unsanft in die Hand und ziehe sie wieder hoch.

»Aua, das tut weh, meine Eier …«

»Selbst schuld«, dann mache ich Knopf und Reißverschluss zu und stelle ihn unsanft gerade hin.

Er muss einen Moment hin- und herschwingen, bevor er wirklich wieder gerade hinstellen kann.

Er sieht mich belämmert an.

»Was 'n jetzt?«, fragt er mich und kann kaum seine Augen offen halten.

So kann ich ihn unmöglich nach Hause schicken. Wie ist er nur in diesem Zustand bis hierhergekommen? Ich beschließe, ihn mit nach oben zu nehmen, nehme ihn an der Hand und schleife ihn mehr oder weniger die Treppen hoch. Er johlt und singt, erzählt und lallt, es spielt eh keine Rolle. In dieser von Feuerwerk umgebenen Nacht stört das ohnehin niemanden.

Als er in meiner Wohnung anfängt, dem Stripper mit der weißen Socke Konkurrenz machen zu wollen, stoppe ich ihn, schleppe ihn ins Schlafzimmer und gebe ihm dort mit einem Finger einen Anstoß, und schon fällt er aufs Bett, schläft sofort ein und schnarcht laut. Ich rücke ihn ein wenig zurecht und decke ihn zu.

Ausziehen soll er sich selbst.

Ich bin einfach zu nett.

Ich mache es mir im Wohnzimmer bequem.

Schon wieder bin ich aus meinem Schlafzimmer ausquartiert.

Es wird immer besser.

Ich lege mich aufs Sofa im Wohnzimmer und nehme die altbekannte, selbst gestrickte Decke.

Irgendwann fallen meine Augen zu und falle in einen traumlosen Schlaf.

Ich erwache erst wieder, als ich draußen die Bienen summen höre, die Sonne ins Wohnzimmer scheint und es nach frischer Luft riecht.

Die Balkontüre ist offen, zur frischen Luft mischt sich der Geruch von Zigaretten.

»Ich hab mich ganz schön Scheiße aufgeführt, also nicht nur gestern«, höre ich die rauchige Stimme von Benito.

Moment, ich muss erst einmal im Tag ankommen, Augen blinzeln, gähnen … Benito ist hier?

Ich kann mich im Moment gar nicht mehr an gestern erinnern. Erst mit den nächsten Minuten werde ich ganz wach, und in meinem Hirn fangen langsam alle Neuronen an zu arbeiten und sich zu erinnern.

»Guten Morgen Benito«, ist meine Antwort. Er steht in der Balkontüre, in Unterhose und T-Shirt. Was hätte ich früher dafür gegeben, ihn so zu sehen. Er sieht ganz schön gut aus, der Kerl.

»Annika, ich möchte mich entschuldigen. Nicht nur für gestern. Für die ganze Zeit. Ich glaube, ich sollte mal über ein paar Dinge offen mit dir reden.«

Ich werde neugierig.

Benito scheint sich ernsthaft entschuldigen zu wollen.

Er klaubt umständlich eine Zigarette aus der Schachteln und zündet sie an.

»Lass uns erst mal Kaffee machen, dann redet es sich leichter.« Irgendwie bin ich versöhnlich gestimmt und spüre, dass Benito was auf dem Herzen hat.

Benito zieht an seiner Zigarette.

Ich mache uns erst mal zwei Tassen Kaffee, und wir setzen uns auf den Balkon.

Benito klaubt die nächste Zigarette aus der Schachtel, als ich ihm meine Hand auf die Schachtel lege.

Er lächelt und lehnt sich zurück, ohne weitere Zigarette.

»Annika, das ist nicht ganz einfach für mich. Ich habe mit noch niemandem darüber gesprochen, aber nach dem hohen Alkoholkonsum der letzten Zeit ist es wohl angebracht, endlich mal zu lernen, darüber zu sprechen. Außerdem bin ich dir eine Erklärung schuldig.«

Ich nicke. Ich hatte schon lange vermutet, dass da was nicht stimmt.

»Ich weiß gar nicht, wo ich anfangen soll, Annika.«

Er schluckt leer.

»Mein Vater ist gestorben, als ich vierzehn Jahre alt war. Meine Mutter hat mit mir immer einen auf heile Welt gemacht, und ich wollte so sehr dran glauben. Ich weiß, dass mein Vater mit einer anderen Frau unterwegs war, als der Unfall passiert ist. Und ich weiß, dass es nicht nur eine Bekannte war. Mein Dad hatte zu viel getrunken und konnte in der Kurve nach Rorschach das Auto nicht mehr halten. Beide waren auf der Stelle tot.«

Benito holt tief Luft und erzählt weiter: »Ich vergöttere meine Mutter noch heute, aber keiner spricht über die Zeit von damals. Und das bringt mich um. Dann die Zeit mit meiner Ex. Ich dachte echt, es wäre alles gut in meiner Welt, und zack, zieht man dir den Boden unter den Füssen weg.«

Ich höre wortlos zu. Normalerweise wäre das jetzt der Moment gewesen, in dem ich eingeknickt wäre.

Ich stelle die Kaffeetasse auf den Tisch.

»Das ist ja alles schön und gut, Benito. Aber du bist nicht der Einzige, der im Leben Schlimmes erlebt hat. Deswegen kannst du doch nicht andere Menschen dermaßen verletzen.«

Benito nickt.

Er holt tief Luft.

»Ja, ich weiß, ich bin ein Arsch.«

»Ja, in der Tat, das bist du. Glaubst du, es wird besser, den Schmerz weiterzugeben? Du hast ein ernstes Alkohol-Problem, schon mal aufgefallen?«

Benito beißt sich auf die Unterlippe.

»Hast es auch bemerkt, was?«, fragt er unsicher.

»Du bist ein lieber Kerl, aber krieg erst mal dein Leben in den Griff. Von einem Schmerz zum anderen zu rennen und dabei alles mit Alkohol runterzuspülen, kann keine Lösung sein.«

Ich sehe ihn ernst an.

Wieder nickt er.

Er zündet sich eine Zigarette an.

»Und so einen willst du auch nicht, oder?«, fragt er mich unsicher.

Ich schüttle den Kopf und fasse es nicht.

Ich sage tatsächlich Nein zu Benito.

»Mach erst mal eine Therapie, dann können wir uns vielleicht mal auf einen Kaffee treffen« schlage ich ihm vor.

Benito bringt seine leere Tasse in die Küche.

»Danke, dass ich hier pennen durfte. Ich weiß nicht, was ich sonst noch alles angestellt hätte. Und …«

Er stockt. »Es tut mir ehrlich leid, Annika.«

Ich stehe auf und nehme ihn in den Arm. Als er mich an sich drückt, weint er leise und haucht mir ein »Danke« in die Haare.

Als er fort ist, bin ich traurig. Aber ich bin auch stolz auf mich.

Ein Happy-End sieht anders aus. Wobei …

Ein gewöhnliches ungewöhnliches Wochenende

Schließlich naht der Montag nach den Ferien, und ich habe die letzten Ferientage dazu genutzt, meine Wohnung aufzuräumen. Ich schmeiße viele Dinge weg, kaufe mir kleine Plastikboxen, um alles richtig schön in den Regalen zu verstauen und gestalte mein Zuhause wohnlicher. In der Nacht vor dem besagten Montag nach den Ferien bin ich nervös, weil ich weiß, dass ich Caroline wiedersehen werde.

Am nächsten Morgen fahre ich mit gemischten Gefühlen ins Büro, treffe einen ganzen Berg an Pendenzen an und atme tief durch. Wenigstens habe ich genügend Arbeit, um mich abzulenken.

Wenig später taucht mein Schefff auf mit einem großen Blumenstrauß bunter Sommerblumen.

»Der ist für Sie«, lacht er mich an. »Ich hab Sie so was von vermisst. Eigentlich sollte ich Ihnen nie wieder Ferien bewilligen«, scherzt er.

Ich bin platt.

Die Blumen sind wunderschön.

Riesige leuchtend gelbe Sonnenblumen.

»Was haben Sie am 1. August getrieben?«, will er wissen.

Ich überlege, was ich ihm sagen soll.

»Hm. Ich war bei mir daheim.«

»Allein?«, will er wissen.

»Ja, warum?«

»Sie waren am 1. August allein?«

»Ja, warum?«

»Nicht Ihr Ernst, oder? Was hat denn ihre Caroline gemacht, haben sie Sie nicht eingeladen?«

Ein Stich ins Herz.

Ich räuspere mich, dann schüttle ich den Kopf.

»Nächstes Mal kommen Sie zu uns. Ich will nicht, dass Sie alleine zu Hause rumhocken. Und am besten fangen wir am Samstag gleich an damit. Wir machen ein Barbecue. Sie sind herzlich eingeladen, ok?«

Er dreht sich um und ruft seine Lebensgefährtin an, um ihr zu sagen, dass ich am Samstag auch kommen werde.

Ich freue mich über die Blumen und über die Einladung.

Das wird seit Langem wieder mal ein echt schöner Samstagabend.

»Wollen Sie jemanden mitbringen?«, fragt er mich, während er eine Hand aufs Handy hält.

Ich überlege. »Ich weiß nicht.«

»Sie bringt jemanden mit«, erklärt er seiner Freundin.

Ich kneife ein Auge zu und will etwas entgegnen, als mein Handy klingelt.

»Hey Liebes, wie geht es dir?« Es ist Larissa.

»Oh mein Gott, mir geht's gut, endlich erreich ich dich. Wo warst du? Ich hab Ewigkeiten nichts von dir gehört.«

Ich hatte in den letzten Wochen mehrmals Textnachrichten geschickt, aber kein Zeichen von Larissa. Als mir ein gemeinsamer Bekannter erzählt, sie wäre in den Ferien, gab ich mich erst mal zufrieden.

»Ja, es tut mir leid, ich war im Krankenhaus, komplizierte Sache.«

»Im Krankenhaus, oh nein, warum hast du nichts gesagt?«, erwidere ich aufgeregt und habe ein schlechtes Gewissen.

»Ach, das ist eine lange Geschichte. Ist nicht so schlimm. Lust, mal wieder was gemeinsam zu machen?«, fragt sie mich. »Dann erzähl ich dir alles.«

»Ja gerne, wann und wo?«, frage ich sie.

»Hm ... keine Ahnung – hast du einen Vorschlag?«

Ich überlege einen Moment, dann schaue ich meinen Schefff an. Er hat gesagt, ich bringe jemanden mit.

Ok, also dann tu ich das auch.

»Ja, ich hab einen Vorschlag«, entgegne ich.

Wenig später spaziere ich zum Kaffeeautomaten, und prompt hat mich Caroline gesehen. Sie kommt auf mich zu und lädt mich zum Kaffee ein. Ich bin nicht in ganz so guter Stimmung wie Caroline. Sie fragt nicht, wie es mir geht, sondern erzählt mir von ihren Ferien, von dem neuen Haus und Giovanni, Giovanni, Giovanni. Darüber hinaus erfahre ich, dass sie neue Nachbarn hat und fast jeden Abend mit ihnen zum Grillen eingeladen war.

Kein Wort über den Streit.

Kein Wort über Versöhnung.

Gelabber, als wäre nichts gewesen.

Für ihre neuen Nachbarn hatte sie jeden Abend Zeit.

Ich kneife meine Lippen zusammen.

Caroline ist kaum zu bremsen.

Die Nachbarin ist sehr nett, sie versteht sich sehr gut mit ihr und will am Samstag mit ihr shoppen gehen, schließlich möchte Caroline sich adäquat für den Herbst kleiden.

Wir konnten nur einmal shoppen gehen, nachdem ich mir anhören musste, wie lange sie ihren Italo-Gatten hatte darum bitten müssen.

Ich sage noch immer keinen Ton, und Caroline quasselt weiter. Sie lacht laut und schwingt ihre Hände beim Reden, macht einen auf Italienerin, denn auch ihre Nachbarin ist natürlich Italienerin wie ihr Mann. Sie schwärmt davon, dass sie ihr Italienisch so perfektionieren konnte, dass sie sich mit der neuen Nachbarin nur noch in der Fremdsprache unterhält. Und jeder halte sie mittlerweile selbst für eine Italienerin. Langsam grummelt es in mir, ich atme schwer.

»Ist was?«, fragt mich Caroline schließlich, als ihr Geplapper endlich ein Ende findet.

Ich schüttle den Kopf.

»Na denn, dann wünsch ich dir noch einen schönen Tag«, wirft sie mir überfröhlich entgegen und dreht sich weg.

»Ja, mir geht es auch gut«, sage ich gelangweilt und laufe davon. Ich bin nicht einmal mehr gekränkt.

Caroline bleibt stehen und sieht mir nach.

Als ich ins Büro komme, fragt mich mein Schefff, was los sei, und ich erzähle ihm offen, wie Caroline sich verändert hat.

»Ja, mit dieser neuen Nachbarin habe ich sie zweimal in der Badeanstalt gesehen«, erzählt er mir und wundert sich. »Ich habe mich noch gefragt, warum Sie nicht mit dabei waren«, erklärt er.

Ich bin verletzt und enttäuscht.

Ich habe oft zu hören bekommen, dass Caroline nicht in eine Badeanstalt geht.

Sie meint, sie hätte nicht die Figur dazu.

Außerdem möchte das Giovanni nicht.

Das rundet das Bild ab.

»Soll ich mit ihr reden?«, frage ich meinen Schefff.

»Eine ehrliche oder eine nette Antwort?«, ist seine Gegenfrage.

»Ehrlich«, ich seufze tief.

»Verlorene Liebesmüh'. Da waren Sie doch gut genug als Lückenbüßer. Wollen Sie sich das wirklich antun?«

Ich nicke.

Er hat recht.

Ein paar Stunden später schreibt mir Caroline eine Mail, ob ich nochmals zum Kaffee komme.

Irgendwie bin ich neugierig und glaube doch noch ans Gute im Menschen.

Die Neugierde siegt.

Das Gute siegt.

Vielleicht hat sie bemerkt, wie daneben sie sich verhalten hat.

»Möchtest du einen Kaffee?«, flötet sie mir entgegen. Schon wieder diese unausstehlich künstliche Fröhlichkeit.

Ich sage nicht viel, lasse mir den erneuten Wortschwall von ihr über mich ergehen.

Sie trägt neue Kleider.

Bisher hat sie mir gesagt, sie hätte kein Geld.

Die neuen Kleider sehen teuer aus.

Sie sieht gut aus.

Wirklich, das muss ich zugeben.

Schließlich frage ich sie, worum es geht.

Schließlich hat *sie* mir eine Mail geschrieben. »Ja, ich dachte, ich lade dich zum Grillen ein, damit du das neue Haus eingerichtet und den neuen Garten siehst. Jens, unser Nachbar, ist Gärtner und hat das ja so toll gemacht.«

»Was meint denn Giovanni dazu, dass ich vorbeikomme?«, will ich wissen.

Sie räuspert sich.

»Giovanni ist heute Abend nicht zu Hause.«

»Aha.«

Das hatte ich mir beinahe gedacht.

Und ich könnte wetten, dass die Einladung zum Grill noch einen ganz bestimmten Hintergrund hat.

Wahrscheinlich hat auch die Nachbarin gerade keine Zeit.

Oder irgendetwas in diese Richtung.

Caroline fängt an, sich im Gespräch zu winden, sieht mich gequält lächelnd an und redet um den Brei herum. Schließlich kommt sie auf den Punkt und meint, es wäre nett, wenn ich ihr helfen würde, die Gartenbeete herzurichten. Schließlich hatte ich erwähnt, ich hätte Freude am Garten.

Ich muss die Bitte von Caroline noch einmal schlucken und verdauen.

Ich bin im ersten Moment fassungslos.

So viel Unverfrorenheit hätte ich nicht einmal Caroline zugetraut.

Wahrscheinlich hat die das BBQ danach schon geplant, wenn die Beete dann hergerichtet sind.

Mit ihren Nachbarn, mit Giovanni.

Ohne mich.

Garantiert.

Wie kann man nur so frech sein?

Aber wie gesagt, ich bin nicht einmal mehr gekränkt. Dann atme ich tief durch frage sie tonlos: »Was ist es, Caroline, reicht das Geld nicht für den Nachbarsgärtner, oder macht sich deine neue Nachbarin einfach nicht gerne wieder die Hände für dich schmutzig?«

Ich schaue ihr eiskalt in die Augen.

Caroline sieht mich erst erstaunt an, dann weicht sie meinem Blick aus.

Verschwunden das Gequassel.

Eisige Stille.

»Merkst du eigentlich noch, was los ist?«, frage ich sie und drehe mich um.

»Aber Annika«, ruft sie mir nach.

»Erzähl es deiner Nachbarin«, rufe ich nach hinten, ohne mich umzudrehen.

Durchatmen Annika.

Die Woche vergeht.

Ich arbeite viel.

Die Pendenzenberge werden kleiner.

Schefff und ich sind sehr effizient.

Die neuen Aufträge machen sich bezahlt.

Die Auftragsbücher sind voll – von beiden Unternehmungen.

Am Samstagabend kommt Larissa mit dem Zug, ich hole sie am Bahnhof ab. Und wir fahren gemeinsam zu meinem Schefff. Als wir ankommen, glaube ich zuerst, auf einem südamerikanischen Straßenfest gelandet zu sein. Inmitten vieler lachender, bunter Menschen kommt er mir entgegen, braun gebrannt, mit Shorts und einem Bierchen in der Hand.

»Hola«, ruft er uns entgegen und winkt seine Lebensgefährtin zu uns. Gemeinsam werden wir begrüßt und in einer herzlichen Art und Weise aufgenommen, dass es mich beinahe umhaut.

Die Menschen, die hier sind, stellen sich einander gegenseitig vor, umarmen mich.

Sehr unkompliziert.

Ich höre spanisch.

Ich höre italienisch.

Ich glaube, auch portugiesisch und englisch sind dabei.

Die Leute hier sind sehr offen, herzlich.

Ich staune, wie sie lachen.

Ich sehe in der Schweiz leider oft Menschen mit trübem Gesichtsausdruck.

Hier scheint die Sonne zuhause zu sein.

Ein ehemaliger Arbeitskollege, der sich als Musiker selbstständig gemacht hat, nimmt seine Gitarre in die Hand und fängt an zu singen.

Wir haben uns lange nicht mehr gesehen.

Ich freue mich, Rico wiederzusehen.

Ich setze mich neben ihn.

Er hat eine unvergleichlich schöne Stimme.

Ganz sanft fängt er an, die Gitarre zu bespielen und zu singen.

Er betont die Worte, als wäre das Lied eine Geliebte, die er umwerben und verführen möchte.

Der Abend wird ein voller Erfolg.

Das Fleisch vom Grill ist köstlich, die spanischen und cubanischen Spezialitäten füllen meinen Magen, und der Saum meiner Sommerhose spannt bedrohlich über meinem Bauch.

Auf einem großen Grill brutzelt eine frisch gemachte Paella. Auf einem anderen Grill braten Würste und andere Fleischspezialitäten um die Wette.

Ich trinke auch ein wenig Alkohol, aber nicht zu viel, denn ich will noch nach Hause fahren können.

Ich treffe ein paar Bekannte und ein paar Arbeitskollegen. Es ist ein entspannter Abend, den ich sehr genieße. Schließlich schaue ich auf die Uhr, und es ist schon 02:30 Uhr.

Ich lächle zufrieden, und Larissa zwinkert mir zu.

Es sind noch immer über 24 Grad draußen.

Eine laue Sommernacht.

Eine leichte Brise weht vom See herüber.

»Ich bin immer noch satt vom Essen«, lacht sie.

Ich nicke nur.

»Willst du langsam aufbrechen?«, frage ich sie.

Diesmal nickt sie.

Wir verabschieden und bedanken uns.

Wir werden geküsst, umarmt und unter dem leiser werdenden Lärm der Sommerparty spazieren wir zu meinem Auto.

»Jetzt möchte ich aber gerne mal wissen, warum du im Krankenhaus warst«, frage ich sie. Larissa hat den ganzen Abend nicht über das Thema gesprochen. Und weil ich Caroline angefeindet habe, nie Zeit für mich zu haben, bin ich in einigen Minuten nachdenklich geworden, ob ich Larissa in derselben Weise vernachlässigt zu haben. Aber Larissa verneint und erzählt mir die Geschichte. Sie hat sich an den Oberschenkeln Fett absaugen lassen und wollte nicht, dass das jemand mitbekommt oder sieht.

»Echt jetzt?«, frage ich sie.

Sie nickt.

»Und wie war's?«, frage ich sie.

»Ach, seltsam. Tut ganz schön weh. In den Dokumentationen sieht das immer so einfach aus. Weißt du, ich habe so viel gemacht mit Sport und Ernährung, aber meine Reiterhosen habe ich nicht wegbekommen. Und ich habe so darunter gelitten.«

Sie zeigt auf ihre Oberschenkel.

»Ich stell mir das gruslig vor«, sage ich nachdenklich.

»Ist es auch ein wenig«, erklärt sie mir.

Dann berichtet sie mir im Detail, wie das vor sich gegangen ist.

Ich verziehe mein Gesicht.

Ich weiß nicht, ob ich das je machen würde.

Ich bin nicht so mutig. Obwohl meine Reiterhosen das vielleicht auch nötig hätten.

Ich taste meine Oberschenkel ab.

Aber Larissa hat tatsächlich Probleme mit den Oberschenkeln, und aufgrund einer komplizierten Geschichte hat selbst ihr Arzt dazu geraten.

Ich höre ihr zu und bin froh, dass mein Bauchgefühl mich nicht getäuscht hat. Ich habe sie nicht vernachlässigt.

Ich erzähle ihr schließlich auf dem Heimweg die Geschichte mit Caroline.

Zu Hause angekommen, steigen wir aus dem Auto aus, aber Larissa hält mich zurück.

»Komm, lass uns an den See gehen. Es ist Sommer, und morgen können wir ausschlafen.«

»Morgen? Du meinst heute«, lache ich.

»Ja, in der Tat. Heute«, grinst sie zurück.

Wir spazieren an die Promenade von Arbon, als sie mich nach Benito fragt.

Ich erzähle ihr auch die Geschichte mit Benito.

Wir sitzen morgens um vier Uhr auf einer Parkbank am Arboner Hafen und diskutieren über Liebesgeschichten.

»Du hast echt *Nein* gesagt?«, fragt sie mich.

Ich nicke.

»Respekt«, antwortet sie.

»Findest du?«, frage ich.

»Ja, finde ich.«

Sie macht eine Pause, dann fährt sie fort: »Ich war der Meinung, dass er Mister Right für dich sein könnte. Ich mag ihn sehr, aber das, was er da abgezogen hat, ist nicht in Ordnung. Ich bin stolz auf dich.«

Sie tätschelt mir liebevoll auf die Schulter.

»Weißt du, mir ist eines klar geworden.« Ich drehe mich zu ihr und sehe sie im Halbdunkel an. Sie sieht mich gespannt an.

»Ich möchte mich nicht mehr schlecht behandeln lassen. Von Anderen meine ich.«

»Das kann ich gut verstehen.«

»Das bedeutet aber auch, dass ich mich selbst nicht mehr schlecht behandle, und …«, ich mache eine Pause und hole tief Luft.

»Das bedeutet, dass ich mich mehr äußere, wenn mir etwas nicht passt«, erkläre ich.

»Eine weise Entscheidung«, ergänzt Larissa.

Wir sitzen schweigend am Quai und sehen zu, wie die ersten Fischer auf den See hinausziehen.

Ein paar Enten und Möwen lassen sich neben einem Boot auf dem Wasser nieder.

Ein idyllisches Bild.

Während wir die Ruhe genießen, erhebt sich langsam die Sonne von Osten her.

Zwei Schwäne fliegen über uns hinweg.

»Warum bist du eigentlich nicht verliebt?«, frage ich Larissa ein wenig später, nachdem wir lange geschwiegen haben.

»Wer sagt, dass ich nicht verliebt bin?«, antwortet sie verschwörerisch.

»Sag bloß«, ich bin ganz gespannt und mit einem Mal wach.

Larissa setzt sich gerade hin.

»Wie heißt er?«, will ich wissen.

»Markus«, sagt sie daraufhin.

»Und?«, frage ich sie.

»Nichts und. Er ist Musiker und selten hier. Ich weiß nicht, wann wir uns wiedersehen.«

»Das ist ja blöd.«

»Bist du in Kontakt mit ihm?«, frage ich sie, aber sie schüttelt den Kopf, bevor ich die Frage richtig gestellt habe.

»Und nu'?«

»Weißt du, Annika. Das Gespräch heute Nacht mit dir hat auch mir die Augen geöffnet. Ich will keinem Typen hinterherlaufen, der sich kaum an meinen Namen erinnert und nie hier ist.«

»Ich will dir deine Träume nicht kaputt machen, vielleicht ist er …« will ich einwenden, aber Larissa schüttelt schon wieder den Kopf.

»Nein, Annika, ist er nicht. Ich glaube, ich hab viel von dir gelernt. Ich muss niemandem nachrennen und mir Liebe *verdienen*. Die kommt von ganz alleine. Aber weißt du, was wir wirklich machen müssen?«

»Nein, erzähl.«

»Mehr auf uns achten und uns Gutes tun. Viel gemeinsam erleben und das Leben genießen.«

Ich nicke.

Da hat sie recht.

»Dein Schefff ist eine coole Socke. Ich habe mich mit ihm auch noch über das Thema Liebe unterhalten. Der hat eine gesunde Einstellung. Und es ist schön, dass es noch echte Männer gibt. Das gibt mir den Glauben zurück an die Menschheit.«

»Ich weiß, deshalb ist nicht ganz richtig, wenn du sagst, du hättest von mir gelernt. Ich habe viel von ihm gelernt. Indirekt ist also eigentlich er schuld. Er ist ein guter Typ.«

»Ja, das ist er. Und er hat eine wirklich bemerkenswerte Einstellung. Die tut richtig gut. Gibt aber selten solche Männer.«

»Nur wenn wir das glauben.«

»Was meinst du?«

»Wenn du glaubst, dass es nur Schrotttypen gibt, dann wirst du auch nur solche kennenlernen. Du musst ans Gute glauben. Vor allem an dich selbst.«

»Das hat was.«

»Bestimmt.«

Wenig später erhebe ich mich.

»Lust auf einen Kaffee bei mir, oder willst du nach Hause?«

»Ich glaube, ich bin langsam platt. Lass mich nach Hause gehen. Ich nehme den ersten Zug.«

Ich bringe sie noch zum Bahnhof.

Nachdem der Zug aus meinem Blickfeld entschwunden ist, mache ich mich ebenfalls auf den Heimweg.

An Schlaf ist nicht zu denken.

Ich bin nicht aufgeregt, nein, ich fühle mich gut und lege mich den ganzen Tag auf den Balkon.

Irgendwie fühle ich mich glückselig.

Der Lärm von den Nachbarn stört mich nicht.

Ich bin einfach happy und genieße den Tag.

Ein so schönes und erfülltes Wochenende hatte ich seit Jahren nicht mehr.

Irgendetwas hat sich verändert in den letzten Stunden.

Ich weiß nicht, was.

Aber ich kann es fühlen.

Nummer 655

Der Sommer lässt meine Haut dunkler färben.

Ich gefalle mir immer besser, wenn ich in den Spiegel schaue.

In den nächsten Wochen bin ich ruhig und gelassen.

Caroline gehe ich aus dem Weg, wenn es um Privates geht.

Wenn wir geschäftlich zu tun haben, verhalte ich mich meisterhaft professionell und neutral.

Auf Fragen ihrerseits gehe ich nicht ein, sondern bleibe sachlich.

Ich esse nur, wenn ich Hunger habe, und bald stelle ich fest, dass die Hosen nicht mehr so gut sitzen und ich sie beinahe zu verlieren drohe.

Die Haare sind heller geworden, ein wenig struppig vielleicht, aber irgendwie stelle ich mir so einen Surfer-Look vor und gefalle mir.

Ich kleide mich oft in helle Kleider, was den Sommerlook verstärkt.

Larissa und ich treffen uns regelmäßig, telefonieren viel und genießen die Sommerzeit in vollen Zügen.

Manchmal sind wir ganze Wochenenden am See und hocken im Wasser, grillen abends und genießen einen Schluck Sekt dazu.

Benito meldet sich ab und zu, aber es sind neutrale Themen oder ein Gruß zwischendurch. Der Herbst zieht ins Land, und die Blätter werden langsam bunter. Die Früchte- und Gemüsetheken in den Einkaufshäusern sind brechend voll von Leckereien, die der Spätsommer mit sich bringt. Ich kaufe mir ein Kochbuch und übe mich als Hobby-Koch. Einmal lade ich meinen Schefff ein, ein anderes Mal Francisco oder auch Rico, den Sänger. Meistens ist aber am Wochenende Larissa bei mir. Ich wühle mich durch Eintöpfe, Aufläufe und Herbstsalate und lasse sie alles kosten. Es macht mir großen Spaß, also versuche ich mich immer mehr in der Küche. Ich entdecke eine neue Leidenschaft. Die Pasteten aus Kürbis gelingen mir ebenso gut wie das Zwetschgen-Kompott und die Most-Supp als Spezialität aus dem Thurgau. Larissa meint, aus mir könnte noch was werden als Köchin. Ich winke ab, aber der Gedanke gefällt mir trotzdem.

Die OLMA steht vor der Türe, mittlerweile ist es Oktober geworden.

Noch immer ist es warm draußen, und die Temperaturen steigen jeden Tag über 25 Grad.

Ein außergewöhnlich schöner Herbst, und wir St. Galler freuen uns auf die jährliche Herbstmesse OLMA, die jeden Herbst tausende von Schweizern und Leute aus dem nahen Ausland nach St. Gallen lockt.

In den Hallen 3 und 4 trifft man, wen man schon lange nicht mehr gesehen hat.

Es sind dies die Degustationshallen, in denen viel Wein und Bier getrunken wird.

Die anderen Ausstellungshallen sind gefüllt mit lokalen Spezialitäten, landwirtschaftlichen Themen und vielen Marktständen.

Ich lasse mir von meinem Schefff Ferien bewilligen und bin mit Larissa jeden Tag an der OLMA anzutreffen.

Ich genieße eine Art neue Freiheit und tauche ein in diese wunderschöne, normale Welt, die für viele Menschen so alltäglich ist.

Ein guter Job, ein toller Schefff, eine liebe Freundin, und auf meinem Konto sieht es nach Jahren auch endlich entspannter aus.

Am letzten Samstag der OLMA fahr ich mit dem Zug nach St. Gallen und treffe dort Larissa, die schon mit zwei Eintrittstickets wedelt. Sie hat sie umsonst bekommen.

»Uns geht's echt gut«, sage ich und nehme das Ticket in die Hand.

»Ja, für irgendwas arbeite ich auch in der Gastrobranche.«

Wir schlendern erst einmal durch den Jahrmarkt (Kirmes).

»Ich möchte heute noch mal zum Abschluss von allem kosten«, sage ich ihr.

»Schau bloß, dass dir nicht schlecht wird«, lacht Larissa.

»Ich verzichte heute einfach auf die wilden Vergnügungsbahnen«, grinse ich.

Dann starte ich mit der legendären St. Galler Bratwurst.

St. Gallen ist stolz auf den Weltmeistertitel im Bratwurst-Herstellen.

Dann organisiere ich mir ein leckeres Bier, gebraut in der Gallus-Stadt.

»So, jetzt ist OLMA«, sage ich.

»Das sagst du jeden Tag, seit wir hierherkommen«, lacht Larissa mit vollem Mund.

»Und, das sagst du auch immer beim Fußballspiel«, ergänzt sie.

Ich nicke.

»Ja, das ist wahr. Wir sind halt gut im Bratwürste machen.«

»Und im Essen«, ergänzt sie.

Danach untersuchen wir die Stände am Jahrmarkt. Von Ramsch bis Kräutergels über Zuckerwatte bis hin zu Edelsteinen und Kinderspielzeug finden wir alles. Bei einem Stand allerdings bleibe ich stehen: selbst gemachte Pasteten, Dressings, Öle und eingemachte Salben. Daneben Rezepte auf Pergament geschrieben und Liköre aus eigener Hand.

Ich bin fasziniert.

»Möchten Sie kosten?«, fragt mich die grauhaarige Frau, die hinter der Theke steht.

»Was ist das denn?«, frage ich sie und zeige auf eine orangefarbene Flasche.

»Das ist Kürbislikör«, erklärt sie mir lächelnd.

»Das ist ja interessant, gerne«, sage ich und nehme das kleine Plastikgläschen in die Hand, das sie mir entgegenhält.

Wir probieren den Kürbislikör, unterhalten uns mit der grauhaarigen Frau.

Dann probieren wir auch den selbst gemachten Eierlikör, dazwischen die eingelegten Peperoni und den selbstgeräucherten Fisch.

Ich nehme die Visitenkarte mit, ich möchte online bestellen.

Ich erfahre von der Frau, dass sie zwei Dörfer weiter in Untereggen einen Laden hat.

Sie hat einen eigenen Garten und baut ihr Gemüse selbst an.

Alles ohne Zusatzstoffe oder Chemie.

Sie hat irgendwas studiert mit Biologie und Gartenbau.

Ich habe nur mit halbem Ohr zugehört.

Gerade, als ich mich umdrehen will, wendet sich die grauhaarige Frau an mich: »Ja, ich würde mich freuen, wenn Sie bestellen würden. Sie können auch in Untereggen vorbeikommen und die Sachen selbst abholen oder direkt vor Ort einkaufen.«

Ich drehe mich wieder zu ihr.

»Wie haben Sie denn geöffnet?«, frage ich sie.

Sie winkt ab.

»Kommen Sie vorbei. Wenn ich da bin, bin ich da, sonst eben nicht«, sie lächelt charmant.

Sie zeigt auf ein kleines Schild, auf dem die Öffnungszeiten notiert sind: »Wir sind fast rund um die Uhr für Sie da, probieren Sie es aus oder rufen Sie uns an.«

Ich lächle.

Irgendwie eine erfrischende Einstellung.

Ich muss grinsen.

So untypisch für die Schweiz.

Dann entdecke ich noch ein weiteres Schild unterhalb der Adresse und den Öffnungszeiten.

Ich reiße den Zettel von dem Holzbrett.

»Sie vermieten eine Wohnung?«, frage ich sie und sehe sie gespannt an.

»Ja, ich wohne auf einem großen Bauernhof, und meine Untermieterin will heiraten. Sie zieht in gut zwölf Wochen aus zu ihrem künftigen Mann.«

Sie nickt und lächelt.

»Wie groß ist die Wohnung?«, will ich wissen.

»Sie hat fünf Zimmer und hat über 140 Quadratmeter, dazu eine große Terrasse und eine Garage, alles im Mietzins inbegriffen.«

Sie sieht mich an, ich atme tief durch.

Sie nennt mir die Miete, die etwa gleich hoch ist wie mein jetziger Mietzins, den ich bezahle.

»Verlangen Sie eine Depotzahlung im Voraus?«, frage ich sie.

Sie winkt ab.

»Das bringt alles nichts, ich verlasse mich auf mein Bauchgefühl.«

Sie sieht mich an und zwinkert mich zu.

»Und ich habe gerade in diesem Moment ein sehr gutes Bauchgefühl«, ergänzt sie.

Ich schaue Larissa an.

»Als Sie an den Stand kamen, wusste ich sofort. Das ist meine neue Untermieterin«, sagt sie nach einer kurzen Pause.

Ich bin etwas verblüfft, aber der Gedanke an diese neue große Wohnung mitten auf dem Land gefällt mir.

Die Frau ist etwas seltsam, aber irgendwie auch interessant.

Und sehr sympathisch.

Wir vereinbaren, dass ich mir die Wohnung in der Folgewoche ansehen kann.

Mein Bauch meldet sich und sagt mir, dass ich mein neues Zuhause gefunden habe.

Nach einem kurzen Gespräch und weiteren Likörproben machen wir uns auf den Weg zurück in die Degustationshallen, wo wir angeheitert feststellen, dass wir schon zu viel getrunken haben.

Das hält uns aber nicht davon ab, ein weiteres Bierchen zu trinken.

»Das könnte cool werden. Die Frau hat lauter gesunde Sachen«, meint Larissa.

»Likör ist gesund?«, frage ich lachend nach.

»Ja, nein. Natürlich nicht nur die Liköre. Hast du die Pasteten gesehen? Der Wahnsinn«, erklärt mir Larissa beeindruckt.

Ich schmunzle.

Wir lassen den Tag mit heißem Beinschinken, Senf und einem weiteren Bierchen ausklingen. Darauf folgen ein Soft-Ice und gebrannte Mandeln, bis wir schließlich vor dem Haupteingang dem Verkäufer zuhören, der wie jedes Jahr Dutzende von Pflanzen verscherbelt.

Ich schiebe mir dabei gebrannte Mandeln in den Mund und höre dem Marktschreier zu.

Es ist jedes Mal amüsant, ihm zuzuhören.

Wir spazieren langsam zum Bahnhof und kommen an einem letzten Stand vorbei, der Lose verkauft.

Ich bin in guter Stimmung.

Ich lasse Larissa die Tüte mit den gebrannten Mandeln halten und kaufe mir fünf Lose.

Es ist das letzte Fünffrankenstück, dass ich lose in der Tasche habe, gebe es der Frau, die hinter dem Stand steht und suche mir fünf Lose aus.

Man kann ein Auto gewinnen, ein neues iPhone, eine Reise und viele andere tolle Sachen.

»Glaubst du echt, du gewinnst was?«, zieht mich Larissa auf.

Das erste Los ist eine Niete.

Ich werfe es zu Boden.

»Klar, glaub ans Glück, heißt es so schön.«

»Zwei so hübsche Ladies, guten Abend«, höre ich eine Stimme neben mir.

Ein Typ taucht auf und lächelt Larissa und dann mich an.

Er ist viel zu gut gekleidet für einen Anlass wie die OLMA.

Ich ziehe das nächste Los, wieder eine Niete.

»Hat die hübsche junge Dame kein Glück?«, fragt er.

Weder Larissa noch ich haben ein Wort mit ihm gewechselt.

Ich will mich nicht mit ihm unterhalten.

»Soll ich?«, fragt mich der Typ und will mir die Lose aus der Hand nehmen.

Ich zerre die Lose zurück und sehe ihn böse an.

»Ich möchte nur Glücksfee spielen«, lacht er.

Ich drehe mich weg und öffne das dritte Los.

Leider wieder nichts gewonnen.

Larissa dreht sich zu mir, sodass der Typ eigentlich merken müsste, dass wir uns nicht mit ihm unterhalten wollen.

»Darf ich euch auf einen Sekt einladen?«, fragt uns der Typ, während ich das vierte Los öffne.

Darauf steht: Herzlichen Glückwunsch. Sie gewinnen die Nummer 655.

Ich starre das Los an.

Ich habe gewonnen?

Larissa stellt sich näher zu mir. »Was ist los?«

»Ich hab was gewonnen.«

»Wahrscheinlich 'ne Dose Ananas.«

Larissa lacht und kaut weiter lautstark an den gebrannten Mandeln.

»Hier, bitte schön.«

Der Typ hält drei Gläser vor unseren Augen in die Luft mit Sekt.

Ich blicke auf und sehe ihn an.

Eigentlich will ich Nein sagen, aber was zur Hölle hat die Vergangenheit mit diesem Typen zu tun?

Freundlich sein hat noch niemandem geschadet.

Ich nehme das Glas, bedanke mich, proste ihm zu und trinke das Glas in zwei, drei Schlucken aus.

Larissa tut es mir gleich.

Ein wenig Smalltalk, aber als der Typ mit uns weiterziehen will, winken wir dankend ab.

Wenig später zieht er beleidigt von dannen.

»Was hast du denn jetzt gewonnen? Meinst du, du kannst es bis nach Hause tragen?«, Larissa ist neugierig.

»Oh, denkst du, es könnte schwer sein?«

Wie schwer kann eine Dose Ananas schon sein, denke ich bei mir, und halte dem Herrn hinter dem Stand mein Los hin.

»Die Nummer 655, kommt sofort«, sagt er zu mir.

Ich albere mit Larissa herum und halte die Hand auf, damit ich die Dose Ananas entgegennehmen kann, als mir der Herr hinter dem Stand einen Umschlag in die Hand legt.

Ich sehe ihn an und nehme dann den Umschlag entgegen.

Ich zerre den Zettel heraus und stocke.

Fassungslos starre ich den Zettel an.

»Was ist?«, will Larissa wissen.

Ich sage noch immer nichts.

»Was?«, drängt mich Larissa.

Das ist nicht möglich.

Schade, jetzt gibt es keine Ananas.

»Wolltest du nicht in die Ferien fahren?«, frage ich Larissa.

»Was hat das mit dem Los zu tun?«, fragt Larissa mich verwirrt.

»Willst du?«, frage ich nochmals nach, und Larissa nickt.

Ich halte ihr den Zettel hin.

»Hier, lies selber.«

Sie übergibt mir den Rest der gebrannten Mandeln und nimmt den Zettel in die Hände.

Bevor sie etwas sagen kann, schreit sie auf. »Du hast eine Reise nach Santorini gewonnen?« Larissa sieht mich ungläubig aus.

»In einem der besten Hotels auf der Insel«, ergänzt der Mann hinter der Theke. Er schmunzelt und reibt sich an seinem Dreitagebart.

»Ich war selbst mal da. Drei Wochen Sommer, Sonne und gute Laune«, lacht er.

Larissa dreht sich um. »Santorini? Drei Wochen?« Der Mund steht ihr offen. Sie verzieht ihren Mund zu einem breiten Grinsen.

Ich atme tief durch.

»Kommst du mit?«, frage ich Larissa.

»Du meinst, du nimmst *mich* mit?«

»Klar, wen sonst?«

Larissa hebt ihre Arme in die Höhe, umarmt mich stürmisch und fängt an, im Kreis herumzutanzen.

Ich schüttle nur den Kopf.

Ich habe gewonnen. Wo gibt's denn so was?

»Ist es *mit* Frühstück oder ohne?«, fragt Larissa nach und hüpft immer noch herum vor mir.

Ich nehme ihr den Zettel aus der Hand und lese nach.

»All inclusive.«

»Ist nicht wahr?«, schmachtet Larissa.

»Alles mit dabei, sogar inklusive aller alkoholischer und nichtalkoholischer Getränke«, lese ich laut vor.

»Ha«, schreit Larissa. »Wie geil ist das denn?«

Sie hüpft weiter und kreist mich ein.

Ich nehme den Zettel wieder und wieder in die Hand und lese nach.

Es ist tatsächlich so.

Ich habe eine Reise nach Santorini gewonnen.

Wie geil ist das denn.

Einige Wochen später …

»Hast du auch an den Pass gedacht?«

»Jaja, alles eingepackt.«

Ich stehe am Bahnhof in Kloten.

Wir sind soeben ausgestiegen und nehmen die Rolltreppe hinauf zum Zürcher Flughafen.

Hinter mir ziehe ich einen Rollkoffer her, den meine Mutter mir geliehen hat.

Larissa stolpert hinter mir her.

Auch sie zieht einen Rollkoffer hinter sich her und liest aus einem Touristenführer vor, der die Insel Santorini genau beschreibt.

»Da, siehst du diese Bucht?«

Sie kaut auf ihrem Kaugummi herum und hält mir das Buch hin, während sie die Rolltreppe hinaufstolpert.

»Können wir uns das ansehen bitte?«

»Klar, können wir.«

Ich höre nur mit halbem Ohr hin.

Ich bin nervös.

Ich bin schon lange nicht mehr geflogen.

»Und du bist sicher, dass das mit dem App auf dem Handy klappt?«, will ich wissen.

Wir haben per Handy eingecheckt und nur noch digitalen einen Boarding-Pass aufs Handy erhalten. Ich weiß nicht, ob das wirklich funktioniert.

»Alles klar, entspann dich. Das funktioniert einwandfrei«, beruhigt sie mich.

Wir geben das Gepäck auf, ich gebe dem Herrn mein Handy, um die Boarding-Karte abzulesen. Es funktioniert tatsächlich.

Wenig später gehen wir durch die Passkontrolle und landen schließlich bei den Duty-Free-Shops und im Großraum vor dem Gate, wo wir zum Flugzeug zusteigen.

Ich bin aufgeregt.

Ich liebe Reisen, auch wenn ich lange nicht mehr geflogen bin.

»Freust du dich?«, holt mir Larissa aus den Tagträumen.

»Wie ein kleines Kind«, antworte ich ihr.

Wenig später steigen wir an Bord.

Die Stewardessen sehen sehr adrett aus.

Sie helfen uns, das Handgepäck oberhalb der Sitze zu verstauen.

Dutzende von Passagieren stehen sich gegenseitig im Weg, ich nehme Platz am Rand des Zwischengangs.

Ich hätte gerne einen Fensterplatz gehabt, aber es scheint beim Einchecken etwas schiefgelaufen zu sein.

Ich habe den Platz direkt beim Gang.

»Komm schon, du kannst den Platz in der Mitte haben«, fordert mich Larissa auf, und ich rutsche auf den Sessel links neben mir.

»Dann kannst du wenigstens ein bisschen rausschauen.«

»Danke, du bist süß. Macht es dir echt nichts aus?«

Sie schüttelt den Kopf.

Larissa verstaut ihre Tasche und setzt sich neben mich.

Sie nimmt das Blatt mit den Sicherheitsanweisungen und liest es durch.

Dabei versucht sie umständlich, sich anzuschnallen.

»Entschuldigen Sie bitte, ich müsste noch«, höre ich eine dunkle Stimme und blicke auf.

Ein freundliches männliches Gesicht lacht mich an.

Er hat eine braun gebrannte Haut und trägt ein weißes Shirt.

Er zeigt auf den Fensterplatz neben mir.

»Klar«, sage ich. Larissa steht auf.

Ich will auch aufstehen, aber er hält mich davon ab. »Sie hätten nicht zufällig Lust, am Fenster zu sitzen oder? Ich habe leider nicht selbst eingecheckt, und ich mag die Fensterplätze nicht so.« Dabei lächelt er charmant.

Ich lächle zurück. »Ich würde sogar lieber am Fenster sitzen, wenn ich ehrlich bin«, entgegne ich.

Perfekt«, entgegnet er, verstaut sein Gepäck.

Ich sitze mittlerweile am Fenster und genieße den Ausblick auf das Treiben auf dem Flughafen.

Ich liebe es, aus dem Flugzeugfenster zu blicken.

Ich freue mich auf den Start.

Während dem Flug bin ich neugierig.

Ob ich ihn wohl fragen soll, wer den Platz gebucht hat?

Seine Frau?

Vielleicht muss sie auf die Kinder aufpassen und kommt nach.

Er benutzt ein Rasierwasser, das mir sehr gefällt.

Ich verwerfe den Gedanken.

Als wir das Essen an Board bekommen, berühren sich unsere Hände.

Er lacht und reicht mir mein Essen weiter.

»Wie kommt es, dass jemand für Sie die Plätze bucht?«, platzt es aus mir heraus.

Larissa verdreht die Augen.

»Ich muss zu meiner Schande gestehen, dass ich das immer abgebe. Und seit zwei Monaten habe ich eine neue Sekretärin. Sie ist noch nicht so sicher Marie. Marie war meine frühere Sekretärin, müssen Sie wissen. Sie ist Mutter geworden. Und nun darf ich mich mit einer neuen Sekretärin einspielen.«

Er sagt das sehr nett.

Sehr respektvoll.

Eine Sekretärin.

Wie angenehm.

Ich lehne mich zurück und grinse.

»Da sind Sie aber ein verständnisvoller Chef«, entgegnet Larissa.

»Ich gebe mir Mühe«, antwortet er.

»Mein Name ist Larissa«, stellt sie sich vor und bietet das *Du* an.

»Freut mich, Ralf«, stellt er sich vor.

Der Typ sieht gut aus, angenehm adrett gekleidet.

Dezent und doch adäquat.

Ralf heißt er also.

Er stellt sich mir ebenfalls vor, wir unterhalten uns ein Weilchen.

Dann redet Larissa ein wenig mit ihm, bis ich schließlich einschlafe.

Als wir in Santorini von Board gehen, werden wir vom Hotelpersonal abgeholt und mit einem Kleinbus ins Hotel gefahren. Das Wetter ist herrlich, der Kontrast mit den weißen und blauen Farben umwerfend. Leider verlieren wir Ralf aus den Augen. Ich lehne mich zurück im Bus. Ich bin froh, dass der Bus klimatisiert ist. Ich denke über Ralf nach. Nicht schon wieder einem Typen hinterherlaufen, Annika. Ich konzentriere mich auf Larissa. Alles klappt perfekt mit der Busfahrt, und wir werden im Hotel herzlich begrüßt. Das Hotel ist groß, hell und luftig. Viel Platz und große Fenster sorgen für ein freies Gefühl.

Ein Lift Boy hilft uns mit den Koffern, begleitet uns ins Hotelzimmer, und ich freue mich über den Meeresblick, der uns erwartet. Ein helles freundliches Zimmer. Der Balkon zeigt direkt auf das Meer. Die Tür zum Balkon steht offen, der Vorhang weht in der Brise leicht hin und her. Das Meer ist bis ins Zimmer zu riechen. Das riesige royal-blaue Meer lässt mich im ersten Moment glauben, das alles sei gar nicht real.

Larissa legt sich aufs Bett. »Ich kann das Meer sogar von hieraus sehen, supercool.«

Dann steht sie schwungvoll auf und rennt zum Bad.

»Wahnsinn«, höre ich sie rufen. »Hast du das gesehen?«, ruft sie und kommentiert alles, was sie im Bad sieht.

Ich stehe auf dem Balkon und schaue hinab aufs Meer.

Die weißen Häuser thronen über der Insel, und ich sehe, wie ein großes Schiff langsam über den Ozean zieht.

Wir packen unsere Koffer aus, dann sehen wir uns das Hotel genauer an und erkunden die Gegend rund ums Hotel.

Es ist heiß, wir sind bereits in Sommerkleidern unterwegs.

Als wir abends ins Zimmer zurückkehren, machen wir uns frisch, nehmen eine Dusche, schminken uns und richten uns schön her.

Ich habe schöne Sommerkleider eingekauft und mitgenommen.

Eines davon ziehe ich an.

Ich bin stolz auf mich, dass ich im Sommer ein wenig Sonne getankt habe, auch wenn meine Haut schon wieder etwas heller ist. Ich bin immer noch braun gebrannt. Deswegen habe ich auch ein hellgelbes Kleid gewählt, was meinen dunklen Teint noch besser zur Geltung bringt.

»Du schaust echt gut aus«, sagt Larissa anerkennend.

Larissa hat sich ebenfalls umgezogen.

Sie sieht wunderschön aus.

Etwas overdressed, aber in einem blauen Samtkleid.

»Wow«, kann ich nur sagen und hebe anerkennend die Augenbrauen.

Das eng anliegende Kleid betont die füllige Figur von Larissa, aber ihr macht das nichts aus.

Als wir wenig später im Essenssaal vor dem Buffet stehen, läuft ein junger Südländer an Larissa vorbei und sieht sie charmant lächelnd an.

»Du musst die Gambas probieren«, erklärt er ihr und zeigt auf die Gambas.

Larissa lächelt.

»Ach ja, sind die hier direkt aus dem Meer?«, fragt sie nach, und schon sind die Beiden in ein anregendes Gespräch verwickelt.

Der Südländer ist ebenfalls ein Gast, der mit seinem Kumpel Ferien macht.

Sie sind gerade heute angekommen, und sie kommen aus der Nähe von Friedrichshafen, gleich auf der deutschen Seite des Bodensees.

Seine Eltern sind Spanier, soweit ich das verstehe.
Ich höre nur mit halbem Ohr zu.
Ich bin mit dem Buffet beschäftigt.
Larissa ist hin und weg, ihm geht es offenbar genauso.
Ich lache und lade mir üppig Leckereien auf den Teller.
Ich komme aus dem Staunen nicht heraus.
So viele Spezialitäten und Esswaren liegen vor mir.
Alles frisch gekocht.
Und alles umsonst.
Ich lasse die Beiden allein.
Ich beobachte Larissa.
Sie ist ganz sie selbst, lacht und spielt mit ihren Haaren.
Der junge Deutsch-Spanier flirtet mit ihr, und die beiden scheinen sich gut zu unterhalten.
Ich lade mir weitere Leckereien auf den Teller, bis ich schließlich zum Tisch zurückkehre, den uns unser Kellner zugewiesen hat.
Der Deutsch-Spanier und sein Kollege gesellen sich zu uns an den Tisch.
Es ist lustig mit ihnen, eine entspannte Atmosphäre.
Wir trinken Cocktails und stürzen uns erneut aufs Essen.
Während Larissa mit ihrer neuen Bekanntschaft flirtet, er heißt Lorenzo, räuspert sich jemand neben mir. »Ist hier noch frei, Annika?«
Ich drehe mich um, und Ralf steht vor mir.
»Natürlich«, stottere ich.
Er zieht den Stuhl zu sich und setzt sich drauf.
»Das ist ja eine schöne Überraschung«, erklärt er mir, lächelt mich an und stellt den vollen Teller auf den Tisch.
Er legt sich die Serviette über seinen Schoss und beginnt zu essen.
»Das Essen ist lecker«, lacht er mich an.
Ich nicke.

»Ich freue mich sehr, dass ihr auch in diesem Hotel seid«, ergänzt er.

Ich sehe auf die Gambas von Larissa, dann auf den Teller von Ralf.

Larissa lächelt mich an.

Lorenzo strahlt Larissa an.

Der Urlaub scheint interessanter zu werden, als ich dachte …

»Auf Santorini«, prostet mir Larissa zu.

»Auf die Liebe«, ergänzt Ralf und lächelt mich an.

Habe ich das richtig gesehen?

Ist er rot geworden?

Oder war das nur ein Schatten auf seinem braun gebrannten Gesicht?

Über die Autorin

In der Gallusstadt geboren, wächst Andi LaPatt die ersten Jahre in St. Gallen auf, zieht dann mit ihren Eltern in einen Vorort namens Wittenbach. Schon als Kind fällt auf, dass Andi mit sehr viel Fantasie gesegnet ist. Bereits im Kindergarten ruft die Kindergärtnerin die Mutter an, um sie anzuhalten, Andi die Fantasie auszutreiben, weil dies nicht förderlich wäre für das Miteinander im Kindergarten, was Andis Eltern aber überhaupt nicht veranlasste, an der quirligen Art ihrer Tochter etwas zu ändern. Die Probleme der ersten Klasse, die Andi LaPatt mit Lesen und Schreiben hat, sind gleichzeitig ihr Segen, denn als sie im ersten Jahr nach Wittenbach umzieht, entdeckt die neue Lehrerin, dass Andi das Alphabet nur von A bis D kennengelernt hat. Mit einer Liebe zu Worten und Gedichten steckt sie das kleine Mädchen an, worauf Andi dank der Unterstützung ihrer Lehrerin in kurzer Zeit Lesen und Schreiben lernt.

Dies ist der Startschuss einer büchervernarrten Laufbahn. Andi beginnt die Bibliothek der Schule leer zu lesen, dann die des Dorfes und schließlich auch die ihres Vaters. Im Alter von zehn Jahren verleibt sie sich Winston Churchill oder Konsalik ein, ebenso alles, was neu auf dem Büchermarkt erscheint. Selbst schreibt sie über achtzig Tagebücher bis sie dreißig Jahre alt ist, macht für andere Abschlussarbeiten und muss damals in der Schule immer zusätzliche Blätter bestellen, wenn es um Aufsätze geht, denn unter fünfzehn Seiten gibt sie keinen davon ab. Was für alle anderen längst klar war, wird Andi erst spät bewusst. Nach einigen Presseberichten für Bekannte und weiteren unzähligen Schreibwerken für ihr Umfeld beginnt sie die Inputs wahrzunehmen, endlich selbst Bücher zu schreiben. Das ist der Startschuss für »Eine fast unanständige Frau«, dem ersten Buch, das 2010 geschrieben wird, jedoch nach langer intensiver Verlagssuche vorerst ad acta gelegt wird. War das erste Buch war mehr ein nicht ganz ernst gemeinter Versuch als Autorin, fängt Andi La-

Patt schließlich nach einer Krise, die sie vollständig in die Knie zwingt, endlich an, sich dem Künstler in ihr zu widmen. Und das verändert ihr Leben.

»Die Siegel Asinjas« entsteht, und während im ersten Buch noch der Kopf über die Buchstaben entschied, ist es hier die Fantasie der Künstlerin, die die Schreibfeder übernimmt, und selbst die Autorin den Ausgang ihrer Bücher nicht kennen lässt. Nach einer intensiven und vorerst erfolglosen Verlagssuche ist es Andis Sturkopf zu verdanken, an ihren Traum der publizierten Bücher zu glauben, sodass sie schließlich im Franzius Verlag einen wertschätzenden Partner findet, der ihre Romane veröffentlicht: »Eine fast unanständige Frau«, »Darya-ye-noor – Teil 1 Die Siegel Asinjas«, »Seelenverwandt und warum sie ihn haben muss«, »Seniorentango« sowie »Lebensgeflüster«.

Als Ideenhebamme und Energiebündel meistert die Autorin das Schreiben mit Leidenschaft neben diversen anderen Aufgaben und ist in zwei Kurzfilmen (»war is over, honey« und »el silencio de las flores«) vor der Kamera zu sehen. In zwei Bands singt sie die Leadvocals und heckt Pläne für ihre eigenen Songs aus. Dass ihre Kreativität solange brach lag, nutzt sie heute aus und lässt ihrem Fantasiestrom freien Lauf. Andi LaPatt lebt heute in der Nähe des Bodensees auf der Ostschweizer Seite.

Weitere Veröffentlichungen der Autorin Andi LaPatt

»Seelenverwandt – und warum sie IHN haben muss«

Susan und Paul Kaimer sind seit über zwanzig Jahren verheiratet, weniger miteinander als vielmehr Paul mit seinen Affären und seiner großkotzigen Art und Susan mit den Hollywoodstreifen aus Amerika und dem Alkohol. Als ihr Sohn Freddie auszieht, stellt dies das Paar vor eine neue Herausforderung, sich selbst und dem Anderen neu zu begegnen.

Während Freddie als Drummer in seiner Band »Morpheus« dem großen Erfolg dank einem Auftritt mit der Band »Steinmann« näher kommt, verliebt sich sein bester Freund und Sänger Tom ausgerechnet in seine Mutter, obwohl die Frau überhaupt nicht seinem Beuteschema entspricht.

Paul entdeckt indessen seine Schwächen als Mann, gerät auf den Weg der Besserung und will seine Frau zurückzugewinnen mit der Hilfe des langjährigen Freundes Ricardo, der wiederum selbst gerade vor den Trümmern seiner Ehe steht.

Susan nimmt Freddie's Auszug als Weckruf ihrer Seele, den Sinn des Lebens zu finden und dabei über ihre eigenen Dämonen zu stolpern.

»Seelenverwandt« ist eine Hommage an die Liebe, denn sie wird am Ende siegen. Und wir finden sie meist dort, wo wir sie am wenigsten vermuten.

Taschenbuch, ca. 530 Seiten, ISBN 978-3-96050-015-5

»Seniorentango«

Frederike muss feststellen, dass sie ihre Meinung über das Älterwerden überdenken muss, als ihre Großtante Gilberte ins Haus schneit, einen Erbschaftsstreit um das Elternhaus entfacht und kurzerhand ihre zwei besten und ebenso verrückten Freundinnen ins Haus holt. Die Seniorengang beschließt, mit außergewöhnlichen Mitteln zu Geld zu kommen und scheut nicht davor zurück, sich gegen Kriminelle zur Wehr zu setzen.

Eine humorvolle Geschichte um jugendliche 69-jährige Amazonen, die sich nichts vom Alter diktieren lassen. Lassen Sie sich verzaubern von Gilberte, Henriette und Milly, die das Leben mit ganz viel Lebenslust meistern und die mit eigenwilligen Methoden, einem großen Herzen und einer enorm großen Brise Anti-Normalität auch Ihr Bild über reifere Menschen entscheidend auf den Kopf stellen werden.

Taschenbuch, ca. 353 Seiten, ISBN: 978-3-96050-021-6

»Lebensgeflüster«

Colette Freiburghaus lebt ein ganz »normales« Leben: Sie arbeitet in einer Firma, in der es um die Erreichung der Ziele ohne Rücksicht auf die Angestellten geht, und lebt in einer Beziehung zu ihrem Freund Jürg, die sie nicht glücklich macht, aber eben auch nicht unglücklich. Änderungen in ihrer Firma zwingen Colette, sich nach einem neuen Job umzusehen, und sie wird - für sie völlig unerwartet - bei der Weinhandlung LEBEN zum Vorstellungsgespräch eingeladen.

Als Colette die Stelle bekommt, beginnt nicht nur eine berufliche Entwicklung in ihrem Leben. Dabei lernt Colette zu verstehen, dass Tony Lebens Art die einzig richtige ist, ein Unternehmen nachhaltig zum Erfolg zu führen.

In interessanten Begegnungen und Dialogen über Motivation und Selbstmanagement lernt Colette, dass alles im Leben einen Sinn hat und im direkten Zusammenhang mit ihrer Selbstachtung und einem echten Leben steht, welches untrennbar von Beruf und Berufung ist.

Für Colette beginnt eine außergewöhnliche Reise zu ihrer Gabe. Viel mehr noch: Diese Reise bedeutet das „Nachhausekommen" zu sich selbst.

Taschenbuch, ca. 380 Seiten, ISBN: 978-3-96050-081-0

»Die Siegel Asinjas
Darya-ye Noor – Ozean des Lichts - **Teil 1«**

Nyella leidet unter dem Tod ihres Vaters und unter der Trennung von ihrem Heimatdorf. Als nach brutalen Zwischenfällen mit ihrem Stiefvater der Schierlingshof niederbrennt, auf dem sie leben, sind Nyella, ihre Mutter und der Stiefvater gezwungen, nach Breithorien in die Stadt zu ziehen, um dort erst einmal bei Freunden unterzukommen.

In Breithorien lernt sie neue Freunde kennen, die mit ihr in die Welt der Gaukler und Artisten eintauchen. Bald schon erreichen schlechte Nachrichten die Stadt und verkünden den Tod König Wernots. Nyella wird mit dutzenden Mädchen von Schattenreitern entführt, doch ihr gelingt als Einziger die Flucht. Als sie durch Verbündete in das wundersame Dorf Asinja findet, das in den Bäumen erbaut wurde, findet sie dort weitaus mehr als nur neue Freunde. Eine neue, phantastische Welt offenbart sich der 16-jährigen. Abgesehen von einer magischen Herkunft, von der sie selbst noch nichts wusste, begegnet sie Wesen, die sie nur aus Legenden kennt und findet sich bald als Werkzeug höchster Magie wieder.

Nyella muss den Mut finden, neue Wege zu gehen an der Seite ihrer neuen Verbündeten. Dabei lernt sie, ihre eigene schwierige Geschichte hinter sich zu lassen und den Menschen neu zu vertrauen. Was verbirgt sich hinter dem Stein, den sie auf wundersame Weise gefunden hat, und kann sie den anderen Mädchen helfen, die entführt wurden? Was ist das Geheimnis der Herkunft Nyellas, und was hat es auf sich mit Asinja?

Taschenbuch, ca 464 Seiten, ISBN: 978-3-945509-66-1

»Die Siegel Asinjas Teil 2 – Im Auge des Drachen«

Nyella und ihre Freunde sind wohlbehalten zurück in Asinja, doch ihre Mission ist heikel. Nicht nur, dass die befreiten Mädchen bei den Elbwesen noch immer nicht in Sicherheit sind.

Nein, auch Walrivia versteht sich in neuen Intrigenspielchen, um den Bruder des verstorbenen Königs zu täuschen. Geheimnisvolle Ereignisse bahnen sich an, auf die sich Asinja und allen voran Nyella vorbereiten muss. Doch das Böse arbeitet nicht mit den offensichtlichen Mitteln, sondern treibt auf subtileren Wegen einen Keil zwischen die Freunde.

Neue Freunde machen sich auf den Weg, das Licht Gebohans zu unterstützen, notfalls auch unter Einsatz ihres Lebens. Und die Drachen … Ja, die Drachenkinder sind größer geworden und mit ihnen etliche Probleme, sie zu bändigen.

Begleiten Sie Nyella auf dem Rücken Tapios durch das zweite Abenteuer. Die Lage ist ernst geworden und noch ist unklar, ob das Licht Gebohans je zurückkehren kann ...

Taschenbuch, ca. 444 Seiten, ISBN 978-3-96050-101-5

Novitäten 2019/2020 im Franzius Verlag

Romane

»Mörderische Psychospiele – Zwischen Bremen und der Nordsee«
Regionalkrimi von Sabine Bruns, ISBN 978-3-96050-172-5

»28 m² – Die Probandenstudie«
Thriller von Perry Payne, ISBN 978-3-96050-168-8

»Getaway – Auf der Flucht vor der Vergangenheit«
Thriller von Timothy Whiter, ISBN 978-3-96050-164-0

»Redric«
Thriller von Jenny Rubus, ISBN 978-3-96050-160-2

»Tödliche Ruhr«
Kriminalroman von Ralf Weißkamp, ISBN 978-3-96050-152-7

»S.A.M. – Mord zwischen den Zeilen«
Roman von Teresa Nagengast, ISBN 978-3-96050-156-5

»Barackenkinder«
Roman nach einer wahren Begebenheit
Von Marion Schinhofen, ISBN 978-3-96050-158-9

»Blowing Across«
Science-Fiction von Christine Keller, ISBN 978-3-96050-154-1

»Das Spanische Schwert«
Kriminalroman mit historischem Bezug von Neal Skye & Cherry Loster, ISBN 978-3-96050-147-3

»Ein Stück Süden für Dich«
Roman von Sigrid Wohlgemuth, ISBN 978-3-96050-150-3

»Jagdbare Tiere«
Mystery-Thriller von Ronja Potstawa, ISBN 978-3-96050-145-9

»Auf leeren Seiten«
Mystery-Thriller von Melanie Bottke, ISBN 978-3-96050-143-5

»Yoga, Chaos und ein Mörder«
Kriminalroman von Kathrin Hölzle, ISBN 978-3-96050-141-1

»Für eine Stunde«
Thriller von Perry Payne, ISBN 978-3-96050-130-5

»Übelst – Eine schräge Komödie«
Roman von Andreas. A. Reichelt, ISBN 978-3-96050-139-8

Sachbücher und Ratgeber

»Enneagramm und Hochsensibilität
Die neun Persönlichkeitstypen und ihr Entwicklungspotential«
Von Dr. Marianne Skarics, ISBN 978-3-96050-170-1

»Increase your energy: Mehr Gesundheit, Erfolg und Glück« Deutsche Erstausgabe des Titels »Increase your energy«
Von Frederick Dodson, ISBN 978-3-96050-136-7

»KETOGA – Ketogene Ernährung und Yoga«
Von Fabrizio P. Calderaro, ISBN 978-3-96050-120-6

»2021 – Wer wir sind, wo wir stehen und wohin wir gehen«
Aktualisierte und überarbeitete Fassung von »2015«
Von Petra Liermann, ISBN 978-3-945509-31-9

Kinder- und Jugendbücher

»Acello und das verborgene Reich der Magie«
Band 4 der »Acello«-Reihe
Von Mirjam Wyser, ISBN 978-3-96050-162-6

»Die Kristallkinder und das fliegende Auto«
Band 3 der »Kristallkinder«-Reihe
Von Mirjam Wyser, ISBN 978-3-96050-166-4